Suchen. Und finden.

Zugänge zur Bibel

Das ökumenische Werkbuch

W0338135

Deutsche Bibelgesellschaft
Katholisches Bibelwerk

Abkürzungen

EG = Evangelisches Gesangbuch (Liedangaben beziehen sich, wenn nicht anders angegeben, auf den Stammteil)
GL = Gotteslob, Katholisches Gebet- und Gesangbuch (Liedangaben beziehen sich auf die Stammausgabe)

Autorinnen und Autoren

Anneli Baum-Resch *99*
Thomas Böhm *76*
Uwe Böhm *159*
Rita Burrichter *32*
Inge Ehemann *5, 79*
Gert Ehemann *70*
Anna Findl-Ludescher *119*
Karin Förster *41*
Michael Freitag *50*
Dieter Groß *36*
Anneliese Hecht *143*
Raimund Hoenen *132*
Walter Hollenweger *155*
Karin Klemm *108*
Daniel Kosch *116*
Päivi Luttenberger *165*
Thomas M. Meier *136*
Gottfried Mohr *56*
Maria Müller *82*
Eleonore Naef *103*
Peter Orth *66*
Marlies und Ueli Ott *85*
Martin Petzoldt *21*
Thomas Philipp *125*
Ulf Ekkehard Pithan *93*
Uwe-Karsten Plisch *18*
Eleonore Reuter *114*
Manfred Richter *129*
Franziska Riebesel *34*
Renate und Jürgen Riebesel *12*
Hubert Ries *89*
Carola Ritter *110*
Ute Rührdanz *38*
Betram Salzmann *87*
Renate Schramm *173*
Jürgen Simon *121*
Klaus Stangier *170*
Thomas Staubli *139*
Arthur Thömmes *162*
Silke Tosch *15*
Peter Zürn *96*

ISBN 3-438-06290-9 (Deutsche Bibelgesellschaft)
ISBN 3-460-32980-7 (Katholisches Bibelwerk)

© 2002 Deutsche Bibelgesellschaft, Stuttgart und
Verlag Katholisches Bibelwerk, Stuttgart

Redaktion: Jürgen Simon, Reutlingen
Umschlag: Dauth, Kaun und Partner GmbH, Berlin, Karlsruhe
Gesamtherstellung: Memminger MedienCentrum, Memmingen

Alle Rechte vorbehalten

Printed in Germany

Mit der Bibel durch das Kirchenjahr

Advent und Weihnachten, Jahreswende

Der Adventsweg: Mit Kindern auf dem Weg nach Betlehem 5
Lichter und Lieder, Legenden und Lebkuchen: Adventsstunden 12
Wie viele Engel braucht Weihnachten? Einen angemessenen Zugang zur Adventszeit finden 15
Die Weihnachtsgeschichte nach Lukas: Ein biblisches Szenenspiel – nicht nur für Jugendliche 18
Bachs Weihnachtsoratorium: Ein komponierter Zugang zu den Evangelien 21
Nicht auf das Ende hin, vom Ende her leben: Zum Umgang mit der Zeit 32
Frohe Botschaften, die wir hinausposaunen ... siehe Osterzeit

Fastnacht

Unsere Masken: Meditation und Aktion für Jugendliche 34

Fasten-/Passionszeit

Dem Wort sichtbaren Ausdruck geben: Sprechende Hände als nachgespielte Hand-lung 36
Kreuz und Konsum: Meditation und Aktion für Jugendliche und Erwachsene 38
Blick auf das Kreuz: Bibelgespräch und Bildmeditation 41
Nacht der verlöschenden Lichter: Gottesdienst am Gründonnerstag mit Abendmahl und Sprechmotette 44
»Kreuzwege« – Mitgehen auf dem Weg Jesu Christi 50

Osterzeit und Pfingsten

Maria von Magdala und die andere Maria: Ein Familiengottesdienst mit Licht-Bildern 56
Berühre mich nicht! Maria von Magdala begegnet dem Auferstandenen 64
Frohe Botschaften, die wir hinausposaunen: Ideen zu Ernst Barlach: »Der neue Tag« 66
Es gibt noch andere Mütter als Maria: Fünf biblische Mütter – fünf aufregende Schicksale 70
BeGEISTERT sein: Pfingsten als »Initialzündung« des Glaubens begehen 76

Erntedank und Ewigkeit – Gedenktage im letzten Viertel des Kirchenjahres

Jesus ist das wahre Lebensbrot: Bausteine für einen Erntedank-Gottesdienst 79
Am Strom des Lebens: Bausteine für eine Trauer-Meditation 82
In meines Vaters Hause sind viele Wohnungen: Betrachtung und Bewegung am Ewigkeitssonntag 85

Spannende thematische Zugänge zur Bibel

Frauen und Männer der Bibel

Die Erzeltern dreier Religionen: Abraham, Sara, Hagar 87
Jakobs Kampf mit dem Fremden: Bibelarbeit mit Bildbetrachtung 89
Gesetz und Gemeinschaft: Predigtgottesdienst mit dem zweitbesten Prediger der Welt 93
Das Buch Tobit – ein heilsamer Weg für Männer 96
Die »beschädigte« Maria wiederentdecken: Ein neuer Zugang zu einer alten Figur 99

Maria und Joseph oder: Der Mann im Schatten der Frau: Gruppenarbeit mit bibliodramatischen Elementen 103
Hanna – warten können: Bibelarbeit für Gemeindegruppen 108
König Jerobeams Frau: Bibelarbeit für Frauengruppen und Gesprächskreise 110
Die Frau in meinem Rücken: Bibelarbeit für Frauen zum Buch Rut 114

Neue Begegnungen mit Bibeltexten
Wie die Bibel von Gott spricht: Ein unvollständiges ABC 116
Gnadenorte entdecken: Ein Pilgerweg 119
Mit der Bibel beten: Bausteine für Gottesdienst und Predigt 121
Täuschung und Angst – eine Psychologie der Sünde 125
Tödliche Laster und neue Tugenden: »Die sieben Todsünden« von Otto Dix 129
Mit einem Taubstummen das Leben suchen: Eine Wundererzählung neu wahrnehmen 132
»Mach dich auf den Weg und such die Eselinnen!«: Esel führen auf Gottes Spuren 136
Engel sind ganz anders: Von der Gipsfigur zurück zu den tierisch starken Engeln 139
Ein Buch wird (wieder) entdeckt: Bibel-Schnupperkurs zum Kennenlernen 143

Aktionen mit der Bibel, nicht nur für Jugendliche

Der Kommissar auf biblischer Spurensuche: Ein Streitgespräch mit Matthäus 155
Mit der Bibel werbend auf dem Weg: Bibelmotive in der Werbung entdecken 159
My Jesus – every time a good time: Bibelprojekte mit Jugendlichen 162
Helfen Silber und Gold? Ein Jugendgottesdienst zum Wunder des Anblickens 165
Gott suchen: Ein Rollenspiel 170
Bibelinchen und die gestohlenen Texte des Ritters Klauenburg: Lange Bibelnacht für Kinder 173
Suchen und finden: Das Lied zum Jahr der Bibel 176

Anhang: Overheadfolien

Roman Opalka, Detail aus OPALKA 1965 1–∞ 1
Dieter Groß »Menschen in der Passion« 2
Karin Förster »Jesus gekreuzigt und auferstanden« 3
Martin Schongauer, Detail aus dem Altarbild der ehem. Dominikanerkirche in Colmar 4
Werner Hilber »In meines Vaters Hause sind viele Wohnungen« 5
Herbert Falken, Studie zu Jakobskampf 13-7-1983 6
Madonna von St. Arnual (Daarler Madonna) 7
Otto Dix »Die sieben Todsünden« 8

Mit Kindern auf dem Weg nach Betlehem

Der Adventsweg

Bibeltexte: siehe beim jeweiligen Nachmittag
Zielgruppe: Kinder von 5 bis 12 Jahren mit ihren Eltern/Großeltern
Ziel: Kinder mit Erzählungen und Erlebnissen die Bedeutung von Weihnachten erklären, sie auf einem Weg zum Ereignis von Betlehem hinzuführen – und gleichzeitig Eltern/Großeltern helfen, Weihnachten vorzubereiten
Materialien: (werden nochmals bei jeder Einheit genau vorgestellt) farbige Tücher (grün, beige, blau, braun); große Figuren (EGLI®-Figuren, EGLI®-Tiere oder notfalls Plüschtiere); eine große flache Schale mit Gartenerde; Samenkörner und kleine Pflanzen; Äste als Bäume; Sonne, Mond und Sterne aus Karton; Muscheln; Zapfen und Früchte von verschiedenen Bäumen, eine Spielzeugpistole, große Kieselsteine, ein dicker Kerzenstumpen, ein schönes Windlicht; Musikinstrumente/Orgel, (Kinder-)Bibel, Liedblätter oder Gesangbücher; Lampions für den Umzug (von den Kindern mitzubringen, vorher ankündigen)
Mitwirkende: Kleingruppen von Erwachsenen zur Vorbereitung und Durchführung (im erprobten Modell aus einer Frauengemeinschaft)

Vorbemerkungen

Erfahrungen: In den vergangenen Jahren haben in der Adventszeit evangelische und katholische Frauen unserer Gemeinden die Kinder von 5 bis 12 Jahren mit ihren Eltern/Großeltern zu einem besonderen Weg nach Betlehem eingeladen. Jeweils an einem Nachmittag jeder Adventswoche gestalteten sie einen kleinen Gottesdienst mit Geschichtenreihen und EGLI®-Figuren.

Viele Mütter, Väter, Großeltern kamen mit dazu, weil sie auf diese Weise Muße zu einer stillen Stunde in der Vorweihnachtszeit hatten. Ein weiterer Grund für die gute Resonanz ist die oft große Hilflosigkeit der Eltern, was das Erzählen biblischer Geschichten betrifft. Die Veranstaltungen wurden unter dem Titel Adventsweg zusammengefasst, weil sie im Advent wie ein Weg nach Betlehem, zum Weihnachtsereignis, hinführen.

Vorbereitung: In Kleingruppen für den jeweiligen Nachmittag trafen wir uns, um die Geschichten und Lieder auszuwählen, Gebete zu überlegen und einzuteilen, wer was im Ablauf übernimmt. Das dauerte für je einen Nachmittag etwa 1½ Stunden.

Wichtig für jede Veranstaltung ist, mindestens ½ Stunde vor Beginn zu kommen, um alles in Ruhe vorzubereiten und da zu sein, wenn die Kinder kommen.

Durchführung: Wir baten die Kinder, zu jedem Nachmittag ihre Laternen mitzubringen. Nach dem Erzählen der Geschichte machten wir mit den Laternen einen Umzug, um danach in der Kirche den liturgischen Schluss mit Gebet, Vaterunser und Segen zu feiern. Für jeden Nachmittag bauten wir eine Besonderheit ein. Einmal war es beim Laternenumzug ein Abstecher ins Altenheim, um dort »unsere Lieder« zu singen (Das Licht von Gott weitergeben). Das andere Mal entdeckten wir an einem Privathaus eine (natürlich vorbereitete) Krippe. Dort wurden zum Erstaunen der ganzen Nachbarschaft unsere Lieder gesungen. Die Liedauswahl im nachfolgenden Vorschlag berücksichtigt, dass die bundesweit verbreiteten Stammteile der jeweiligen Gesangbücher nur eine begrenzte Liedauswahl bieten. Aus regional verbreiteten Liedern kann natürlich auch eine andere ökumenische Auswahl getroffen werden.

Als Abschluss jeder Geschichtenreihe kann jeweils am letzten Nachmittag gefeiert werden mit heißem Kinderpunsch (Oasentrunk) und mitgebrachtem Gebäck.

Rezept Oasentrunk (für 4 Liter, ohne Alkohol): 1 Liter Schwarztee und 1 Liter roten Früchtetee anbrühen. 2 Zimtstangen, 6 ganze Nelken mit 4 Tassen Wasser in einem großen Kochtopf sieden lassen, je 1 Liter Apfel- und Orangensaft zufügen, heiß werden lassen, die beiden Tees hinzufügen. Mit Zitronensaft und Grenadine abschmecken, ggf. zuckern. Schmeckt sehr gut heiß getrunken, aber ebenso auch kalt. Pro Person muss man etwa ein Drittelliter Getränk berechnen.

Praxisteil

Erster Nachmittag: Die Schöpfungsgeschichte; Vertreibung Adams und Evas aus dem Paradies

Bibeltexte: Genesis/1. Mose 1,1–2,3 und Genesis/1. Mose 3

Materialien: Material für ein Bodenbild: farbige Tücher (grün, beige, blau, braun); Bibelfiguren (EGLI®-Figuren, EGLI®-Tiere oder notfalls Plüschtiere); eine große flache Schale mit Gartenerde; Samenkörner und kleine Pflanzen; Äste als Bäume; Sonne, Mond und Sterne aus Karton; Muscheln;. Zapfen und Früchte von verschiedenen Bäumen, ein dicker Kerzenstumpen, außerdem Musikinstrumente/Orgel, eine große Bibel, eine Kinderbibel, Liedblätter oder Gesangbücher

Musikalisches Vorspiel

Lied: Macht hoch die Tür (EG 1 = GL 107)

Begrüßung *besonders der Kinder,* **liturgische Eröffnung**

Vorstellen der Bibel (Altarbibel):

1. Sprecherin: Die Bibel ist das heilige Buch der Christen, das uns von Gott erzählt. Sie enthält viele Bücher und viele Geschichten, einige davon sollen heute und an den beiden folgenden Nachmittagen des Adventsweges erzählt werden. Außer der großen Bibel auf dem Altar gibt es auch Bibeln für Kinder und Jugendliche. Die zeigen wir euch beim nächsten Mal. Heute wird aber schon aus einer solchen Bibel vorgelesen.

Kanon: Mache dich auf und werde Licht (siehe Seite 11)

Einführung ins Thema:

2. Sprecherin: Seit es Menschen gibt, fragen sie sich: Wie ist unsere Welt entstanden? Waren es Sonne oder Mond oder Sterne, die unsere Welt geschaffen haben? Oder waren es große mächtige Wesen, die wir gar nicht kennen? Wir Christen sagen: Nein, es war Gott im Himmel, der das alles erschaffen hat.
Was hat denn Gott so alles geschaffen? *Kinder zählen auf, was sie kennen.*
Jetzt hören wir mal, was uns die Bibel erzählt von der Erschaffung der Welt:

Lesung: Genesis/1. Mose 1,1–2,3 (in einer kindgerecht-knappen Wiedergabe, evtl. den Text aufteilen zwischen verschiedenen Sprecherinnen)

Vertiefung des Gehörten mit Bibelfiguren (EGLI®-Figuren) und dem Bodenbild mit Erde und Wasser, mit Pflanzen und Tieren: *Die Kinder kommen nach vorne und schauen das Bild an, dann werden die ersten Menschen (EGLI®-Figuren) hinzugestellt: Adam und Eva, evtl. muss man den kleineren Kindern helfen, das Bodenbild zu betrachten.*

2. Sprecherin: Aber dann ist etwas passiert, was wir Menschen heute noch zu spüren kriegen: Eines der Tiere hatte ein böses Herz. Es hatte Freude daran, die Menschen hereinzulegen. Dieses Tier war die Schlange. Und was die gemacht hat, das hören wir jetzt:

Lesung: Genesis/1. Mose 3 (wieder in einer kindgerecht-knappen Wiedergabe)
Zum Schluss der Lesung die Bibelfiguren umstellen, Adam und Eva bekleiden, einen Engel in abwehrender Geste vor die beiden hinstellen.

1. Sprecherin: Das sind die Engel, die das Paradies bewachen. Auf Hebräisch werden die Engel Cherubim oder Seraphim genannt. Deshalb heißt es in einem alten Weihnachtslied, das wir nachher singen werden: Heut schließt er wieder auf die Tür zum schönen Paradeis; der Cherub, also der Bewacher-Engel, steht nicht mehr davor. Gott sei Lob, Ehr und Preis.

2. Sprecherin: Und damit wisst ihr auch schon ein bisschen davon, warum es Weihnachten wurde. Gott im Himmel hatte nämlich keine Freude daran, dass die Menschen nicht mehr im Paradies lebten. Er wollte ihnen einen Weg zeigen, wie sie wieder zu ihm zurückfinden können. Und weil sie über lange, lange Zeit diesen Weg nicht gefunden hatten, taten sie ihm Leid. Und er machte etwas, das ganz einmalig war und was allen Menschen für alle Zeiten den Weg in den Himmel zeigt: Gott hat sein eigenes Kind als Mensch auf die Erde geschickt, damit wir Menschen wieder im Frieden miteinander und mit Gott leben können. Seit Jesus zu uns gekommen ist, wissen wir ganz sicher, dass Gott uns Menschen liebt. Deshalb müssen wir nicht mehr miteinander streiten, neidisch sein, böse sein. Wir müssen nicht mehr das haben wollen, was uns nicht gehört. Adam und Eva haben nach der Frucht gelangt, die ihnen nicht gehört hat. Sie waren neidisch und haben sich so zum Bösen verführen lassen. Seit Jesus zu uns gekommen ist, brauchen wir keine Angst mehr haben, dass woanders etwas Besseres zu haben ist. Mit ihm hat Gott uns nämlich sein ganzes Himmelreich geschenkt. Deshalb singen wir jetzt das

Lied: Lobt Gott, ihr Christen alle gleich (EG 27, 1–3+6 = GL 134)

1. Sprecherin: Und weil Adam und Eva und die Geburt Jesu in Betlehem zusammengehören, feiert die Kirche traditionell am 24. Dezember den Gedenktag für Adam und Eva und am 25. Dezember Weihnachten – und das beginnt mit dem Heiligen Abend. Mit dem, was wir heute gehört und gesehen haben, haben wir also einen ersten Schritt gemacht auf Weihnachten hin. Auf unserem Adventsweg machen wir deshalb jetzt auch unsere ersten Schritte und ziehen mit unseren Lampions aus der Kirche hinaus. Dazu singen wir den

Kanon: Mache dich auf und werde Licht (siehe Seite 11) als Auftakt zum
Lampionumzug – *(Liedblätter mitnehmen)*

(Nach der Rückkehr)
Dank für musikalische und ggf. weitere Unterstützung.
Hinweis für die Kinder, das nächste Mal ihre eigenen Plüschtiere mitzubringen.

Schlussgebet
Vaterunser

Segen:
Stern von Betlehem leuchte auf unserem Weg,
führe uns durch die Finsternis zum göttlichen Licht.
Gott segne uns und behüte uns. Gott lasse sein Angesicht leuchten über uns
und sei uns gnädig. Er schenke uns seinen Frieden. Amen.

Lied: Stern über Bethlehem (siehe Seite 11)

Zweiter Nachmittag: Die Weissagungen des Propheten Jesaja

Gott verspricht seinem Volk, dass es nicht mehr in der Finsternis gehen muss; Gott schafft Frieden, wo wir es nicht für möglich halten; ein Kind wird geboren werden, das uns Recht und Gerechtigkeit bringen wird.
Bibeltexte: Jesaja 9,1.5-6; 11,1-2.6-8

Material: bunte Tücher, Plüschtiere (von den Kindern mitbringen lassen), EGLI®-Figuren (Menschen und Tiere), eine Kinderpistole, große Kieselsteine, ein trockener Ast und/oder eine Wurzel, eine Rose (ggf. aus Seide), ein dicker Kerzenstumpen oder ein schönes Windlicht, außerdem Musikinstrumente, eine Kinderbibel, Liedblätter oder Gesangbücher

Musikalisches Vorspiel

Begrüßung *besonders der Kinder,* **liturgische Eröffnung**

Lied: Macht hoch die Tür (EG 1 = GL 107)

Wiederholung: *Die Vorbereitungsgruppe wiederholt und fasst mit den Kindern zusammen, was am ersten Nachmittag erzählt worden ist – zum einen als Vertiefung, zum anderen für die neu hinzugekommenen Kinder zum Anknüpfen an den Adventsweg.*

Einführung zu Jesajas Weissagungen:
1. Sprecherin: Wir haben beim letzten Mal gehört, dass Gott die Menschen wieder auf den Weg ins Paradies führen wollte, dass Jesus uns diesen Weg zeigt. Aber von Adam und Eva bis zur Geburt von Jesus hat das einige Zeit gedauert. In dieser Zeit hat Gott Propheten zu den Menschen gesandt, wie zum Beispiel Jesaja, von dem wir heute hören. Sie haben davon gesprochen, dass Gott den Menschen helfen will, um den großen Graben zwischen Gott und den Menschen zu überbrücken, dass Gott den Menschen helfen will, Frieden zu bewahren, weil die Menschen das selber nicht können.

2. Sprecherin: *zeigt den Kindern die Steine und die Kinderpistole* Was bedeutet das? Was machen die Menschen damit? *Die Kinder schildern lassen, was mit Pistolen und Steinen gemacht wird.* Menschen gehen mit Gewalt auf andere los, sie hauen, treten, werfen Steine oder schießen sogar. Habt ihr das auch schon mal erlebt? *Kinder erzählen, wo sie Unfrieden erleben.* Gott will nicht, dass wir streiten, er will uns seinen Frieden schenken, weil er uns liebt. Deshalb bitten wir jetzt Gott um seinen Frieden:

Kanon: Herr, gib uns deinen Frieden (EG 436)

Lesung der Weissagungen des Propheten Jesaja (Auswahl siehe oben, in einer einfachen modernen Übersetzung oder aus einer Kinderbibel, verteilt auf zwei Sprecherinnen), *unmittelbar danach:*

1. Sprecherin: Und so könnte das Friedensreich aussehen: *Die Kinder kommen nach vorne und legen ihre mitgebrachten Plüschtiere als Bodenbild vor den Altar. Dabei werden die Tierpaare aus Jesaja 11 besonders genannt. Wenn alle Tiere aufgestellt sind, den Kerzenstumpen anzünden, eine (Seiden)Rose und den Ast oder die Wurzel als Baumstumpf zusammenfügen. Jetzt lässt sich Jesaja 11,1 erklären und das Lied »Es ist ein Ros entsprungen«:* Wie aus einer alten Wurzel oder einem trockenen Ast eigentlich nichts mehr wächst, so sah die Zukunft für Gottes Volk aus. Doch weil Gott das Gute will, hat es das, was Menschen nicht für möglich halten, wahr gemacht: Er hat eine schöne Blume aus dem trockenen Holz wachsen lassen. Diese Blume, eine Rose, ist Zeichen dafür, dass Gott uns froh machen will. Deshalb singen Christen seit vielen hundert Jahren das

Lied: Es ist ein Ros entsprungen (EG 30 = GL 133)

2. Sprecherin: Wir haben nun einen weiteren Schritt gemacht auf dem Weg nach Betlehem. Wir haben vom Propheten Jesaja gehört, wie Gott seine Welt haben will. So friedlich wie hier die Tiere beieinander sind, so soll es in seinem Reich auch zugehen. Und wir haben gehört, dass ein Kind geboren wird, das dieses Reich errichten wird. Es ist das Kind, das uns an Weihnachten in Betlehem geboren wird: Jesus. Machen wir uns nun also auf den Weg nach Betlehem. Dazu singen wir den

Kanon: Mache dich auf und werde Licht (siehe Seite 11) als Auftakt zum
Lampionumzug – (*Liedblätter mitnehmen*)

(Nach der Rückkehr)
Dank für musikalische und ggf. weitere Unterstützung.
Hinweis für die Eltern, das nächste Mal Gebäck mitzubringen für den gemütlichen Abschluss des diesjährigen Adventsweges.

Schlussgebet – Vaterunser – Segen – Lied
wie am ersten Nachmittag

Dritter Nachmittag:
Die Weisen aus dem Morgenland –
Die Heiligen Drei Könige
Bibeltext: Matthäus 2,1-12
Material: Bibelfiguren (EGLI®-Figuren, die drei Weisen/Könige, ihre Tiere: Kamele, Esel mit Päckchen u. a. beladen, weitere Figuren als Hofstaat möglich), braune und beige Tücher, Steine und Sand als Wüstenboden, kleines Holz für ein Lagerfeuer, Wasserkrüge oder -flaschen, ein kleiner beleuchteter Herrnhuter Stern (oder ein anderer schöner Stern), einen goldenen Kelch zum Zeigen, Weihrauch (von der katholischen Gemeinde beizusteuern) und Myrrhetinktur aus der Apotheke; außerdem Musikinstrumente, eine Kinderbibel, Liedblätter oder Gesangbücher;

am Weg des Laternenumzugs in einem Privatgarten oder an einem besonderen Platz eine Krippe aufstellen, die die Kinder ansehen dürfen.

Musikalisches Vorspiel

Begrüßung *besonders der Kinder,* **liturgische Eröffnung**

Lied: Macht hoch die Tür (EG 1 = GL 107)

Wiederholung: Zusammenfassung der Schöpfungsgeschichte und der Jesajaweissagungen:
1. Sprecherin: Heute gehen wir zum dritten und letzten Mal vor Weihnachten miteinander den Adventsweg auf Weihnachten zu. Wir haben aus dem heiligen Buch, der Bibel, gehört, wie Gott die Welt gemacht hat mit allen Sternen, mit allen Pflanzen und Tieren, und wie er das Paradies erschaffen hat, wie die Menschen ungehorsam waren, wie sie das Paradies verlassen mussten, wie seitdem Neid und Streit, Mühe und Arbeit die Menschen belastet haben.
Wir haben aber auch gehört, wie Gott durch den Propheten Jesaja versprochen hat, eines Tages uns Menschen zu helfen. Ein Friedenskind hat er versprochen, ein großes Licht wird uns scheinen. Auch alle Tiere werden friedlich miteinander auf der Wiese sein, keines muss mehr Angst haben vor dem anderen. – Und deshalb ist Weihnachten geworden. Weil Gott uns Menschen liebt, wurde Jesus geboren. Durch ihn können wir in Frieden miteinander leben.
Heute hören wir, wie sich gelehrte Männer, Wissenschaftler, Sterndeuter aus dem Morgenland auf den Weg machten, um dieses Kind zu suchen und ihm Geschenke zu bringen. Doch zu Beginn singen wir erst mal den

Kanon: Mache dich auf und werde Licht (siehe Seite 11)

Einführung ins Thema:
2. Sprecherin: Zunächst ein Wort an die Erwachsenen: Die Sache mit dem Stern von Betlehem ist gar nicht ganz leicht zu erklären, so wie sie gewesen ist. Sicher werden Sie es mir nachsehen, wenn ich den Kindern eine wissenschaftliche Erklärung über Planetenkonstellationen oder mögliche Kometen erspare. Ich erzähle einfach das über den Stern, was für unsere Geschichte wichtig ist.
Und jetzt seid ihr Kinder dran: Habt ihr auch schon mal nachts die Sterne am Himmel betrachtet? Was sieht man denn da? *Die Kinder können sich zu Wort melden.*
Meist sind es heutzutage Flugzeuge, die sich am Himmel bewegen. Aber auch die Sterne bewegen sich, nur viel langsamer. Das haben die Menschen seit alter Zeit beobachtet, haben die Sterne zu so genannten Sternbildern zusammengeordnet, damit man sie besser wiederentdecken kann, wenn man in den Himmel schaut. Auch haben die Menschen seit alters her gedacht, dass die Sterne Beziehungen haben zu unserer Erde. Sie haben deshalb nicht nur für die Seefahrt oder das Reisen die Sterne beobachtet, sondern den Sternen auch Bedeutungen zugeordnet.

1. Sprecherin: In der Zeit, als Jesus geboren wurde, gab es an vielen Orten, besonders in Babylon, Sterndeuter – Gelehrte, die sich sehr gut am Himmel auskannten. Sie konnten schon fast wie heute ausrechnen, wann eine Sonnenfinsternis sein würde oder wie sich die Sterne am Himmel bewegen. Sei waren sehr gescheite und bewunderte Leute. Deshalb hörten auch die Könige auf ihren Rat. Und weil sie so bedeutend waren, hat man sie oft selbst wie Könige behandelt. Deshalb reden wir auch heute noch von den Heiligen Drei Königen, obwohl es keine richtigen Könige waren, sondern Sterndeuter, gelehrte Wissenschaftler.

2. Sprecherin: Da gab es also zur Zeit der Geburt Jesu ein paar Sterndeuter, die warteten auf etwas Besonderes, was sie errechnet hatten. Und siehe da, eines Tages war es so weit; ein Ereignis, das nur alle etwa 800 Jahre vorkommt, sollte zu ihrer Lebenszeit stattfinden. Und sie wussten nicht nur, dass etwas Besonderes stattfindet, sondern auch wo das sein wird: In Palästina wird ein neuer König geboren werden, sagten sie. Wir wollen uns auf den Weg machen und den finden, der ein besonderer König sein muss. Sie schickten Boten zu andern Sterndeutern, um die Reise gemeinsam zu machen. Denn eine lange Reise durch die Wüste ist gefährlich, wenn nur wenige Menschen miteinander unterwegs sind.

Lied: Stern über Bethlehem, Vers 1 (siehe Seite 11)

3. Sprecherin: Ihr Kinder dürft jetzt selbst Sterndeuter sein und mit den berühmten Weisen aus dem Morgenland durch die Wüste ziehen, in einer großen Karawane.
Mit Bibelfiguren (EGLI®-Figuren und -Tieren) wird eine Karawane zusammengestellt. Kamele und Esel werden beladen mit Geschenken, mit Reiseproviant, mit Wasser und mit Brennholz für die lange Reise durch die Wüste. – Weiß jemand, welche kostbaren Geschenke in der Bibel erwähnt werden? *Kinder antworten lassen. Danach werden die drei Sachen in den Raum gebracht:*
Gold, Weihrauch und Myrrhe. Diese drei Geschenke sind Symbole für das, was das Kind Jesus sein wird: Dem König Jesus brachten sie Gold, ein Zeichen für Reichtum, *(den Kindern einen goldenen Kelch zeigen),* dem Hohenpriester Weihrauch, wie er im Tempel verwendet wurde *(Weihrauch aus Sakristei hereinbringen),* und dem Heiland, dem der heilend wirkt, die Myrrhe, eine Arzneipflanze, die heilend und desinfizierend ist. *(Myrrhetinktur auf Watte träufeln und herumgeben.)*

Lied: Stern über Bethlehem, Vers 2

1. Sprecherin: So waren sie auf dem Weg, um miteinander den neugeborenen König zu suchen. Aus der Bibel wissen wir, dass sie dem Stern folgten und das Königskind nach langer Reisezeit auch fanden. Wie sich das zugetragen hat, hören wir jetzt:

Lesung: Matthäus 2,1-12 (in einer kindgerecht-knappen Fassung)

Auch wir hier in ____________ machen uns wie die Weisen/Könige auf den Weg. Wir gehen mit unsern Laternen und singen das

Lied: Stern über Bethlehem, alle 3 Verse

Lampionumzug
(mit dem besonderen Ziel einer Krippe in einem Privatgarten oder an einem Platz, den die Kinder betreten dürfen – Liedblätter und Instrumente mitnehmen)

(Nach der Rückkehr)
Dank für vielfältige Unterstützung

Schlussgebet – Vaterunser – Segen – Lied
wie am ersten Nachmittag

Alle bleiben beieinander bei Oasentrunk und mitgebrachtem Gebäck.

AUTORIN: INGE EHEMANN, HEILIGENBERG

Stern über Bethlehem

Matthäus 2,1-12

2. Stern über Bethlehem, nun bleibst du stehn
und lässt uns alle das Wunder hier sehn,
das da geschehen, was niemand gedacht,
Stern über Bethlehem, in dieser Nacht.

3. Stern über Bethlehem, wir sind am Ziel,
denn dieser arme Stall birgt doch so viel.
Du hast uns hergeführt, wir danken dir,
Stern über Bethlehem, wir bleiben hier!

4. Stern über Bethlehem, kehrn wir zurück,
steht noch dein heller Schein in unserm Blick,
und was uns froh gemacht, teilen wir aus,
Stern über Bethlehem, schein auch zu Haus!

Text und Melodie: Alfred Hans Zoller 1964
© Gustav Bosse Verlag, Kassel

Mache dich auf und werde Licht

(Kanon)

Text: Jesaja 60,1 – Melodie: Kommunität Gnadenthal
© Präsenz Verlag, Gnadenthal

Wir singen uns durch den Advent. Adventsstunden

Lichter und Lieder, Legenden und Lebkuchen

Bibeltexte: verschiedene Prophetenlesungen, Evangelienlesungen
Zielgruppe: Kinder, Schüler/innen, Jugendliche, Eltern und andere Erwachsene
Ziel: Advents- und Weihnachtslieder lernen, biblische Texte der Adventszeit hören
Materialien: Kerzen, Krippenfiguren, Ikonen, Gitarre und weitere Musikinstrumente (soweit vorhanden), genaue Liste siehe Seite 14
Mitwirkende: Gemeindeglieder, Jugendliche aus dem Jugendkreis

Beschreibung

Wenn der Stern leuchtet oder die Glocke läutet, um 17 Uhr, kommen die Kinder zur Adventsstunde. Kinder und Erwachsene aller Konfessionen, Kirchenferne und aktive Gemeindeglieder sind täglich für eine oder mehrere Wochen der Adventszeit eingeladen. Jede/r kann kommen. Der Stern, der nach Betlehem führt, wird symbolisiert durch einen Herrnhuter Stern über dem Eingang des Gemeindehauses / der Kirche / Kapelle, wo die Adventsstunde stattfindet.

Der Raum ist festlich, adventlich geschmückt: Tanne, weißes Tischtuch. Am 1. Advent brennt nur eine einzige Kerze. Sonst ist der Raum dunkel. Am 2. Tag kommt eine 2. Kerze hinzu. Deswegen kann anfangs auch nicht gelesen, sondern nur gesungen und erzählt werden.

Es beginnt mit einem **Adventslied**, das der/die Leiter/in anstimmen. Freilich wissen die Veranstalter/innen, welche Lieder bekannt sind. Auch die kommen dran. Bekannte und neue Lieder wechseln ab. Auf Wiederholungen legen Kinder Wert. An den ersten dunklen Abenden haben Refrainlieder den Vorzug. Es wird überwiegend gesungen. Zehn Minuten ist fürs **Erzählen** oder Vortragen ausgespart, je nachdem, wie lange sich die meisten zu dieser Zeit konzentrieren können.

Ferner bieten sich biblische Geschichten zu den Adventssonntagen an oder Adventsgeschichten aus der Literatur. Höhepunkte bilden die Sonntage, an denen eine besondere Kerze (z. B. auf dem Adventskranz) leuchtet, oder der St.-Barbara-Tag und der St.-Nikolaus-Tag oder Gedenktage von Menschen, deren Glaube und Beispiel hervorgehoben wird (z. B. Adolf Kolping, Jochen Klepper u. a.).

Am **4. Dezember** feiern wir **St. Barbara**: gestorben 305 n. Chr. in Nikomedien. Barbara-Zweige blühen mitten im Winter. Die Zweige der Haselnuss oder der Kirsche werden geschnitten und in warmes Wasser gestellt. Sie erinnern an die Heilige, für die im Winter ihrer Gefängniszelle der Glaube an Jesus zu blühen anfing. Sie war die Tochter des Purpurhändlers Dioskorus aus Kleinasien. Ihr Vater hatte veranlasst, dass sie wegen ihres Glaubens an Christus enthauptet würde. In dem Augenblick ihrer Enthauptung soll ein Blitz den Vater erschlagen haben.

Am **6. Dezember** begehen wir **St. Nikolaus**: Er war Bischof von Myra in Kleinasien.

Modell einer Adventsstunde auf dem Dorf

17 Uhr: Der Herrnhuter Stern am Kirchturm, an der Eingangstür oder am Fenster beginnt zu leuchten. Die Kinder und Erwachsenen kommen in den Gemeinderaum. Zwei Mitarbeiter/innen nehmen sie in Empfang. Die Kinder wählen sich einen Stuhl (nicht mehr Stühle als Kinder da sind) und setzen sich um den Tisch. Auf einer weißen Tischdecke steht ein Leuchter mit einer Kerze (am 1. Advent ist es auch die erste Kerze des Adventskranzes). Erwartungsvolle Stille. Das erste Lied wird angestimmt, z. B. der Vers: »Wir sagen euch an den lieben Advent ...«

Die Kinder kennen es schon. Gleich wird ein zweites Lied gesungen:

»Macht hoch die Tür ...« (auch bekannt), als drittes Lied ein neues, z. B. »Wir harren Christ, in dunkler Zeit«. Dann wieder ein bekanntes, z. B. »Es kommt ein Schiff, geladen ... «

Zirka zehn Minuten lang erzählen wir dann vom Einzug Jesu in Jerusalem. Jesus reitet auf einem Esel. Der Esel ist Reittier der armen Leute, aber auch Karikatur. Zum Abschluss folgt nochmals ein bekanntes Lied, dann ein Segenswort: »Es segne uns der allmächtige und barmherzige Gott, der Vater, der Sohn und der Heilige Geist. Amen.« Am Ende geht einer/eine mit von der Gemeinde gespendeten Lebkuchen und Süßigkeiten herum, jede/r nimmt sich (je nach vorhandener Menge), man bleibt noch ein wenig beieinander.

Modell einer Adventsstunde in der Kirche

Wir versammeln uns um 17 Uhr in der Kirche (mit Geläut oder leuchtendem Stern). Weil Kirchen oft ungeheizt sind, bleiben wir im Altarraum stehen. Ein Leuchter steht in der Mitte. Wo ein Adventskranz hängt, wird auch dort eine (zwei, drei, vier) Kerze(n) entzündet.

Singen (ohne Orgel), Erzählen, Singen, Segen, Lebkuchen und/oder Süßigkeiten wie oben. Wenn Abbildungen von St. Barbara, von St. Nikolaus usw. vorhanden sind, sollte in den jeweiligen Adventsstunden auf sie Bezug genommen werden, weil so Kinder ein Heimatgefühl vertiefen könnten. Auch Ikonen der Orthodoxen Kirche sind gut zu verwenden.

Zugang zur Bibel in den Adventsstunden

Die Adventsstunden bieten intensiven Zugang zur Bibel, wie schon oben mit der Erzählung von Jesu Einzug in Jerusalem angedeutet (altkirchliches Evangelium zum 1. Advent).

In ökumenischer Gemeinsamkeit können z.B. in den ersten beiden Adventswochen Prophetentexte im Vordergrund stehen, die zu zeitentsprechenden Lektionen in beiden Kirchen gehören. So könnte man zum Text aus Jesaja 9,1-6 (im Zusammenhang mit 2. Samuel 7) davon reden, wie die Hoffnung auf den Messias entstanden ist, oder Jesaja 40 könnte in der zweiten Woche eine Rolle spielen: Erzählen, wie Gott sein leidendes Volk tröstet. Die dritte Adventswoche gibt uns Anlass, Johannes den Täufer und seine Rolle zu bedenken, und die vierte könnte Maria, der Mutter des Herrn, gewidmet werden. Dabei bilden die jeweiligen Sonntagsevangelien die hervorgehobenen Bibeltexte dazu.

Ein **Beispiel** mag für alle stehen:
Maria, die Mutter des Herrn

- Maria hat geglaubt: Lukas 1,45
  Wir wenden uns der aufgestellten Krippe zu: Die wichtigsten Krippenfiguren sind Maria, Joseph und das Jesuskind. Wir betrachten nur die Maria. Die Marienfigur derjenigen Krippe, die Weihnachten auch in der Kirche zu sehen sein wird, eignet sich besonders gut, weil sie am Heiligen Abend als »alte Bekannte« wieder zu erkennen sein wird.
- Maria wird ins Licht gerückt. Schon vorhandene Kerzen stellen wir in ihre Nähe, sodass sie gut erkennbar ist. Wie in einer Bildbetrachtung beschreiben wir sie gesprächsweise mit vertiefenden Anmerkungen:
- Was sie anhat, ihre Kleidung: Ein rotes Gewand bedeutet Liebe und Blut. Ein blauer Mantel bedeutet: Meer, Himmel, Weite und Treue.
- Wie sie dasitzt, steht oder kniet: Maria hat zu Gott gesagt: »Mir geschehe, wie du gesagt hast.« Demut, Aufmerksamkeit, Würde – was kommt in der Körperhaltung zum Ausdruck?
- Ihr Gesicht: Wie alt ist sie zu schätzen?
  Ist sie ernst, lacht sie, lächelt sie, ist sie versonnen, hat sie offene oder geschlossene Augen?
- Was macht sie mit den Händen: Hält sie das Kind? Zeigt sie das Kind? Zeigt sie auf das Kind? Umarmt sie das Kind?
- Wir könnten ihr Worte in den Mund legen: »Es ist alles so gekommen, wie der Engel es gesagt hat.« Oder wir zitieren Lukas 1,46-55, das Magnificat. Die Feierlichkeit der Worte sollte erhalten bleiben, weil in ihnen für jedes Lebensalter und jede Lebenserfahrung unterschiedliche Gesichtspunkte wichtig sind. Sind vorwiegend Erwachsene da, könnte auf die Erfahrungen der Maria eingegangen werden. Nach Johannes 19,25ff. hat sie unter dem Kreuz gestanden und nach Apostelgeschichte 1,14 gehört sie später in die Jerusalemer Gemeinde.
- Erwachsene katholische Christen (kein Pfarrer!) können von ihrer Verehrung für die Mutter des Herrn berichten.

Zusammenfassung:

Die täglichen Adventsstunden leben

- von der Wiederholung der Lieder,
- vom Ritual mit den Kerzen, einer Art Luzernarium, die vom 1. bis zum 23. Dezember den Raum immer heller werden lassen (auch wenn die Veranstaltung nur zwei Wochen durchgehalten würde, gibt es bereits diesen Effekt),
- von der Verlässlichkeit der Stunde,
- von der Verlässlichkeit der Personen und
- von der Wiederholung in jedem Jahr.

Allmählich sammelt sich ein Liederschatz, die Advents- und Weihnachtsbotschaft wird zwanglos nahe gebracht und ins Herz gesungen.

Ausstattung und Material

- Krippe mit Figuren
- Kerzen bzw. Kerzenreste, für jeden Tag eine mehr, und verschieden große Leuchter
- festlicher Raum (Gemeinderaum, Kirche) mit weißen Decken
- im Gemeinderaum Stühle, Tisch für die Kerzen
- in der Kirche Leuchter, im Altarraum stehend
- Eimer mit Wasser zum Löschen (vor allem, wenn gegen Ende viele Kerzen aufgestellt sind) und mindestens zwei Erwachsene als »Feuerwehr« (Kinder kokeln gern)
- Lebkuchen und Plätzchen
- »Herrnhuter Stern« (oder anderer beleuchtbarer Stern) irgendwo draußen sichtbar angebracht, denn das Aufleuchten des Sterns zeigt den Beginn der Adventsstunde an
- Veranstalter/innen sind allabendlich (zumindest für jeweils eine Woche) dieselben wegen der Verlässlichkeit für die Kinder, die allein kommen, und für deren Eltern. (Veranstalter können sein: ein Frauenkreis, ein Elternkreis, der/die Gemeindeleiter/in mit Mitgliedern aus Kirchenvorstand, Pfarrgemeinderat usw., ein Bibelkreis, ältere Jugendliche aus dem Jugendkreis)
- vorwiegend Adventslieder mit Instrumenten (Gitarre, Flöte) und Handtrommel begleitet (andere Instrumente möglich)
- viel Wiederholungen alter, bekannter Lieder
- im Dunkeln (erste Tage) eignen sich Refrain-Lieder

Beispiellieder:
Macht hoch die Tür; Es kommt ein Schiff; Weil Gott in tiefster Nacht erschienen; Wir harren Christ in dunkler Zeit; Zu Bethlehem geboren; Laßt uns froh und munter sein; Bald nun ist Weihnachtszeit; Es ist ein Ros entsprungen; Ich steh an deiner Krippe hier; Stern über Bethlehem; Wisst ihr noch, wie es geschehen?; Geh', ruf es auf dem Berge; Alle Jahre wieder.

Quellen für Vortrag und Gespräch:

- **Bibelverse:** Sacharja 9,9; Kolosser 3,16; 1. Korinther 14,15; Psalm 57,8; Psalm 97,11; Jesaja 9,1; Johannes 1,5; 1. Johannes 2,8-9; Titus 3,4
- **Bibeltexte**, die im evangelischen und dem katholischen Lektionar während der Adventszeit und des Christfestes identisch sind: Jesaja 7,10-14; 9,1-6; 11,1-2; 40,1-11; 60,1-6; Micha 5,1-4a; zu Johannes dem Täufer: Lukas 3,1-14 (3. Advent); zur Mutter des Herrn: Lukas 1,26-38 (4. Advent); die Geburtsgeschichten Lukas 2,1-14 und Matthäus 1,1-25 sowie Johannes 1,1-5.9-14.
- Advents- oder Weihnachtsgeschichten aus der Literatur erzählen (wenn mehr Kerzen brennen: auch lesen)

(Zu den Adventsstunden wurden wir etwa 1972 durch eine ähnliche Arbeit in der altmärkischen Gemeinde Diesdorf angeregt.)

Autoren: Renate und Jürgen Riebesel, Berlin

Einen angemessenen Zugang zur Adventszeit finden

Wie viele Engel braucht Weihnachten?

Bibeltext: Lukas 2,8-15
Zielgruppe: Frauen und/oder Männer
Ziel: Beschäftigung mit dem Thema »Engel« sowie Vorbereitung auf Weihnachten
Materialien: Ein angemessen großer Raum, der Bewegung und Sitzen ohne weitere Umbauten zulässt. Die Mitte des Raumes ist mit je einem gelben, weißen und schwarzen Tuch gestaltet. Eine Kamin- oder Altarkerze und ein Blumenstrauß sind darin einbezogen. Auf den Stühlen liegen Namensschilder und Engelfiguren aus Tonpapier geschnitten. Im weiteren Verlauf werden noch mehr Seidentücher benötigt. Außerdem kleine Holzfiguren, Ton und die für seine Bearbeitung nötigen Hilfsmittel (Wasser, Tücher, Holzspatel, Bretter oder Teller als Unterlage), ein oder zwei große weiße Laken, Briefpapier mit den gleichen Engelfiguren wie auf den Stühlen und Schreibstifte, ein CD-Player mit meditativer Musik (z. B. von Hans-Jürgen Hufeisen).
Mitwirkende: Die Vorbereitung wird von zwei Frauen übernommen, die bereits Erfahrung mit dieser Art der Bibelauslegung haben.

Vorbemerkung

Ursprungsidee zu diesem Bibliodramatag war einerseits das Bedürfnis, sich näher mit dem Thema Engel zu beschäftigen, und andererseits der Wunsch, nicht immer so »in Weihnachten hineinzustolpern«.
Die *Resonanz* der Teilnehmerinnen auf diesen Tag, den wir in Mönchengladbach-Rheydt durchgeführt haben, war sehr positiv und hat uns gezeigt, dass es lohnt, sich Zeit zu nehmen auch für altbekannte Texte.
Der Rahmen: Frauen (es könnten auch Männer teilnehmen, die Erfahrung wurde aber mit einer reinen Frauengruppe gemacht) aus vier verschiedenen Gemeinden treffen sich an einem Samstag von 10 bis ca. 18 Uhr. In der Mittagspause wird ein Buffet aus mitgebrachten Speisen zusammengestellt. Darum sind die Teilnehmenden in der Einladung gebeten worden.

Der Ablauf

Die Teilnehmerinnen schreiben ihre Namen auf die vorbereiteten Schilder und klären die Form der Ansprache mit »Du« oder »Sie«.

Gemeinsamer **Beginn mit einem sakralen Tanz** (z. B. nach dem Lied »Herbei, o ihr Gläubigen« in der Version von Hans-Jürgen Hufeisen).

Danach erfolgt die »offizielle« **Begrüßung** durch die Leiterinnen, die den Ablauf des Tages skizzieren.

Die **Vorstellungsrunde** gestalten wir mit diversen Engelmotiven aus Postkarten und Kalendern, die um die Mitte gelegt werden. Die Teilnehmerinnen schauen sich zunächst alle Bilder an und entscheiden sich dann spontan für ein Motiv, das sie besonders anspricht. Die Gesprächsrunde beginnt mit der Frage: »Was verbinde ich mit diesem Bild?« Dabei kann jede in der Runde auch etwas über sich sagen.

Die anschließende **Körperübung** dient zur Aktivierung und Einstimmung in den Text mit dem Körper. Die Teilnehmerinnen stehen fest mit beiden Beinen auf dem Boden, nehmen den Boden, ihre Verwurzelung und das Unten wahr. Es folgt ein Recken und Strecken und Nach-oben-gezogen-Werden. Übungen zu den Themen Gehen, zum Stillstand kommen, sich in Bewegung setzen und Erstarren schließen sich an. Weitere Möglichkeiten sind Übungen zum Wahrnehmen von Hören und Sprechen.

Im **Vier-Ecken-Spiel** kommen die Teilnehmerinnen noch einmal zu einem vertiefenden Austausch und Kennenlernen. In die Ecken des Raumes wird je ein Begriff ausgelegt. Nachdem die Teilnehmerinnen die Begriffe Dunkelheit, Friede, Erde und Himmel abgeschritten haben, entscheiden sie sich für ein Wort. In den Kleingruppen sprechen sie dann darüber, warum ihnen dieses Wort wichtig ist und was sie damit verbinden. Nach einigen Minuten wählen die Teilnehmerinnen ein neues Wort und kommen wieder zum Austausch. Vor der dritten Runde gibt es den Hinweis, dass man sich auch zu dem schon einmal gewählten Begriff stellen kann, da sich dieser Begriff vielleicht durch den Austausch verändert haben könnte. Wir benötigen für diesen Arbeitsschritt gut 20 Minuten.

Den Begriff, der ihnen am meisten nachgegangen ist, **gestalten** die Teilnehmerinnen auf großem Zeichenblockpapier mit Wachsmalkreiden **farblich**. In einer Austauschrunde sagt, wer möchte, etwas zum Malen und dem entstandenen Bild.

Jetzt erst gibt eine Leiterin den Text **Lukas 2,8-15** in Form eines Textblattes in die Runde. Durch atypisches Lesen versuchen wir uns einen neuen Zugang zu einem altbekannten Text zu verschaffen, was mit viel Spontaneität aufgenommen wird. Eine Leiterin liest den Text erst im Ganzen vor, dann wiederholen die Teilnehmerinnen, was ihnen wichtig geworden ist, seien es Worte oder ganze Verse. Im Aufeinander-Hören kommt es zu einer Verdichtung des Textes. Besonders die Botschaft des Engels hat starke Anziehungskraft: »Fürchtet euch nicht, denn ich verkünde euch eine große Freude!« Gemeinsam suchen wir nach **neuen Überschriften** für den Text oder einzelne Textabschnitte.

Die Teilnehmerinnen sammeln **Assoziationen** zu den Begriffen Engel und Hirten auf je einem großen Bogen Tonpapier – in Worten oder Skizzen. Wir haben dabei für Engel einen hellen gelben und für Hirten einen dunkleren blauen Farbton gewählt. Um die Gegensätze und Gemeinsamkeiten von Engeln und Hirten nun auch körperlich zu erspüren, teilen sich die Teilnehmerinnen in zwei Gruppen auf. Die einen gehen und stehen wie Engel, die anderen treten wie Hirten auf. Nach einiger Zeit wechseln wir die Rollen. In einer Gesprächsrunde teilen die Frauen ihre Empfindungen hinsichtlich des Engel- oder Hirte-Seins mit.

Die **Auslegung des Textes** erfolgt wortwörtlich: Mit mehr als 30 Seiden- und Chiffontüchern legen wir den Text auf dem Boden aus, nachdem eine Leiterin den Text nochmals vorgelesen und eingeladen hat, genau hinzuhören, welche Gestalten und Wesen im Text vorkommen und welche der Begriffe ansprechen. Sie macht den Anfang, und schneller als gedacht, erzählen die Teilnehmerinnen den Text in der Runde nach und legen ihn aus. Es entsteht mit Tüchern ein großer Engel, der durch seine Verkündigung die Hirten auf den Weg schickt.

Anschließend betrachten wir unser Kunstwerk in Ruhe. Die Teilnehmerinnen nehmen sich eine **kleine Holzfigur** (kann aus einem Gesellschaftsspiel genommen werden) und setzen sie stellvertretend für ihre eigene Person in die Textlandschaft. In einer »Blitzlichtrunde« kann jede kurz berichten, wo sie sich gerade befindet und wovon sie beeindruckt ist.

Nach der **Mittagspause** steigen wir erneut mit einer »Blitzlichtrunde« ein: Rückblick auf den Vormittag mit der Frage »Was geht mir nach?«.

Die Teilnehmerinnen legen sich auf die mitgebrachten Wolldecken oder setzen sich in bequemer Position hin, um in eine **Phantasiereise** einzusteigen und die Eindrücke anschließend in **Ton** zu bearbeiten. Es wird ausdrücklich betont, dass keine Töpfer-Vorkenntnisse erforderlich sind, sondern der Ton als Ausdrucksmittel verstanden werden soll. Die Phantasiereise geschieht in Anlehnung an den Text »Da trat ein Engel ein«[1]. Sie kann unter dem Thema »Ein Engel begegnet mir« von erfahrenen Leiterinnen aber auch frei geleitet werden.

Schweigend machen sich die Teilnehmerinnen nach dem »Aufwachen« dann ans Tonen.

Die Ergebnisse werden nach Abschluss der kreativen Phase in den Kreis gestellt. In einer **Austauschrunde** sagen die Teilnehmerinnen, was sie an den anderen Werken wahrnehmen, dann erzählt jede Künstlerin selber, was ihr bei ihrem Kunstwerk oder dem Entstehungsprozess wichtig geworden ist.

Da die Phantasiereise zum Thema hatte »Ein Engel begegnet mir und hat eine Botschaft«, werden die Teilnehmerinnen eingeladen, **einen einzigen Satz** zu **sagen** unter der Fragestellung: Welche Botschaft habe ich empfangen und gebe ich weiter? Welche Botschaft bringt mir Frieden? Diesen Satz halten sie dann auf Papier fest.

Nach dem vielen Sitzen **gehen und bewegen** sich die Teilnehmerinnen **frei im Raum**. Sie suchen ihr eigenes Tempo. Danach sind sie eingeladen zu einer **Klangübung**: den eigenen Ton zu finden und ihn beim Gehen mal leiser, mal lauter anzustimmen. Es entsteht ein Klangraum, der an den Chor der himmlischen Heerscharen erinnert. Haben sich die Frauen bislang eher als Empfangende erlebt und mit den Hirten identifiziert, so erfolgt nun der Umschwung.

Eine Leiterin nimmt ein weißes Bettlaken und spricht den Teilnehmerinnen zu, dass sie nicht nur bedürftig sind, Empfangende eben, sondern dass sie durch ihre von Gott gegebene Würde auch anderen Frieden geben und Freude bringen können. Eine Komponente des Engel-Seins wird entdeckt. – »Du bist ein Mensch seines Wohlgefallens, dadurch bist du stark. Du ge-

1 in: Gerda und Rüdiger Maschwitz: Phantasiereisen zum Sinn des Lebens. Kösel-Verlag, München 1998

fällst Gott und hast Ehre und Herrlichkeit von ihm«, ist der Tenor einen **kleinen Andacht**, die Bezug nimmt auf Psalm 8,6 und die an dieser Stelle folgt.

Danach wird der **Bibeltext Lukas 2,8-15** erneut **vorgelesen**. Die Teilnehmerinnen **übermitteln** nun einander **eine gute Botschaft**. Sie werden einander zu Engeln, indem sie das weiße Tuch aufnehmen und sich um die Schultern legen. Es fällt den Teilnehmerinnen nicht schwer, ein gutes persönliches Wort zu finden, denn durch die zahlreichen Begegnungen und den Austausch haben sie viel über die Wünsche und Bedürfnissen der anderen, aber auch über deren Sorgen und Nöte mitbekommen.

Die Frauen werden anschließend eingeladen, mit ihren guten Botschaften nicht nur im Veranstaltungsraum zu bleiben, sondern diese weiterzutragen, z. B. indem sie einen **Brief mit einer guten Botschaft** schreiben. Eine Leiterin legt nun Briefpapier aus, das im Kopf mit den gleichen Engelmotiven versehen ist, wie sie in der Vorstellungsrunde am Anfang verteilt wurden. Würde und Freude, die die Teilnehmerinnen erfahren haben, sollen weitergegeben werden. Jetzt ist es Zeit, entweder an die Freundin, die Tochter, den Nachbarn oder Chef, an einen anderen Menschen zu denken. Wer kein konkretes Gegenüber als Adressaten im Sinn hat, kann dennoch einen Brief schreiben und die Adventszeit dazu nutzen, einen Adressaten zu finden, jemanden zu entdecken, der diese gute Botschaft braucht.

Abschließend verliest eine Leiterin das **Gedicht** von Rudolph Otto Wiemer »Es müssen nicht Männer mit Flügeln sein«. Als kleine Karte können die Teilnehmerinnen diesen Text als Andenken mitnehmen.

Vor dem Segen tanzen wir noch einmal den **sakralen Tanz** vom Anfang zu der Bearbeitung »Herbei, o ihr Gläubigen« von Hans-Jürgen Hufeisen. Der **Abschlusssegen** greift die alttestamentlichen Worte des Propheten Jesaja aus Kapitel 9 und 60 auf.[2]

AUTORIN: SILKE TOSCH, MÖNCHENGLADBACH
in Zusammenarbeit mit BEATE MANNS-DÜPPERS, NIEDERWALGERN

2 aus: Jörg Zink/Hans-Jürgen Hufeisen: Wie wir feiern können. Kreuz-Verlag, Stuttgart 1998, S. 70+83f

Es müssen nicht Männer mit Flügeln sein

Es müssen nicht Männer mit Flügeln sein,
die Engel.
Sie gehen leise, sie müssen nicht schrein,
oft sind sie alt und hässlich und klein,
die Engel.
Sie haben kein Schwert, kein weißes Gewand,
die Engel.
Vielleicht ist einer, der gibt dir die Hand,
oder er wohnt neben dir, Wand an Wand,
der Engel.
Dem Hungernden hat er das Brot gebracht,
der Engel.
Dem Kranken hat er das Bett gemacht,
er hört, wenn du ihn rufst in der Nacht,
der Engel.
Er steht im Weg und er sagt: Nein,
der Engel,
groß wie ein Pfahl und hart wie ein Stein –
es müssen nicht Männer mit Flügeln sein,
die Engel.

Rudolf Otto Wiemer

© Rudolf Otto Wiemer Erben, Hildesheim

Ein biblisches Szenenspiel – nicht nur für Jugendliche

Die Weihnachtsgeschichte nach Lukas

Bibeltext: Lukas 2,1-20
Zielgruppe: Gruppen unterschiedlichen Alters. Ein gewisses Reflexionsvermögen ist vorausgesetzt; für Kinder unter 12 Jahren sind die Spielszenen daher nicht geeignet. Im Übrigen hängt die Eignung vor allem von der Neigung, Fähigkeit und Bereitschaft einer Gruppe zu kollektivem und spontanem Spiel ab. Damit sind alle Gruppenmitglieder auch **Mitwirkende**.
Ziel: In spielerischer Form (improvisierte Szenen mit vorgegebenem Rahmen) mit anschließender Reflexion des biblischen Textes in Lukas 2,1-20 sollen zunächst die zeitgenössischen Überlagerungen des biblischen Kerns der Weihnachtsfestes freigelegt werden. Sodann soll eine Besinnung auf die theologischen, sozialen und politischen Provokationen der lukanischen Weihnachtsgeschichte stattfinden.

Historische Besinnung/Hinführung

Unter den großen christlichen Festen ist das Weihnachtsfest ein relativ junges. Entstanden ist es vermutlich erst Anfang des 4. Jahrhunderts in Ägypten, im Südosten des Römischen Reiches. Seine Festlegung auf 6. Januar hatte wohl unter anderem den Zweck, das an diesem Tag begangene ägyptisch-heidnische Fest der Geburt des Gottes Aion aus der Jungfrau Korē zu verdrängen. Die Erwartung eines göttlichen Kindes gehörte ohnehin zum allgemeinen religiösen Horizont der Spätantike, so dass das junge Christentum hier leicht anknüpfen konnte. Im Westen des Römischen Reiches verfuhr man ähnlich, nur dass der Geburtstermin Jesu hier auf das Geburtsfest des römischen Gottes »sol invictus« (unbesiegliche Sonne) am 25. Dezember gelegt wurde. Das Fest der Erscheinung (griechisch Epiphanie) Gottes in Jesus Christus am 6. Januar bringen wir heute im Westen vor allem mit dem Besuch der »Heiligen Drei Könige«, die in der Bibel (Matthäus 2,1-12) weder drei sind noch Könige oder gar heilig heißen, in Verbindung.

Im Unterschied zu den anderen großen christlichen Festen wie Ostern oder Pfingsten hat das Weihnachtsfest auch keinerlei jüdischen Hintergrund (Ostern: Pesach; Pfingsten: Wochenfest), es ist vielmehr eine rein heidenchristliche Bildung. Zugleich – und vielleicht nicht zufällig – ist das Weihnachtsfest in unserem abendländischen Kulturkreis das erfolgreichste christliche Fest. Es ist in unserer Alltagskultur so fest verankert, dass es auch von Menschen gefeiert wird, denen der christliche Hintergrund des Festes gleichgültig, ja womöglich nicht einmal (mehr) bekannt ist. Der Volkstümlichkeit des Festes entspricht das überaus reichhaltige Brauchtum, das zu Inhalt und Ursprung des Festes manchmal nur in loser Beziehung steht, ja diese zu überlagern droht.[1]

Ein Hang zu Kitsch und Romantisierung ist den biblischen Wurzeln des Festes allerdings fremd, nicht nur der Weihnachtsgeschichte des Matthäusevangeliums, wo mit der Erzählung vom Kindermord zu Betlehem einer Sentimentalisierung einige Hindernisse entgegengestellt werden, sondern auch der bekannteren und beliebteren Weihnachtsgeschichte des Lukasevangeliums mit ihren vielfältigen Implikationen von Armut und Niedrigkeit. Freilich gibt es schon in frühchristlicher Zeit Bestrebungen, gerade diese Aspekte aus der Geburtsgeschichte Jesu zu tilgen. So kommt nach dem Zeugnis des Protevangeliums des Jakobus (etwa Mitte des 2. Jahrhunderts) Jesus nicht mehr in einem Stall zur Welt, sondern vor den Toren Betlehems in einer Höhle[2], weil Marias Wehen zu früh einsetzen. Zwar wird Jesus in eine Futterkrippe gelegt, jedoch nicht, weil es außer dem Stall »keinen Raum in der Herberge« gibt, sondern um ihn

1 Selbst die Reformation hat dem volkstümlichen Brauchtum neue Aspekte hinzugefügt. So wurde der am Nikolaustag (6. Dezember) übliche Brauch des gegenseitigen Beschenkens auf Anregung Luthers auf das Weihnachtsfest verlagert – seitdem konkurriert der heilige Nikolaus mit seinem Wiedergänger, dem Weihnachtsmann.

2 Das Motiv schlägt sich auch in der westlichen christlichen Ikonographie nieder, vgl. Leonardo da Vincis Felsengrottenmadonna.

vor den Häschern des Königs Herodes zu verstecken (ProtevJac 17–19 und 22,2).

Spielszenen

Die erste Szene trägt die Nummer 0, da ihre Stellung in der Szenenfolge variabel ist. Je nachdem, ob im Anschluss an die Spielszenen stärker über die gespielten Szenen oder stärker über den biblischen Text reflektiert werden soll, kann die Szene als Einführung und Kontrast am Anfang stehen oder als Überleitung zum Folgenden am Schluss.

Szene 0: Die Geschichte aus biblischer Sicht
Mindestens zwei Erzähler (männlich/weiblich) führen anhand von Bibelworten aus Lukas 2,1-20 in die Geschichte ein. Eine parallele pantomimische Darstellung ist möglich (abhängig von der Anzahl der verfügbaren Spielerinnen und Spieler).

Szene 1: Reisegruppe und Reiseleiter
Die Besucher besichtigen den »garantiert echten Originalschauplatz« und die noch »original erhaltenen Originalgegenstände« der Weihnachtsgeschichte (Stall mit Tieren, Futterkrippe, Windeln, Weihnachtsbaum usw.); ein Reiseleiter erläutert sie. Die Besucher zeigen sich sehr interessiert, fassen mancherlei Sachen an, drängeln sich, fotografieren und nehmen an Andenken alles mit, was sie erhaschen können.

Szene 2: Ein Abend am Originalschauplatz – wenn die Tiere reden
Nach überstandenem Touristenstrom unterhalten sich die Tiere im Stall (Ochs und Esel, weitere Tiere möglich) über den Tag, über die Besucher und deren Verhalten und über ihren eigenen »Dienst« im Stall.

Szene 3: Putzkolonne und Hausmeister
Durchgehend während der Gespräche ist Säubern und Wiederherrichten des Stalles, Auswechseln einzelner Gegenstände oder Ersatz für mitgenommene Souvenirs nach dem Besuch der Reisegruppe: Das Personal unterhält sich über die Zustände und die Touristen, über die Konkurrenz der Originalschauplätze, über die Einnahmen dank Weihnachten.

Auswertung/biblische Besinnung

Je nach Zeitvorrat und Verlauf der Spielszenen bieten sich zwei Varianten (die sich nicht ausschließen) zur Auswertung an. Einerseits eine gemeinsame Reflexion in der Gruppe über die erlebten Spielszenen. Hier kann leicht jede und jeder eigene Erfahrungen mit der Weihnachtszeit einbringen. Andererseits kann eine Rückbesinnung auf den biblischen Text am Ende stehen. Dazu seien hier einige Anregungen gegeben.

Der Evangelist Lukas arbeitet mit Gegensätzen und harten Kontrasten sowie der Neubewertung und -interpretation damals geläufiger politisch-theologischer Kategorien. Gleich zu Anfang (Lukas 2,1) stellt er die Geschichte in den denkbar größten welthistorischen Rahmen. Ausgangspunkt ist die Volkszählung, die der in Rom residierende Kaiser Augustus, der Herrscher der ganzen damals bekannten Welt, veranlasst. Der eigentliche Ort der Handlung, Betlehem, steht zur kaiserlichen Residenz in Rom in größtem Kontrast: Betlehem liegt »im jüdischen Land« an der östlichen Peripherie des Römischen Reiches und Nazaret in Galiläa, die Heimat der Eltern Jesu, liegt, von Betlehem aus gesehen, noch einmal an der Peripherie dieses jüdischen Landes. (Die Arbeit mit einer Landkarte kann an dieser Stelle nützlich sein.)

Die Krippe, in die der neugeborene Jesus gelegt wird, ist ein Futtertrog, aus dem sonst Rinder, Schafe und Ziegen fressen[3]. Im Kontext des Lukasevangeliums ist dies ein deutliches Motiv der Armut: Ganz gleich, wie überfüllt Betlehem wegen der Volkszählung gewesen sein mag (Lukas erzählt davon freilich nichts, nur dass kein Platz in der Herberge war!) – für gut situierte Leute hätte sich gewiss noch ein anderer Schlafplatz als ein Stall gefunden.[4] Zweideutig sind auch diejenigen, die als Erste die himmlische Botschaft erfahren: Hirten gehörten seinerzeit ganz klar zur sozialen Unterschicht.

Die Engelsbotschaft selbst (Lukas 2,10f) bündelt zunächst drei Titel, mit denen das frühe Christentum die Einzigartigkeit Jesu zum Ausdruck brachte: Heiland, Christus, Herr.

Heiland (griechisch: sōtēr heißt Retter, Erlöser) und *Herr* (griechisch: kyrios, heißt Herr-

---

3 Jedoch keine Schweine, die im jüdischen Land als unrein galten. Gleichwohl kann man gelegentlich auch geschnitzte Weihnachtskrippen bewundern, bei denen sich Schweine unter die versammelten Tiere mischen, etwa auf dem Nürnberger Christkindlmarkt.

4 Für das Protevangelium des Jakobus ist es ein typischer Zug, Jesu Eltern und Großeltern als angesehene und begüterte Angehörige des jüdischen Volkes zu zeichnen.

scher, Herr) sind zugleich Titel, mit denen sich viele zeitgenössische Herrscher titulieren ließen, nicht zuletzt jene orientalischen Herrscher, unter denen das Volk Israel in den vorangegangenen Jahrhunderten stark zu leiden hatte (z. B. mehrere Seleukidenherrscher aus Syrien und einige Ptolemäerkönige aus Ägypten). Der Titel *Christus* (griechisch: christos, für das jüdische Wort Messias) weist mit seinem Rückbezug auf David hin auf die jüdisch-israelitische Königsgeschichte 1000 Jahre zuvor.

Der Träger all dieser Titel ist im lukanischen Kontext jedoch ein Neugeborenes, das in einem Stall in einem Futtertrog zu finden ist. Postulierte Hoheit und vorfindliche Niedrigkeit stehen in denkbar stärkstem Kontrast. Das Wunder der Weihnacht besteht nicht zuletzt darin, dass die Hirten die empfangene Botschaft – nachdem sie sich überzeugt haben! – tatsächlich weitertragen, statt in Gelächter auszubrechen.

Literaturhinweise:

Karl-Heinrich Bieritz: Das Kirchenjahr. Feste, Gedenk- und Feiertage in Geschichte und Gegenwart. 6., überarb. Aufl., C.H. Beck, München 2001.

Jens Herzer: Ostern. Himmelfahrt. Pfingsten. Weihnachten. Was wissen wir über die Ursprünge des Christentums? (Brennpunkt: Die Bibel 4), Evangelische Haupt-Bibelgesellschaft, Berlin 2000.

Das Protevangelium des Jakobus (= ProtevJac), in: Uwe-Karsten Plisch: Verborgene Worte Jesu – Verworfene Evangelien. Apokryphe Schriften des frühen Christentums (Brennpunkt: Die Bibel 5), 2., überarb. Aufl., Evangelische Haupt-Bibelgesellschaft, Berlin 2002.

AUTOR: DR. UWE-KARSTEN PLISCH, BERLIN

Ein komponierter Zugang zu den Evangelien

Bachs Weihnachtsoratorium

Bibeltext: Lukas 2,1-21; Matthäus 2,1-12
Zielgruppe: Musikinteressierte, die den Hintergrund eines Werkes verstehen möchten; die gottesdienstliche Gemeinde, die die Musik im Gottesdienst nicht nur konsumieren möchte.

Grundlegung zum Verständnis des Werkes

Einführendes

Nähert man sich geistlichen Werken Bachs – Oratorien, Passionen, Kantaten, Motetten, Messen und Liedern –, zeigt sich nach nur wenigen Schritten des Erkennens der erhebliche Einfluss der Lutherbibel. Doch wird heute in der Regel die Kenntnisnahme dieses Sachverhalts durch die völlig andere Fragehaltung verstellt, mit der wir biblischen Texten unter der Absicht ihrer Auslegung begegnen. Für die Zeit Bachs gilt unangefochten, längstens bis etwa 1750/60, das selbstauslegende Prinzip der Bibel, wie es in Zeiten der Alten Kirche und des Mittelalters entwickelt und von der lutherischen Reformation übernommen worden ist, jedoch deutlich inhaltlich orientiert durch den Grundsatz der Christusgemäßheit bzw. der Evangeliumsgemäßheit.

Die Erschließung der Bibel in der Lebenszeit Bachs erhielt aber noch eine wesentliche Förderung durch die pädagogische Leitfunktion des Kleinen Katechismus Luthers in seiner vielfachen Wiederholung im Schulunterricht und im gottesdienstlichen Katechismusexamen. Diesem pädagogischen Anliegen machte man das Kirchenjahr so dienstbar, dass die Abfolge der Zeiten identisch wurde mit der jährlichen curricularen Einübung biblischer Inhalte. Das geschah vor allem durch allegorisch-typologisch zugeordnete Texte, in denen Personen, Bilder oder Ereignisse aus der Bibel die Kraft entwickeln, zum Glauben zu führen; das erreichte man auch durch Entwicklung anagogischer Vorstellungen, ebenfalls aus der Bibel gewonnen, die mit dem Ziel der höheren Ausrichtung des Lebens zum Einsatz kamen.

Einen Zugang zur Lutherbibel durch die Werke Bachs zu gewinnen heißt, die Verknüpfung der Selbstauslegung der Bibel mit der Erstreckung von Inhalten im Kirchenjahr im Sinne der historischen Nachfrage zu sichten und einer Analyse zu unterwerfen. Das ist die wichtige Aufgabe dieser Einführung.

Historisches und Liturgisches

Bei dem als Weihnachtsoratorium bekannten Werk Johann Sebastian Bachs handelt es sich um einen Zyklus von sechs Kirchenkantaten. Bach führte zur Weihnachtszeit 1734/35 erstmalig das »*ORATORIUM*, Welches Die heilige Weyhnacht über In beyden Haupt=Kirchen zu Leipzig *musici*ret wurde« auf. Die Auswahl der Termine ergab sich in jenem Jahr aus einem Wochenlauf, bei dem 1. bis 3. Christtag auf Samstag, Sonntag, Montag zu liegen kamen, folglich der 1. Januar wieder auf einen Samstag fiel, dann der Sonntag nach Neujahr am 2. Januar und das Epiphaniasfest (6. Januar) am Donnerstag zu feiern waren.

Es spricht vieles dafür, diesen Zyklus im Zusammenhang mit der Planung der anderen bekannten Festoratorien Bachs zu Ostern 1735 (BWV 249, Bearbeitung einer Osterkantate von 1725) und zu Himmelfahrt 1735 (BWV 11) zu sehen. Denn für alle drei Libretti gilt als Grundlage die Evangelienharmonie nach Johann Bugenhagen (1485–1558), Stadtpfarrer in Wittenberg und Mitarbeiter Luthers. Das Osteroratorium macht eine gewisse Ausnahme, als es den entsprechenden evangelienharmonischen Text in einer scheinbar dramatisierten Nachdichtung verwendet – im Werk Bachs eine einmalige Form. Für die beiden anderen Werke parodiert Bach gleichermaßen Sätze weltlicher Kantaten, die wenige Monate zuvor entstanden waren.

Dem Weihnachtsoratorium liegt Lukas 2,1-21 (mit Ausnahme von 2,2) und Matthäus 2,1-12 zugrunde, eine auf die Geschichte von der Geburt Christi und seiner Anbetung durch Hirten und Weise konzentrierte Textauswahl. Deren Verteilung auf sechs Termine gerät zwar mit den regulären Lesungen in Spannung, ist aber keineswegs ein liturgischer Verstoß. Schon Luther kennt die Praxis, über die Tage der Weihnachtszeit hinweg die Weihnachtsgeschichte kursorisch zu predigen. Aus der musikalischen Welt vor Bach seien die Weihnachtshistorien Heinrich Schütz' (1585–1672) und Johann Schelles (1643–1701) genannt, die ähnlich verfahren.

Strukturelles

Sowohl die Groß- als auch die Kleinstruktur des gesamten Oratoriums ist ausdrücklich durch den Bericht der beiden Weihnachtsevangelien bestimmt. Er bildet zugleich das Rückgrat des Werkes als Historie, ist Ursache theologischer Reflektion in den freien Rezitativen und frommer Besinnung in den Arien. Die Choräle treten, wie in Bachs Kirchenkantaten, in zweifacher Anwendung auf: als typische Schlusschoräle, z. T. auch als Schlüsse von Teilgliederungen, indem sie der hörenden Gemeinde als katechetisches Element dienen, als kommentierendes bzw. dialogisierendes Element im Zusammenhang mit anderen Texten eingesetzt werden.

Als Historie verankert der Evangelienbericht die Darstellung an drei Terminen des Kirchenjahres, die sich zugleich als die zeitlichen Eckpunkte des gesamten Werkes erweisen: am 1. Christtag, am Neujahrstag und am Epiphaniastag. Damit ergibt sich eine Großstruktur, die – in der Form eines Triptychons gestaltet – den Zusammenhang der Kantaten I bis III auf der einen Seite und V bis VI auf der anderen Seite zeigt, verbunden durch Kantate IV, die gleichsam als Scharnier bzw. Mittelbild – auch im inhaltlichen Sinne – dient.

Dass die madrigalischen Rezitative gegenüber dem Evangelistenbericht eine gesamtbiblisch-theologische Funktion haben, macht sogleich das zweite seiner Art, Satz 3[1], sehr schön und beispielhaft anschaulich: Es nimmt Lukas 2,6: »... *kam die Zeit, daß sie gebären sollte*«, den Schluss des Evangelistenrezitatives (Satz 2), in der Manier der sich selbst auslegenden Heiligen Schrift auf und erklärt ihn sowohl mit Titeln und metaphorischen Begriffen. Zugleich werden mit den assoziierten Bibelstellen christologische Grundthemen der Bibel angeschlagen: Das Verhältnis Gottes zu seinem Volk prägt sich in dem erscheinenden Jesus Christus wie in einem ehelichen Verhältnis von Frau und Mann aus (vgl. Hosea 2,21-22; Matthäus 25,1-13; Epheser 5,28-33); die Herkunft Jesu von Nazaret wird auf den Stamm Juda und das Haus David zurückgeführt (vgl. Lukas 3,31-33; Matthäus 1,2.6); die zeitgleiche Erwartung der Verheißung redet vom Trost (Lukas 2,25: Simeon) und Heil (Lukas 1,69: Zacharias) Israels; der Stern aus Jacob (Numeri/4. Mose 24,17; Matthäus 2,2) greift dann ebenso wie der hervorbrechende Strahl (Weisheit 7,25; Psalm 50,2; Matthäus 2,9-10) auf die Kantaten V und VI voraus (vgl. Sätze 45–47; 53) und bezeichnet damit die Erkenntnisfunktion Christi.

Die Arien haben demgegenüber eine stärker meditative und betrachtende Funktion; sie wählen einen Gedanken aus der Reichhaltigkeit der bibeltheologischen madrigalischen Rezitative aus und führen ihn durch. Beispielsweise nimmt Satz 4 *Bereite dich Zion mit zärtlichen Trieben* allein die Bräutigamsmetapher aus Satz 3 auf und besingt sie mit der Erwartung der Hochzeit.

Die Funktion der Choräle als Schlusschoräle zeigen sich deutlich an den Sätzen 5 und 9 mit typisch katechetischer Absicht, an den Sätzen 7 und 12 jedoch in dialogisierender bzw. antwortender Absicht.

Wird hier die Großstruktur erkenn- und befragbar, so sollte nun vorab die Frage nach der Kleinstruktur zu beantworten versucht werden. Am Beispiel der Kantate I ist zu sehen, wie mit der Abfolge der Sätze 2 bis 5 gleichsam die Grundform der Kleinstruktur des Weihnachtsoratoriums begegnet:

Bibeltheologisches/madrigalisches Rezitativ – betrachtende Arie – Schlusschoral; sie wird durch alle Kantaten in verschiedenartiger Weise variiert werden (Rahmensätze in Kursiv):

Eröffnungschor (Satz 1)
  Evangelium T. (Satz 2)
    bibeltheologisches Rezitativ A. (Satz 3)
      betrachtende Arie A. (Satz 4)
        (Teil-)Schlusschoral (Satz 5).
Bereits die zweite Hälfte dieser Kantate variiert diese Grundform der Kleinstruktur:
  Evangelium T. (Satz 6)
    bibeltheologisches Rezitativ B. mit
    Choral S. (Dialog-Satz 7)
      betrachtende Arie B. (Satz 8)
Schlusschoral (Satz 9)
        (Gesamt-)Schlusschoral (Satz 9).

Festzuhalten bleibt, dass der Beginn jeder neuen Einheit immer mit einem Evangelienbericht einsetzt, der an der für die thematische Entfaltung des Folgenden wichtigen Stelle einhält, unabhängig von Länge und Ausdehnung des vorgetragenen Evangeliums: So vertont Satz 2 fünf Verse (Lukas 2,1.3-6), Satz 6 hingegen nur einen Vers (Lukas 2,7). Für die Abfolge von bibeltheologischem Rezitativ und betrachtender Arie gilt hier zunächst das Normalprinzip

1 Alle Texte des Weihnachtsoratoriums, Satz- und Zeilenzählungen sowie biblische Angaben beziehen sich auf die auf den Seiten 28-31 beigegebenen Vorlagen der Kantaten II und III.

von Bachs Kirchenkantaten der Vergabe an ein und dieselbe Solostimme: Sätze 3 und 4 für Alt, Sätze 7 und 8 für Bass; in Satz 7 tritt allerdings zur Bassstimme – im Sinne einer ersten Variation – die Sopranstimme mit einem ariosen Choral hinzu, man vergleiche ähnliche Sätze in Kantate IV, dort Sätze 38 und 40. Der Rahmen für diese zweimalige Abfolge wird durch die Sätze 1 und 9 gebildet. Jedoch nicht immer wird bei den folgenden Kantaten die Kleinstruktur mit einem Choral beschlossen werden. Der Rahmen kann, wie in Kantaten II und III, auch eine ausgeweitete Form haben.

Charakteristisches zum Einsatz der Stimmen

Verschiedentlich klang bereits ein Thema an, das hinsichtlich des Einsatzes der Altstimme im Weihnachtsoratorium von Walter Blankenburg diagnostiziert worden ist: Mit der Altstimme reflektiert Bach in erstaunlich deutlicher und nachvollziehbarer Weise die Situation der Mutter Maria. Inzwischen ist bekannt, dass damit ein bestimmter Aspekt des Einsatzes der Altstimme in Bachs geistlichen Werken überhaupt erkannt worden ist: glaubende Seele, Kirche als Gemeinschaft der Gläubigen, Heiliger Geist.

Mit der Altstimme korrespondiert indirekt die Bassstimme. Während in den Kantaten I bis III der Bassstimme eine ankündigende, verheißende und verkündigende Funktion zufällt, übernimmt solche Funktion in den Kantaten V und VI die Altstimme. In anderen Werken Bachs, beispielsweise in den Passionen, wird die Bassstimme gemäß liturgischer Tradition – Evangelienton – der *vox Christi* oder der *vox Dei* zugewiesen.

Davon unterschieden ist die Kombination Bass – Sopran, die sich in einem eigentümlichen Dialogisieren übt und vor allem in Kantate IV in hervorgehobener Weise zum Einsatz kommt, freilich in den Sätzen 7 und 29 auch schon angewandt wurde. In Kantate IV scheint die Kombination jenen beiden Gestalten zu gelten, die im Anschluss an das Tagesevangelium in Lukas 2,22-40 zu Wort kommen – Simeon und Hanna – und den prophetischen Gestus repräsentieren.

Die Tenorstimme ist die Stimme des Evangelisten; wir stellten zur Kantate I fest, dass jede Kleinstruktur mit einem Evangelistenrezitativ beginnt. Das führt etwa bei Satz 16 zu der Entscheidung Bachs, nicht – wie eigentlich zu erwarten – die Sopranstimme mit dem Fortsetzungstext der Engelsverkündigung zu betrauen, sondern die Tenorstimme. Es kann sich um kein Versehen Bachs handeln, wie gelegentlich vermutet wurde; denn das Autograph des Weihnachtsoratoriums weist übereinstimmend mit dem originalen Textdruck diese Passage dem Evangelisten zu. Dass die Sätze 61 und 62 dem Tenor zukommen, überrascht, wenn man sich ihre Inhalte anschaut. Danach kämen sie eigentlich der Altstimme zu, die in den Kantaten V und VI in einen extrovertierten und missionarischen Ton verfällt. Wenn nicht alles täuscht, lässt sich bei Bach aber auch beobachten, dass eine solche Stimmencharakteristik zwar erkennbar, aber nie sklavisch-eng durchgeführt wird. Mit großer Vorsicht sei deshalb ein Motiv für den Einsatz der Tenorstimme in diesen Sätzen angedeutet: Die missionarische Aufgabe kommt nicht nur den Prototypen des Glaubens, sondern zugleich den Verkündigern des Evangeliums zu.

Kommentierung der Weihnachtsbotschaft mit innerbiblischen Mitteln

Ankündigung und Ereignis der Geburt Christi sind Inhalt der Kantate I des Weihnachtsoratoriums. So wie ihre erste Hälfte bestimmt wird durch die Ankündigung der Geburt Lukas 2,6 – *Und als sie daselbst waren, kam die Zeit, dass sie gebären sollte* (Satz 2) – so die zweite Hälfte durch die Feststellung der Geburt Lukas 2,7 – *Und sie gebar ihren ersten Sohn* (Satz 6). Im Detail fällt Zuhörenden – selbst ohne besondere Bibelkenntnis – sofort die Unmittelbarkeit innerbiblischer Kommentierung im Satz 3 auf, dem berühmten Altrezitativ *Nun wird mein liebster Bräutigam*, das dem einleitenden Evangelistenrezitativ folgt: Diese Ankündigung enthält kombinierte Belege aus so klassischen Stellen wie Genesis/1. Mose 49,10 (der Held aus Juda) mit Psalm 89,20-21 (der Held aus Davids Stamm: *nun wird der Held aus Davids Stamm*), wie Numeri/4. Mose 24,17 (der Stern aus Jacob: *nun wird der Stern aus Jacob scheinen*) und Psalm 50,2 (der aus Zion anbrechende Glanz Gottes: *sein Strahl bricht schon hervor*). Die Feststellung der Geburt wird in Satz 7 u. a. mit der paradoxen Aussage des Paulus 2. Korinther 8,9 (Christus ward arm, damit ihr reich würdet: *Er ist auf Erden kommen arm ... und in dem Himmel mache reich*) und der des 1. Johannesbriefes (der Welt Heil durch die erschienene Liebe Gottes, 1. Johannes 4,9-10: *Des Höchsten Sohn kommt in die Welt, weil ihm ihr Heil so wohl gefällt*) umschrieben.

So vorbereitet wenden wir uns den Kantaten II und III zu, wo alles konzentriert ist auf die Verkündigung an die Hirten und deren Anbetung.

Kantate II

Der Text des Teiles II hat ebenso wie Teil I am Evangelientext sein Entwicklungsprinzip – hier nun in Lukas 2,8-14 –, verfährt aber bezüglich der Zuordnung zu freien Texten anders. Die Grundreihung Evangelistenrezitativ – arioses Betrachtungsrezitativ – Arie – Choral variiert der Dichter, indem er zweimal den Choral als katechetisches Identifikationselement der Hörer zum bzw. in den einsetzenden Evangelienbericht vorzieht: Evangelistenrezitativ – Choral – arioses Betrachtungsrezitativ – Arie (Sätze 11–15 und 16–19). Mit Satz 12 wird sogar das Textprinzip erreicht, das für die Choräle der Matthäus-Passion gilt (Einbettung in den Evangelienbericht – erneut in Kantate VI, Satz 59). Die Identität der mit ihrem Kind dialogisierenden Maria erhält (neben Satz 31 in Teil III) durch Satz 19 ihren eindrucksvollsten Höhepunkt, auch wenn die Hirten als bereits mitsingend gedacht werden.

Im Blick auf die Sinfonia, Satz 10, liest man in der »Biblischen Betrachtung« des Johann Olearius (5 Bände, Leipzig 1678–1681) sehr eindrücklich: »die *Musica Angelica* [die von Engeln gemachte Musik] kan zugleich nachdrücklich reden 1.B.Samuel. 16/23.« (V, 393) Der Hinweis auf den vor Saul auf der Harfe spielenden Hirten David und die Wirkung seines Musizierens macht diesen gleichsam zu einem Engel, ein Hinweis darauf, wie sehr das Zusammengehen von Engelsmusik und Hirtenmusik die Identität von Gotteslob und Freude der Menschen meint (man vgl. Satz 22).

Die Einfügung der Liedstrophe, Satz 12 (Strophe 9 des Liedes »Ermuntre dich, mein schwacher Geist« von Johann Rist, 1641), in den Evangelienbericht, Sätze 11 und 13, dient der Anzeige der *Schechina*, d. h. der Einwohnung Gottes in der Welt, die wie ein gnadenvolles Licht in der Dunkelheit anbricht und aufscheint (Olearius V,392). Das Besondere an der Darstellung der Weihnachtsgeschichte durch das Weihnachtsoratorium, vor allem in den Kantaten II und III, zeigt sich in der engen Verknüpfung der Hirten mit der von Gott an sie ergangenen und nun in Erfüllung gehenden Verheißung; sonst wird der gleiche Zusammenhang beherrscht von dem Hinweis auf die »Väter« bzw. die »Schar der Väter« – gemeint sind die Erzväter des Glaubens Abraham, Isaak, Jacob und Mose –, die Empfänger der Verheißung Gottes sind. Hier findet eine Konzentration dieses Gedankens auf Hirten und deren Prototypen statt, insbesondere durch die drei bibeltheologischen Rezitative für die Bassstimme: Sätze 14, 18 und 22. Satz 14 resümiert die gesamte Verheißungsgeschichte und lässt sie in die soeben verkündigte Erfüllung münden. Hirten sind ehedem die Empfänger der Verheißung gewesen, Hirten müssen deshalb auch jetzt die Empfänger der Erfüllung sein. Mit dem Namen des prominenten Hirten Abraham (23) wird an den Anfang der Verheißungsgeschichte erinnert, die zugleich Glaubensgeschichte ist: Genesis/1. Mose 12 und Genesis/1. Mose 18; mit einer Anspielung auf den ebenso prominenten Hirten David – allerdings ohne Namensnennung (27) – fügt der Textdichter die Davidsohnschaft in die Hirtengeschichte ein (1. Samuel 16,11-12), die mit Betlehem als Ort rechnet: 1. Samuel 17,15. Zugleich lässt er dieser erinnernden Phrase eine konzentrierte bibeltheologische Durchdringung durch Römer 4,21 zuteil werden, die Teil des Rechtfertigungsdenkens ist: »*[Abraham] wußte aufs allergewisseste, daß, was Gott verheißt, das kann er auch tun.*« Mit Satz 15 meldet sich die Stimme des Evangelisten, d.h. des Verkündigers, in einer Arie, meditiert in musikalisch-leichtfüßiger Manier das erneut Verheißene der Verheißung. Beiden, dem Dichter und dem Komponisten, gelingt das Meditieren durch Mitteilung dessen, was erst in Kantate III – eben in der Zukunft! – berichtet und erfahren werden wird: das Hineilen der Hirten (32), das Vermeiden des Verzuges, das ein Aufschieben des Frommwerdens meint (33), das Ansehen dieses Kindes, was eigentlich ein Anblicken durch das Kind ist (34). Dabei erhält das »holde Kind« (34) im B-Teil Beschreibungen, die aus der Lyrik von Psalm 45 und Hohemlied 1,16 und 2,5a stammen; hier muss unbedingt auf 1.Sam 16,12b hingewiesen werden: *[David] war bräunlich, mit schönen Augen und guter Gestalt.* Denn David ist nicht nur Hirte unter bzw. neben anderen Hirten, sondern eben Prototyp des Messias; Olearius, der ausdrücklich auf Hoheslied 1 und Psalm 45 hinweist, deutet aus: »das Fürbild deß Meßiae 1.Mos. 3/15. der Mann nach dem Hertzen Gottes 1.Sam 13,14. nach seinem Willen / davon Pred.Sal. 7/17. der besser als Saul 1.Sam 15/18.« (Biblische Erklärung Bd. II, 1678, S. 79b), und bezieht damit auch Holdseligkeit, Anmut, Schönheit, Labsal und Freude ein. Solche Bezeichnungen wie Freude, Anmut, Labsal werden zu Wechselbegriffen für Jesus Christus selbst.

Das Rezitativ Satz 16, das dem Evangelisten übergeben wird, obgleich es noch Teil der direkten Rede des Verkündigungsengels ist – also wie Satz 13 der Sopranstimme zugewiesen werden müsste – eröffnet und bestimmt den zweiten Teil der Kantate (Sätze 16 bis 19); es muss deshalb vom Evangelisten übernommen werden, weil es Ausgangspunkt für einen neuen Sinnzusammenhang ist. Wie bei Satz 12 handelt es sich bei Satz 17 um einen antwortenden Choral: Auf die Zeichen der Armut, Begrenztheit und Härte – in Windeln gewickelt, untergekommen in einer Tierbehausung, in einer Krippe liegend – antwortet und deutet die nachfolgende Liedstrophe Paul Gerhardts (1607–1676) das Geschehen *sub contrario* [unter dem Gegenteil] (Strophe 8 des Liedes »Schaut, schaut, was ist für Wunder dar«, 1667, Dresdner Gb. 1725/36, Nr. 41, S. 26–27): Die Begrenzung des Stalles verweist auf die Unbegrenztheit der Herrschaft dieses Kindes, Armut und Härte der Krippe als Futtertrog von Tieren anstatt einer Wiege verweisen auf die besondere »Ruhe« des Gottessohnes, der verkündigt (Matthäus 11,29c): *so werdet ihr Ruhe finden für eure Seelen* (45). Und auch das »Suchen« der Anmut (36) korrespondiert eigentümlich mit dem »Suchen« der Speise durch das Tier (44, man vgl. Jesaja 1,3ab), die »Ruhe« des Kindes (45) stellt einen Bezug zum Lied der »Ruhe« (54) her, das zwar die Altstimme, d.h. die in Maria personifizierte glaubende Existenz singt, doch die unablässig die Singstimme verdoppelnde Flöte, das Hirteninstrument, bezieht den »Chor der Hirten« ein. Im Satz 18, einem bibeltheologischen Rezitativ für die Bassstimme, ist es erneut der Sprachgestus der Prophetie und der Verheißungsgeschichte, der aber übergeht in Aufforderungen an die Hirten: Wie David *gen Bethlehem ging* (47), so sollen jetzt die Hirten dorthin gehen; wie der Prophet Micha, der das Volk Israel – die Herde seines Erbteils – mit dem Stabe weiden soll, prophezeit, Gott wolle *sie Wunder sehen lassen gleichwie zur Zeit, da sie aus Ägyptenland zogen* (48), so sollen jetzt die Hirten das Wunder des Gottessohnes sehen; wie von David berichtet werden kann, dass er *für ein jegliches Werk dem Heiligen, dem Höchsten dankte mit einem schönen Liede, von ganzem Herzen sang und den liebte, der ihn gemacht hatte, dass er Sänger vor dem Altar stiftete und sie süße Lieder singen ließ* (51–54), so soll es jetzt auch geschehen, so werden jetzt die Hirten zu solchem Tun aufgerufen. Die Altarie, Satz 19, – vordergründig als Wiegenlied angelegt und musikalisch auch als solches gemeint – ist hintergründig bestimmt von dem Gegensatz des »Schlafe« und des »Wache«; musikalisch und textlich reduziert sich der Anteil des »Wiegenliedes« eigentlich auf die Passagen des Ritornells und die das Ritornell wiederholenden vokalen Teile der ersten Arienzeile *Schlafe, mein Liebster, genieße der Ruh.* Darüber hinaus formuliert die Arie durch den Imperativ *Wache nach diesem* [dem Schlafen und der Ruhe] *vor* [für] *aller Gedeyen* und dem sich daran anschließenden Mittelteil eine messianisch-soteriologische Vision, die das Heilandswerk des Hirten Jesus Christus widerspiegelt; jetzt soll er schlafen und ruhen – von seiner Mutter und von Hirten in den Schlaf gesungen –, dann soll er »vor aller Gedeyen« wachen, d.h. das Heil für sein Volk – für alle! – schaffen. Mit trito-jesajanischen Bildern des Überflusses und des Vertrauens (58–60), die vor allem Jesaja 66,11.14 nahe stehen, wird die Wendung zum Heil besungen. Damit endet die zweite regelmäßige Abfolge von Evangelistenrezitativ – Choral – bibeltheologischem Rezitativ – betrachtender Arie (Sätze 16–19).

Denn die erneuert sich meldende Stimme des Evangelisten, Satz 20, leitet nun die zweite Hälfte des Rahmens dieser Kantate ein, die der schwergewichtigen ersten Hälfte, der Sinfonia, Satz 10, ein entsprechendes Gegengewicht verleiht (Sätze 20–23): Im Zentrum steht der groß angelegte motettische Chorsatz, Satz 21, der Chor dominiert, die Instrumente haben Begleitfunktion; der Text wird abschnittweise vorgetragen: a) Ehre sei Gott in der Höhe, b) und Friede auf Erden, c) und den Menschen ein Wohlgefallen. Jeder der drei Abschnitte erhält, wie A. Dürr analysiert hat, ein eigenes »Baugerüst«: Für den Abschnitt a) ist es »ein dreimal (in verschiedenen Tonlagen) erklingender passacaglia-artiger Continuo-Bass; in Abschnitt b) ein Orgelpunkt (gleichfalls im Continuo) und in Abschnitt c) ein von den Singstimmen meist paarweise vorgetragenes Thema« (Kanon).

Die damit gefundenen musikalischen Symbole haben ihre Anregung aus den Inhalten, die in der »Biblischen Erklärung« des J. Olearius (V, 393–394) ebenfalls in dieser Dreigliedrigkeit beschrieben werden: Gott werde gegeben die Ehre in der Höhe, dieses sei der höchste Gottesdienst; der Erden werde Friede gegeben, hier sei es der schöne Friedenskuss und die Gerechtigkeit durch den ewigen Friedefürsten (Jesaja 9; Psalm 85,11), der uns seinen Frieden gibt und lässt (Johannes 14,27); den Menschen werde in Sonderheit Wohlgefallen geschenkt, durch das der Mensch, welcher nicht mehr betrübt unter sich sehen und sich vor der Hölle fürchten muss, sondern sein Haupt fröhlich aufheben kann (Lukas 14,16) und aufsehen, weil sich seine Erlösung naht (Lukas 21). Ob diese Dreigliedrigkeit mit der von Bach entworfenen zusammenhängt, kann nur erahnt oder vermutet werden. Annäherungsfähig ist sie allemal. Nun schließt sich ein bibeltheologisches Rezitativ, Satz 22, an, das zugleich das redende Subjekt der drei bibeltheologischen Rezitative (Sätze 14, 18, 22) nennt: Es ist gleichsam der Protagonist der Hirten – etwa David selbst? –, der in jener prophetisch-deutenden Sprache sich äußert: So wie man über *die Anger voll Schafe und die Auen dick mit Korn jauchzet und singet* (vgl. 68: Psalm 65,14), so wie »heute« ein *Tag ist, den der Herr macht*, an dem der Herr alles *wohlgelingen läßt* (vgl. 69: Psalm 118,25.24), so wolle die Hirtenschar mit einstimmen – wie einst Mirjam einstimmte in den Lobgesang des Mose (vgl. 70: Exodus/2. Mose 15,21a). Dass damit das Geschehen der Kantate III schon vorweggenommen wird (vgl. Lukas 2,17.20), hat angesichts der Engelverkündigung als Zustimmung der Hirten seinen Sinn: Der Freude der Hirten (Lukas 2,20) muss die Furcht (Lukas 2,9) weichen. Bach stellt diese Wendung selbst unter Beweis, indem er den abschließenden Choral, Satz 23 (Strophe 2 des Liedes »Wir singen dir, Immanuel« von Paul Gerhardt, 1656), die Hirten »in deinem Heer« (Psalm 148,2), d.h. zusammen mit den Engeln und ihren Instrumenten, singen und mit den eigenen Instrumenten musizieren lässt: Es ist die Motivik der Sinfonia (Satz 10), die das erneute »Gloria Deo« (nach Offenbarung 5,13; 7,12) erklingen lässt, nun aber durch die ewige Gemeinde, die erlöst wurde durch den, der *sich stellet, als wäre er ein Gast im Lande* (Jeremia 14,8b), den »lang gewünschten Gast« (75). Im Übrigen fügt bereits die Offenbarung des Johannes das Lied des Mose (Exodus/2. Mose 15) und das Lied des Lammes (Offenbarung 5) zusammen (vgl. Offenbarung 15,3), eine Beobachtung, die angesichts der abschließenden Liedstrophe in Erinnerung kommt.

Kantate III

Auch Kantate III des Weihnachtsoratoriums ist am biblischen Text des dafür umgrenzten Evangeliums für den 3. Christtag, Lukas 2,15-20, orientiert. Die Sätze 24 und 34 bis 35 mit Wiederholung des Satzes 24 bilden den Rahmen um eine zweimalige Abfolge von Evangelistenrezitativ – bibeltheologischem Rezitativ – Arie und Choral, jedoch in verändernder Reihe.

Zunächst eröffnet Satz 24 die Kantate in einer Form, die vorrangig mit Hilfe von Psalmworten eine Vorwegnahme des in Lukas 2,20 berichteten Lobpreises der Hirten vollzieht: Sie, die Hirten, sehen sich als die »Kleinen« (Psalm 8,3), die dem *Herrscher des Himmels* (Psalm 8,2) ungekünstelte Gesänge darbringen, um das *Gefallen dieses Opfer des Mundes* (Psalm 119,108) zu erreichen; sie sind es auch, die sich als Zion sehen, das diesen Herrscher *mit Psalmen erhöht* (Sacharja 9,9), als die *Kinder, die im Tempel schrien und sagten: Hosianna, dem Sohn Davids* (Matthäus 21,15). Durch sie erfüllt sich der Wunsch, *hinzugehen ... zum Hause Gottes mit Frohlocken und Danken* (Psalm 42,5b), die ihm jetzt Ehrfucht erweisen und denen das *Wohlgefallen Gottes* gilt (Lukas 2,14c). Da der Satz am Schluss wiederholt werden wird, zeigt sich hier schon die Zusammenfassung der gesamten Kantate.

Dann wird mit Rezitativ (Satz 25) und Hirtenchor (Satz 26) die erste Abfolge (Sätze 25–29) mit dem Bericht des Evangeliums eingeleitet: Evangelium (und Chor) – bibeltheologisches Rezitativ – antwortender Choral – betrachtende Arie (Duett). Das entscheidende Stichwort für diese Abfolge fällt in der Selbstaufforderung der Hirten, die sehen wollen, was *uns der Herr kundgetan hat* (Lukas 2,15b). Musikalisch handelt es sich wieder um einen motettischen Satz, dem sich wegen der Heraushebung des Stichwortes Satz 27 unmittelbar anschließt. Das, was der Herr getan hat, steht zur Betrachtung an, wobei das Kundtun die Erweiterung zum Tun Gottes an den Menschen überhaupt erlaubt. Denn wovon Gott Kunde gibt, das tut er auch: Erneut nimmt jene prophetische Stimme das Wort, Satz 27, die in Kantate II als Protagonist der Hirten erkennbar wurde; vier Taten Gottes zählt dieser auf: Er hat sein Volk getröstet (14: Jesaja 49,13c), er hat *sein Volk erlöst* (15: Lukas 1,68b), er hat *Hilfe aus Zion* gesendet (16: Psalm 14,7a), er hat dafür gesorgt, dass *ihre Ritterschaft* [d.i. Dienstbarkeit] *ein Ende hat* (17: Jesaja 40,2b). Damit ruft der Protagonist der Hirten den Seinen solche Taten Gottes in Erinnerung, die messianisch-eschatologischen Charakter haben. Er verknüpft diese Taten Gottes mit der Kunde von der Geburt eines Kindes in Betlehem: *Geht, dieses trefft ihr an!* (19). Der antwortende Choral (7. Strophe des Liedes »Gelobet seist du, Jesu Christ« von Martin Luther, 1524), Satz 28, kennt nicht nur das poetische Prinzip des Stichwortanschlusses – *dies hat er getan*, sondern vollzieht auch die Deutung: Das, was er getan hat, zeigt seine Liebe; *seht, welch eine Liebe hat uns der Vater erzeiget* (1. Johannes 3,1). In seiner »Biblischen Erklärung« stellt J. Olearius den Zusammenhang folgendermaßen dar: »*Verbum enuntians, & res verbo enuntiabili enuntiata totum hoc negotium a Deo revelatum* [Das verkündigende Wort und die vom verkündigten Wort verkündigte Sache ist von Gott in diesem ganzen geschäftigen Tätigsein offenbart worden] (Johannes 1,14), das Wunder hier (Lukas 2,33; Josua 3), *paradoxa* [Gegensätze] (Lukas 5,25): *1. dictum, 2. factum, 3. revelatum* [1. das Gesprochene, 2. das Geschehene, 3. das Geoffenbarte]« (V, 395). Es bietet sich an, in dieser Dreiteilung die Folge der Sätze 25/26 – *dictum:* das Gesprochene, 27 – *factum:* das Geschehene, 29 – *revelatum:* das Geoffenbarte zu sehen, dazu im Choral eine Deutung.

An das bibeltheologische Rezitativ (Satz 27) schließt nämlich, ebenfalls für Bass, doch dazu auch für die Sopranstimme, eine Arie (Duett) an, Satz 29, in welcher Mitleiden und Erbarmen des Mittlers (Hebräer 4,15) als Grund des Trostes und der Freiheit besungen werden. Die Parodieherkunft dieses Stückes als Liebesduett macht die Musik in besonderer Weise brauchbar für die mitgeteilten Inhalte: Gunst, Liebe und Zuneigung Gottes zu den Menschen erneuern seine Vatertreue.

Die zweite Hälfte der Kantate stellt strukturell gegenüber der ersten Hälfte völlig um, behält aber das Prinzip der Zusammengehörigkeit von bibeltheologischem Rezitativ und betrachtender Arie bei, diesmal für die Altstimme: Zunächst berichtet der Evangelist, Satz 30, vom Auffinden des Kindes durch die Hirten, deren Verbreitung der an sie gerichteten Verkündigung, der Verwunderung ihrer Hörer und dem meditativen Umgang, den Maria mit allem Gehörten pflegt. Die Zäsur nach Lukas 2,19 gilt dem Behalten und Bewegen der Hirtenworte durch Maria. Ihr kommt deshalb die betrachtende Arie, Satz 31, zu. Ihr Text fasst das Wunderhafte – bei anderen Hörern bewirkt! – und die glaubende Aneignung zusammen: Eben das Wunderhafte, *die göttlichen Werke* (43), sind Stärkung, womöglich sogar Ursprung des Glaubens, weil sie das ganz andere und das der Welt gegenüber Jenseitige betonen. Die Bitte der Jünger um *Stärkung des Glaubens* (44: Lukas 17,5b) äußert das grundsätzliche Wissen um die Unstetigkeit des Glaubens. Auch Maria als Prototyp des Glaubens bedarf der Bitte um Stärkung des Glaubens; diese Bitte kehrt im Da-Capo zurück zu der Bitte um Einschluss des Wunders im Herzen. Die Solobesetzung – entgegen einem ursprünglicheren Entwurf – entspricht dem Inhalt, wie auch das Unisono zwischen Altstimme und Solovioline bei den Worten *fest in deinem Glauben ein* (42) die einschließende Bewegung der Melodiebildung der Violine verstärkt und unterstützen hilft (A. Dürr, S. 165): Im Herzen behalten und bewegen – das ist die Botschaft dieser außerordentlich persönlichen Arie – wahrscheinlich einer der ganz wenigen neu komponierten Ariensätze des ganzen Oratoriums! Das anschließende bibeltheologische Rezitativ, Satz 32, preist das erfahrene Wunder gar als Beweis (50), was allerdings kein Missverständnis aufkommen lässt, bemerkt man nur die Herkunft solcher Formulierung: *Beweise deine wunderbare Güte, du Heiland derer, die dir vertrauen* (Psalm 17,7a); aber auch der Rückverweis auf das *Zeichen*, das den Hirten mitgeteilt wird und zur Erkenntnis dient: *in Windeln gewickelt und in einer Krippen liegend* (Lukas 2,12), mag Beweis der *Seeligkeit* des Herzens *an dieser holden Zeit* sein (47–49). Von J. Olearius wird das Kind in Windeln und Krippe als *semeion* und *exhibitivum* [Zeichen und Erweis] (V,393) bezeichnet. Mit dem Choral, Satz 33, schließt die zweite Einheit der Kantate ab, die durch das Behalten bzw. Bewahren und Bewegen bestimmt war: Christus zu bewahren zeigt sich im Leben und Sterben in ihm (Römer 14,8); ähnlich Utopisches für seine Zeit wie auch für die Paul Gerhardts (Strophe 12 seines Liedes »Fröhlich soll mein Herze springen«, 1653) und Johann Sebastian Bachs beschreibt Deuterojesaja, wenn er sagt: *alsdann wirst du Lust haben am Herrn, und ich will dich über die Höhen auf Erden schweben lassen* (56–57: Jesaja 58,14).

Mit den Sätzen 34, 35 und Wiederholung 24 wird – ähnlich wie in Kantate II – ein deutlich konturierter Rahmen vollendet. Satz 34 gibt für die zweite Hälfte des Rahmen die Exposition ab, die aber nun dem Lobpreis Gottes für *factum, revelatum, dictum* (hier in dieser Reihenfolge: geschehen, gehört und gesagt, vgl. oben) gewidmet ist. Dabei mag die Wiederholung des Satzes 24 zugleich die Zusammengehörigkeit der Kantaten I bis III dokumentieren. Doch gleichzeitig vollzieht die Wiederholung jetzt das Gotteslob der Jünger, das für die Eröffnung der Kantate als Vorwegnahme dieses Ziels bezeichnet worden war. Der die Kantate eigentlich beschließende Choral (Strophe 4 des Liedes »Laßt Furcht und Pein« von Christoph Runge, 1653), Satz 35, bietet ein Summarium des Berichts der Jünger unter der Maßgabe ihres Lobpreises Gottes: *Seid froh dieweil*, und mit der Formulierung der altkirchlichen Zweinaturenlehre, als *wahrer Gott und wahrer Mensch geboren* (66), biblisch nachvollziehbar in Lukas 1,31-32.

Es handelt sich in diesem Beitrag um den gekürzten Vorabdruck eines Kommentarteils zum Weihnachtsoratorium Johann Sebastian Bachs, der in der Reihe der Kommentierung aller geistlichen Werke Bachs in der Schriftenreihe der Internationalen Bachakademie Stuttgart erscheint.

AUTOR: PROF. DR. MARTIN PETZOLDT, LEIPZIG

Anhang

Texte der Kantaten II und III des Weihnachtsoratoriums von Johann Sebastian Bach, BWV 248 (Abdruck der Texte nach der Orthographie des Autographs, Zählung der Sätze nach der Neuen Bach-Ausgabe)

Und es waren Hirten, BWV 248 II

1. (10.) Sinfonia

2. (11.) Rezitativ T.

Lk 2,8	*Und es waren Hirten in derselben Gegend auf dem Felde bey den Hürten, die hüteten des Nachts ihre Heerde.*
Lk 2,9	*Und siehe, des Herren Engel trat zu ihnen, und die Klarheit des Herren leuchtet üm sie, und sie furchten sich sehr.*

3. (12.) Choral

Hos 6,3b; Jes 58,8	**Brich an, o schönes Morgenlicht,**
vgl. Jes 58,8a	**Und laß den Himmel tagen!**
Lk 2,9c	**Du Hirten Volck erschrecke nicht,**
Lk 2,10a	**Weil dir die Engel sagen,**
vgl. Lk 2,12	**Daß dieses schwache Knäbelein**
Lk 2,25c.10c	**Soll unser Trost und Freüde sein,**
vgl. 1Joh 3,8b	**Dazu den Satan zwingen**
Joh 14,27; Ps 72,3; Lk 2,14	**Und endlich Friede bringen.**

4. (13.) Rezitativ T. S.

Lk 2,10	(T) *Und der Engel sprach zu ihnen:* (S) *Fürchtet eüch nicht, siehe, ich verkündige eüch große Freüde, die allem Volcke wiederfahren wird.*
Lk 2,11	*Denn eüch ist heüte der Heyland gebohren, welcher ist Christus der Herr, in der Stadt David.*

5. (14.) Rezitativ B.

Gen 12,2f; 18,19b	Was Gott dem Abraham verheisen,
Gen 12,3; Lk 2,10c	Das läst er nun den Hirten Chor
Lk 2,8.10f; vgl. Röm 4,21	Erfüllt erweisen.
Röm 1,2f	Ein Hirt hat alles das zuvor
vgl. 1Sam 16,11f	Von Gott erfahren müßen:
Röm 4,21b	Und nun muß auch ein Hirt die That,
Gen 12,3b; 18,19b	Was er damals versprochen hat,
Röm 4,21a; Mk 1,15a	Zu erst erfüllet wißen.

6. (15.) Arie T.

Lk 2,16a	Frohe Hirten, eilt, ach eilet,
vgl. Lk 2,15b	Eh ihr eüch zu lang verweilet,
Lk 2,15.17.20	Eilt, das holde Kind zu sehn!
Ps 45,12a	Geht, die Freüde heißt zu schön,
Phil 3,8c	Sucht die Anmuth zu gewinnen,
Hld 2,5	Geht und labet Hertz und Sinnen!

7. (16.) Rezitativ T.

Lk 2,12	*Und das habt zum Zeichen, ihr werdet finden das Kind in Windeln gewickelt und in einer Krippe liegen.*

8. (17.) Choral

Lk 2,15b; Joh 1,5	**Schaut hin, dort liegt im finstern Stall,**
Sach 9,10	**Des Herrschafft gehet über all!**
Jes 1,3a; Lk 2,7.12	**Da Speise vormahls sucht ein Rind,**
Lk 2,7; Mt 11,29c	**Da ruhet itzt der Jungfraun Kind.**

9. (18.) Rezitativ B.

Lk 2,15b	So geht denn hin, ihr Hirten, geht,
Mi 7,15	Daß ihr das Wunder seht:
Lk 1,32; 2,12.16	Und findet ihr des Höchsten Sohn
Lk 2,12.16	In einer harten Krippe liegen,
Sir 47,10; Lk 2,17	So singet ihm bey seiner Wiegen
Sir 47,11b	Aus einem süßen Ton
Sir 47,11a	Und mit gesamten Chor
Sir 47,11b	Dies Lied zur Ruhe vor:

10. (19.) Arie A.

Ps 132,13f	Schlafe, mein Liebster, genieße der Ruh,
Hld 1,7; 5,2a	Wache nach diesem vor aller Gedeyen!
Jes 66,11	Labe die Brust,
Jes 66,11	Empfinde die Lust,
Jes 66,14a; Sir 34,20a	Wo wir unser Hertz erfreüen! D.C.

11. (20.) Rezitativ T.

Lk 2,13	*Und also bald war da bey dem Engel die Menge der himmlischen Heerschaaren, die lobten Gott und sprachen:*

12. (21.) Chor

Lk 2,14	*Ehre sey Gott in der Höhe und Friede auf Erden und den Menschen ein Wohlgefallen.*

13. (22.) Rezitativ B.

Lk 2,13; Ps 65,14	So recht, ihr Engel, jauchzt und singet,
Ps 118,25.24	Daß es uns heüt so schön gelinget!
Ex 15,21a	Auf denn! Wir stimmen mit eüch ein,
vgl. Lk 2,20	Uns kan es so wie eüch erfreun.

14. (23.) Choral

Ps 148,2	**Wir singen dir in deinem Heer**
Offb 5,13; 7,12	**Aus aller Kraft Lob, Preiß und Ehr,**
Jer 14,8b (L)	**Daß du, o lang gewünschter Gast,**
Jer 14,8b (L)	**Dich nunmehr eingestellet hast.**

SDGL. 1734.

Entstanden zum 2. Christtag, 26. 12. 1734; musiziert im Frühgottesdienst zu St. Thomas, Predigt D. Christian Weises über das Tagesevangelium Mt 23,34-39 (Predigt ist nicht erhalten) [eben womöglich nicht über einen Teil von Lk 2, wie die unveränderte Epistelangabe in der Vesperpredigt zeigt!] und im Vespergottesdienst zu St. Nikolai, Predigt Diakonus Lic. Friedrich Werner über die Tagesepistel Apg 6,8-15; 7,55-60 (Predigt ist nicht erhalten). Der Choral Satz 17 ist bei Bach nicht textiert, freilich durch das originale Textbuch überliefert.

Herrscher des Himmels, BWV 248 III

1. (24.) Chor

Ps 8,2; vgl. 8,3	Herrscher des Himmels, erhöre das Lallen,
Ps 119,108	Laß dir die matten Gesänge gefallen,
Sach 9,9	Wenn dich dein Zion mit Psalmen erhöht!
Ps 42,5b	Höre der Hertzen frohlockendes Preisen,
vgl. Ps 95,6	Wenn wir dir itzo die Ehrfurcht erweisen,
vgl. 1 Petr 5,10	Weil unsre Wohlfahrt befestiget steht.

2. (25.) Rezitativ T.

Lk 2,15a	*Und da die Engel von ihnen gen Himmel fuhren, sprachen die Hirten untereinander:*

3. (26.) Chor

Lk 2,15b	*Laßet uns nun gehen gen Bethlehem und die Geschichte sehen, die da geschehen ist, die uns der Herr kundgethan hat.*

4. (27.) Rezitativ B.

Lk 2,25b; Jes 49,13c	Er hat sein Volck getröst,
Lk 1,68b	Er hat sein Israel erlöst,
Ps 14,7; 53,7	Die Hülff aus Zion her gesendet
Jes 40,2b	Und unser Leid geendet.
Lk 2,15b; 1 Joh 3,1a	Seht, Hirten, diß hat er gethan;
Lk 2,15b.12	Geht, dieses trefft ihr an!

5. (28.) Choral

Ps 126,3	**Diß hat Er alles uns gethan,**
1 Joh 3,1	**[Sein' gross(e) Lieb zu zeigen an;**
Lk 2,10c	**Deß freu sich alle Christenheit**
Ps 30,13b	**Und danck ihm des in Ewigkeit,**
Mt 17,15	**Kyrieleis.]**

6. (29.) Arie (Duett) S. B.

Hebr 4,15; Nah 3,7	Herr, dein Mitleyd, dein Erbarmen
Joh 8,36	Tröstet uns und macht uns frey.
vgl. Joh 3,16	Deine holde Gunst und Liebe,
Offb 15,3b	Deine wundersamen Triebe
Kld 3,23b	Machen deine Vater Treu
Kld 3,23a	Wieder neu. D.C.

7. (30.) Rezitativ T.

Lk 2,16	*Und sie kamen eilend und funden beide, Mariam und Joseph, dazu das Kind in der Krippe liegen.*
Lk 2,17	*Da sie es aber gesehen hatten, breiteten sie das Wort aus, welches zu ihnen von diesem Kind gesaget war.*
Lk 2,18	*Und alle, für die es kam, wunderten sich der Rede, die ihnen die Hirten gesaget hatten.*
Lk 2,19	*Maria aber behielt alle diese Worte und bewegte sie in ihrem Hertzen.*

8. (31.) Arie A.

vgl. Lk 2,18	Schließe mein Hertze diß seelige Wunder
vgl. Lk 2,19	Fest in deinem Glauben ein!
vgl. 2Petr 1,3	Laße dies Wunder, die göttlichen Wercke,
Lk 17,5b	Immer zur Stärcke
Offb 14,12a	Deines schwachen Glaubens seyn! D.C.

9. (32.) Rezitativ A.

Lk 2,19; 8,15; Gen 37,11b	Ja, ja, mein Hertz soll es bewahren,
2Kor 6,2	Was es an dieser holden Zeit
2Thess 2,13	Zu seiner Seeligkeit
Ps 17,7a; vgl.Lk 2,12	Für sicheren Beweiß erfahren.

10. (33.) Choral

vgl. Lk 2,19; 8,15	**Ich will dich mit Fleiß bewahren,**
Röm 14,8a	**Ich will dir**
Röm 14,8a	**Leben hier,**
Röm 14,8b	**Dir will ich abfahren,**
Jes 58,14b	**Mit dir will ich endlich schweben**
Jes 58,14a	**Voller Freud**
Offb 10,6c	**Ohne Zeit**
	Dort im andern Leben.

11. (34.) Rezitativ T.

Lk 2,20	*Und die Hirten kehrten wieder um, preiseten und lobten Gott um alles, das sie gesehen und gehöret hatten, wie denn zu ihnen gesaget war.*

12. (35.) Choral

vgl. Lk 2,10	**Seyd froh dieweil,**
Offb 4,12	**Daß eüer Heil**
Lk 1,32.31	**Ist hie ein Gott und auch ein Mensch gebohren,**
Hld 5,10b; Lk 2,11b	**Der, welcher ist**
Lk 2,11b	**Der Herr und Christ**
Lk 2,11b; Hld 5,10b; 1Tim 2,5	**In Davids Stadt, von vielen auserkohren.**

Chorus 1 ab initio repetatur et claudatur.
Fine. SDGl. 1734

1. (24.) Chor

Ps 8,2	Herrscher des Himmels, erhöre das Lallen,
Ps 119,108	Laß dir die matten Gesänge gefallen,
Sach 9,9	Wenn dich dein Zion mit Psalmen erhöht!
Ps 42,5b	Höre der Herzen frohlockendes Preisen,
vgl. Ps 95,6	Wenn wir dir itzo die Ehrfurcht erweisen,
vgl. 1Petr 5,10	Weil unsre Wohlfahrt befestiget steht!

Entstanden zum 3. Christtag, 27. 12. 1734; musiziert allein im Frühgottesdienst zu St. Nikolai, Predigt Archidiakonus Lic. Friedrich Wilhelm Schütz über das 2. Tagesevangelium Joh 21,15-24 (Predigt nicht erhalten). Den Text von Satz 28 schreibt Bach nicht aus, sondern gibt nur die Textmarke bekannt (Ergänzung nach Textdruck).

Zum Umgang mit der Zeit

Nicht auf das Ende hin, vom Ende her leben

Bibeltext: Kohelet/Prediger 3,1-15
Zielgruppe: Gottesdienstliche Gemeinde, Gemeindegruppen, Kunstinteressierte
Materialien: Overheadprojektor und Folie mit Kunstwerk von Roman Opalka (Folie 1)

Das biblische Buch Kohelet (Prediger)

»Alles hat seine Stunde. Für jedes Geschehen unter dem Himmel gibt es eine bestimmte Zeit.« (Einheitsübersetzung) – Das ist der wohl prominenteste Satz eines sonst wenig bekannten biblischen Buches. Ein alltagstauglicher Satz fürwahr: Wie oft hört mein quengelndes Kind: »Nein, jetzt nicht – alles zu seiner Zeit!« Wie oft weise ich spontane Einladungen und übermütige »Schnapsideen« zurück: »Nein, jetzt nicht – alles zu seiner Zeit!« Und wie oft breche ich gute Vorsätze und Entschlüsse: »Na ja, jetzt doch – alles zu seiner Zeit!«

Alltag im Wortsinn ist davon geprägt, dass Dinge ihre feste Zeit haben und brauchen; jedes Ding – im Guten wie im Schlechten. Dabei schwingt auch ein gewisser resignativer Unterton mit: Alles hat seine Zeit – deshalb haben wir nur wenig Einfluss auf die Dinge und ihren Lauf. Alles hat seine Zeit – und deshalb auch sein unabwendbares Ende. Damit beschleicht gerade im Alltag jede und jeden die Frage: »Und das soll alles gewesen sein? Wozu das Ganze?«

Auch der biblische Schriftsteller, der sich selbst Kohelet (1,1.12; hebräisch = der Versammler) nennt und im 3. Jahrhundert vor Christus gelebt hat, weiß um Resignation und Zweifel angesichts des Laufs der Dinge. Er formuliert erschreckend nüchtern und direkt: »Wenn jemand etwas tut – welchen Vorteil hat er davon, dass er sich anstrengt?« (3,9) Für Kohelet stellt sich diese bohrende Frage sowohl als allgemein menschliche Frage, aber auch als bedrängende theologische Frage angesichts konkreter historischer Erfahrungen.

Das Buch Kohelet gehört zur so genannten Weisheitsliteratur der hebräischen Bibel. Es entstand in der Zeit zwischen Mitte und Ende des 3. Jahrhunderts vor Christus in Palästina, vermutlich in Jerusalem. In dieser Zeit unterstand Judäa – wie nahezu der gesamte Nahe und Mittlere Orient – der hellenistischen Herrschaft der in Ägypten residierenden Ptolemäer-Dynastie. Dies hatte gravierende politische, wirtschaftliche und vor allem soziale Folgen innerhalb des jüdischen Gemeinwesens: Die Kluft zwischen Arm und Reich wurde immer tiefer. Darüber hinaus bedeutete die Konfrontation mit der – modern gesprochen – pluralistischen Kultur und Weltanschauung des Hellenismus eine Herausforderung für das jüdische Denken und den jüdischen Glauben: Hält die Behauptung der Einzigartigkeit und Geschichtsmächtigkeit Jahwes den religiösen und existenziellen Herausforderungen der neuen Zeit stand? Die sozialkritischen und skeptischen Gedanken des unbekannten Weisheitslehrers (12,9), der eine besondere Autorität beansprucht, indem er sich »Sohn Davids, König in Jerusalem« (1,1) nennt, spiegeln diese gesellschaftlich-sozialen Veränderungen und philosophisch-religiösen Infragestellungen der jüdischen Gesellschaft wider.

Auf diesem Hintergrund ist die eigentümliche Feststellung Kohelets zum Lauf der Zeit und zum Umgang des Menschen in 3,11-14 zu lesen. Hier fasst er alles zusammen: Anfang und Ende, Zeit und Ewigkeit, das kurze Leben und der sichere Tod, der nicht einsehbare Ratschluss Gottes und »carpe diem« (»Nutze den Tag!«).

Ein künstlerisches Programm zum Thema Zeit

Für den polnischen Künstler Roman Opalka ist »Zeit« *das* Thema seiner Malerei. Seit 1965 ist das künstlerische Werk des 1931 Geborenen ein Lebenswerk im wörtlichen Sinn: Roman Opalka malt schwarz auf weißem Grund eine bei »1« beginnende aufsteigende Zahlenreihe. Der letzten Zahl am rechten unteren Bildrand folgt die nächste als erste Zahl am linken oberen Bildrand der nächsten Leinwand. So entsteht, gefüllt mit kleinen Zahlen, Bild um Bild eines Gesamtwerks, Detail um Detail des Lebenswerks – bis zu seinem Tod. Dabei hellen sich die Zahlen exakt berechnet nach einer mathematischen Kurve zunehmend auf. Das Maß ist die durchschnittliche Lebenserwartung von Männern in

Zentraleuropa, also die durchschnittlich zu erwartende Lebensdauer des Künstlers. Seit dem Jahr 2000 malt Opalka fast weiße Zahlen auf weißem Grund. Rein weiß werden diese Zahlen jedoch nie werden.

Die Beschreibung dieser Technik lässt eine distanzierte, vielleicht geradezu unterkühlte Malerei erwarten. Dem ist nicht so. Die Tafelbilder zeigen »Persönlichkeit«, nämlich die höchstpersönliche Handschrift des Künstlers, ihre Veränderung im Laufe der Zeit.

Roman Opalka macht Zeit sichtbar: als Malerei in Maß und Zahl, die zeitlichen Gesetzmäßigkeiten unterliegt: immer mehr Bilder mit immer längeren Zahlenkolonnen in immer stärkerer Aufhellung – *potenziell unendlich*. So auch der Titel des Œuvres: OPALKA 1965 1– ∞

Roman Opalka macht Zeit sichtbar: als Malerei, die in höchstem Maße abhängt von der Vitalität des Künstlers. Das Ist ablesbar an der Handschrift, an den Ton- und Bilddokumenten, die er von sich als Teil seines Gesamtwerkes an jeden Tag im Atelier macht und die zeigen, was Zeit am Menschen ist: körperliche Veränderung, Alterung, Verfall, ein Hin zum Tode – faktisch endlich.

Es ist das Zusammengehen dieser beiden Elemente, das dem Werk Roman Opalkas eine besondere Spannung, eine besondere Tiefendimension gibt. Die aufsteigende Zahlenreihe geht nach unendlich, eine streng lineare und neutrale Ordnung. Die Aufhellung der Farbe geht nach Weiß, der Summe aller Farben im Licht, auch eine Form der Unendlichkeit, der Ewigkeit.

Erscheinen und Verschwinden vollziehen sich als berechenbare Größe und doch in größtmöglicher Spannung, nämlich immer im Wissen um den Tod des Künstlers, der nicht berechenbar ist, aber gewiss. In diesem Zueinander von proportionaler Objektivität und biografischer Subjektivität ist das Werk Roman Opalkas ein ästhetischer Beitrag zu einer Kultur des Todes. In einer Gesellschaft, die das Gedenken des eigenen Todes und eine damit verbundene »ars moriendi« (Kunst des Sterbens) fast verlernt hat, eine Provokation.

Die spirituelle Herausforderung für Christinnen und Christen

Des Todes zu gedenken heißt nicht, auf ihn hinzuleben, ihn gar zu ersehnen, wohl aber, von ihm her das Leben zu leben, zu füllen und zu genießen. Auf diesem Hintergrund erscheint auch die Rede des Weisheitslehrers Kohelet nicht resignativ oder gar lähmend, sondern als Ermutigung, das begrenzte Leben anzupacken, seine Chancen zu ergreifen, das Glück zu suchen; aber auch: die Enttäuschung zu ertragen, den Schmerz anzunehmen, die Dunkelheiten zu leben. Das begrenzte Leben als solches zu begreifen, ist dabei – nach dem Verständnis von Kohelet – nicht ein passives Sich-Abfinden mit dem Unabänderlichen, sondern ein aktives Annehmen der Schöpfungswirklichkeit, eine theologisch zu begründende und religiös zu realisierende Einsicht.

Für Christinnen und Christen ist dieses radikale Lebensverständnis des jüdischen Weisheitslehrers eine spirituelle Herausforderung. Mit den Worten des Theologen Norbert Lohfink: »Christliche Hoffnung aufs Jenseits muss so sein, dass der *Endcharakter* des Todes nicht verschleiert wird und weiter alles für den Menschen an *diesem* Leben hängt.« Insbesondere die mittelalterliche Theologie habe dies gewusst und betont, »dass mit dem Tod die irdische Zeit mit den immer offenen Möglichkeiten des jeweils nächsten Augenblicks schlechthin beendet ist. Jenes *andere* Leben, das der Mensch bei Gott zu finden vertraut, kann nur als Frucht oder ... Endgültigwerden der hiesigen, verwehenden Zeit gedacht werden.« Die Begegnung mit einem Bild aus dem Werk Roman Opalkas kann dazu Anlass und Hilfe sein.

Anwendung in der Gemeinde

Als Umsetzung in der Gemeinde eignet sich eine Bildmeditation im Gottesdienst zur Jahreswende wie auch an den Gedenktagen für die Verstorbenen. Dabei kann zunächst der Bibeltext aus Kohelet 3 gelesen werden, dann wird über das Werk Roman Opalkas informiert, danach das Bild (siehe Folie 1) gezeigt. Dieses sollte zunächst in der Stille auf die Betrachtenden wirken, dann können sich Gedanken der Vorbereitenden zum Thema Endlichkeit und Zeit anschließen.

AUTORIN: DR. RITA BURRICHTER, RECKLINGHAUSEN

Meditation und Aktion für Jugendliche

Unsere Masken

Bibeltext: Sirach 16,17-18; Psalm 139
Zielgruppe: Jugendliche, Konfirmanden
Materialien: Overheadprojektor und Folie (Kopiervorlage dazu Seite 35), Bastelkarton für Masken, Schere, Klebstoff, Schminke, Spiegel
Mitwirkende: keine Helfer/innen notwendig

Meditation zum Bild

Manchmal möchte man sich verstecken. Menschen setzen sich eine Maske auf, damit sie keiner erkennt. Es fällt ihnen leichter, ohne ihre wirklichen Gefühle zu leben, als ihr wahres Gesicht zu zeigen. Haben sie zwei Gesichter? Den Menschen, die ihnen begegnen, zeigen sie entweder das wahre Gesicht oder das mit Maske. Je nachdem, wer und in welchem Zusammenhang es ist. Für die anderen schwer zu durchschauen, für sie selber ein Schutz vielleicht? Wo trage ich Masken? Wo schützen sie mich? Wo verleugne ich mich selbst?

Die Texte

Hintergrund zum Bibeltext (Sirach 16,17-18.22)

Diese Bibelverse sind aus dem Buch Jesus Sirach, das zur jüdischen Weisheitsliteratur gehört. Es ist das einzige Buch der biblischen Spätschriften, dessen Autor bekannt ist: Jesus, der Sohn des Sirach aus Jerusalem, schrieb es um 180 v. Chr. Das Buch enthält vor allem Lebensregeln in Form von Spruchweisheiten.
Als höchste Weisheit gilt, das Gesetz Gottes zu halten. Das Buch nimmt den Leser als selbstbewussten Zeitgenossen, dem Gott die Freiheit zur eigenen Entscheidung gegeben hat. Wenn der Mensch will, kann er Gottes Gebote befolgen. Daher appelliert der Autor immer wieder an die Vernunft seiner Leser: V. 22.

Hintergrund zur Schriftstellerin

Das Zitat ist entnommen aus: Andrea Schwarz: Bunter Faden Zärtlichkeit. Herder-Verlag, Freiburg 2000, S. 16.

Die Schriftstellerin, in Wiesbaden geboren und aufgewachsen, lernte zunächst den Beruf Industriekauffrau, studierte später Sozialpädagogik in Frankfurt am Main, seit Herbst 1997 studiert sie Theologie und arbeitet auf einer halben Stelle in zwei Pfarrgemeinden in Viernheim.

Anregungen

Möglich ist die Einbringung in folgende Themen:

1. vorgeschaltet als Bastel- und Schmink-Aktion:
   Stellt euch vor, ihr würdet zum Maskenball gehen, welche Maske würdet ihr aufsetzen, wer wollt ihr sein?
   Masken basteln, sich schminken.
2. Mögliche Themen zum Bild:
   Anonymität, Wahrheit, Liebe, Einsamkeit, Masken ablegen, Taufe, neuer Mensch, Rolle »Wer bin ich«.

Ergänzende Texte:
Dietrich Bonhoeffer: Wer bin ich vor den Menschen, in: ders.: Widerstand und Ergebung. Gütersloher Verlagshaus, Gütersloh [5]1998

Als Gegentext Psalm 139 lesen, evtl. als Abschluss der Meditation.

AUTORIN: FRANZISKA RIEBESEL, BERLIN

Sag nicht: » Ich werde mich vor dem Herrn verstecken; gibt es da oben einen, der an mich denkt? Unter so vielen Leuten kann mich niemand erkennen. Wer bin ich denn als einzelner in der ganzen riesengroßen Welt? «

Sirach 16,17-18

Du bist der Gott, der mich anschaut; daß ich deinem Blick nicht standhalten kann, liegt wohl eher an mir.

Andrea Schwarz

Aus der Ausstellung »Ansichtssache« © Ostertag Mediendesign 2000

Sprechende Hände als nachgespielte Hand-lung

Dem Wort sichtbaren Ausdruck geben

Bibeltexte: Die Leidensgeschichte Jesu (dazu Motive auf Overhead-Folie) und zahlreiche weitere Texte s. u.
Zielgruppe: Alle Altersstufen je nach Motivwahl
Ziel: Intensivierung des Nacherlebens durch Beobachtung eines Details
Materialien: Lichtquelle und neutrale Wand, um Schattenbilder zu erzeugen; Overheadprojektor, Folien (siehe Folie 2)

Vorbemerkung

Die Anfrage für den vorliegenden Beitrag erreicht mich just zu dem Zeitpunkt, wo in meinem Atelier etliche Bilder von Händen entstehen – Hände, nichts als Hände: Sieben lebensgroße »Menschen in der Passion« erhalten momentan korrespondierende Begleitbilder... Bildkommentare eben, welche lediglich Hände darstellen, allenfalls mitunter durch signifikante Attribute und Handlungsobjekte ergänzt: die Hände des Judas etwa, denen die Silberlinge entgleiten. Die Hände des Petrus, die nach dem Verrat verzweifelt dessen Gesicht zu verbergen suchen.

Zufall ist bekanntermaßen, was zufällt. Und demzufolge motiviert mich meine augenblickliche Beschäftigung mit dem Händethema zu der Anregung, geeignete Bibeltexte, etwa das Passionsgeschehen, durch »Hand-greiflichen« Nachvollzug in den Blick zu nehmen, um die dort geschilderten Ereignisse auf einem anderen Weg (und vielleicht empfindungsintensiver) zu erfahren und nachzuerleben.

Einführung: Das Wesen der Hand

Die Hand ist nicht nur der Teil des menschlichen Körpers, der den Arm beendet und der zum Greifen und Fühlen dient. Sicherlich ist die Hand das Organ, das »handfester« als das Auge, das Gehör oder der Geruchssinn unseren konkreten Kontakt mit dem tatsächlichen Leben ermittelt, vermittelt und herstellt. Die Hand ist das Berührungsorgan schlechthin. Die Hand ist wesentliches Organ des Tastsinns. Damit aber nicht genug: Hände helfen mit, eine Person zu charakterisieren. Allein schon die Form, die Farbe, die Größe, die Teile der Hand in ihrem jeweiligen Zueinander. Der Zustand der Hand (gepflegt, gewaschen oder verdreckt, verschafft, verformt, krankhaft, verkrüppelt ...), aber gewiss auch ihr Einsatz, ihr Gebrauch, ihre Funktion. Hände können eine spezielle Situation, eine ureigene Befindlichkeit, einen ausgeprägten Standpunkt verdeutlichend einsichtig machen. Die Hand ist ein Ausdrucksträger an sich. Als Kabarettist aus Passion weiß ich sehr wohl um die Wirkung und Möglichkeiten der Gestik, die das jeweils Gesagte nachdrücklich zu unterstreichen und zu betonen vermag – bisweilen auch mal zu konterkarieren.

Ja, die Hand kann sprechen, nicht nur bei taubstummen Menschen. Auch ohne Zeichen zu formen, lässt sich dann lesen: Da ist die kindliche, die junge, die abgenützte, die leblose Hand. Es gibt abgespannte Hände, ebenso wie es fröhliche, agile, sensible, melancholische und schwerfällige Hände gibt. Zarte und sinnliche Hände, manche sprühen vor Energie...

Reflexion: Belastungen aus der Vermarktung von Kunst

Abschrecken mögen jemanden bei der Beschäftigung mit Händen in der Kunst die gängigen Allerweltsmotive wie beispielsweise »Die betenden Hände eines Apostels«, um 1508 von Albrecht Dürer mit Pinsel gezeichnet und heute in der Wiener Albertina verwahrt. Dieser Studie hat ihre fatale Volkstümlichkeit sehr geschadet – derart verbraucht und ausgeschlachtet als Sterbebildchenmotiv, als Kommunionandenken und als unverfänglich scheinendes Wallfahrtssouvenir auf Stearinkerzen und auf Weihwasserkesselchen. Nicht viel besser erging es übrigens dem gnadenlos vermarkteten »Händepaar Gottvater und Adam« von Michelangelo aus der Decke der Sixtinischen Kapelle in Rom. Und selbst der gereckte Finger an der Hand des Johannes aus dem Isenheimer Altar von Mathias Grünewald erweist sich diesbezüglich als nicht völlig unbelastet.

All diesen (wenig ermutigenden) Beispielen zum Trotz gilt meine Anregung als impulsgebende Einladung zu einer Entdeckungsreise! Beispielhaft sei auf die Reichenauer Buchmalereien und auf die Kunst der Ikonen, auf spätgotische Altäre, auf Rembrandt und den ekstatischen Maler El Greco verwiesen, bis hin zur Hand Gottes von Auguste Rodin und den expressiven Chiffren des späten Otto Dix. Hier kann nur dazu aufgefordert werden, die jeweils vorhandenen lokalen Möglichkeiten zu entdecken und eine Betrachtung der Hände zu verorten.

Gestische Inspirationen als Einstieg in eine aktive Meditation

Auf der Suche nach sinnstiftender Handlung, auf dem Weg nach einer denkbaren Konkretisierung und sinnfälligen Umsetzung könnte sich eine nahe liegende Anwendung im Dreierschritt vollziehen: Bibeltext lesen und hören (siehe unten) – erkennen und begreifen – demonstrieren und empfinden. Im darstellenden Agieren scheinen ungeahnte Einfälle möglich, treffend und nachhaltig: Der nachgerade suggestive Hinweis durch den extrem lang ausgestreckten »doppelten« Zeigefinger etwa, verdeutlicht die Verkündigungsszene und macht ihre außergewöhnliche Botschaft transparent (beim Engel Gabriel, der bei Maria einkehrt; beim Engel, der bei den Hirten auf den Feldern von Bethlehem erscheint; ebenso bei Christus, der seine Jünger belehrt).

Als Beispiele für **Bibeltexte**, die hand-greiflich gemacht werden können, seien folgende Stellen genannt:

Altes Testament:

Gen/1. Mose 3,1-7 Die Hand Evas, die nach dem Apfel greift; die Hand Adams, die die Frucht aus Evas Hand nimmt.

Gen/1. Mose 8,8-9 Noach lässt eine Taube fliegen und nimmt sie wieder auf seiner Hand zurück in die Arche.

Gen/1. Mose 22,3-14 Abraham auf dem Weg zur Opferung des Isaak: Feuer und Messer hält er in der Hand, schließlich streckt er die Hand mit dem Messer aus – und hält inne.

Ex/2. Mose 20; 32; 34 Mose hält die Gesetzestafeln in der Hand; er zertrümmert sie im Zorn; er bringt die neuen Tafeln.

1. Könige 3,16-2 Streit der zwei Frauen um das lebende Kind; Salomos Urteil – loslassende Hände, festkrampfende Hände.

Neues Testament:

Lukas 1,26-38 Der Verkündigungsengel bei Maria.

Markus 5,21-23.35-42 Jesus nimmt die Hand der toten Tochter des Jaïrus und sagt: »Talita kum!«

Passionsberichte

Die Hände des Judas mit den 30 Silberlingen (Mt 27,3-5) oder seine Hände bei der Abendmahlsfeier (Mk 14,20 par.).

Die Hände des Pilatus, die er sich wäscht, um seine Unschuld zu demonstrieren (Mt 27,24 – siehe dazu auch Motiv 1 auf der beiliegenden Overhead-Folie)

Die Hände des Simon von Zyrene/Kyrene (Mk 15,21 par.), der das Kreuz Jesu trägt (siehe dazu Motiv 2 auf der beiliegenden Overhead-Folie).

Die Hände Jesu am Kreuz, durchbohrt vom Nagel (Motiv 3 auf der beiliegenden Overhead-Folie).

Die Hände des Josef von Arimathäa, die den Leichnam abnehmen, um ihn ins Grab zu legen (Mk 15,42-47 par.) (Motiv 4 auf der beiliegenden Overhead-Folie).

Fragen, die mit den Hand-Szenen verbunden werden können, am Beispiel der Passion:

- Wie sehen die Hände aus, die gemeinsam das Brot in die Schüssel tauchen? Welche Konstellationen könnten sich ergeben?
- Wie verheimlicht Pilatus das Blut, das an seinen Händen klebt?
- Welche Last haben die Hände des Simon zu tragen?
- Was zeigen die Finger des Gekreuzigten?
- Wie kommen die Hände bei der Abnahme vom Kreuz/bei der Grablegung zueinander?

Es gäbe noch zahlreiche Fragen, die sich in Zusammenhang mit künstlerischen wie auch gespielten szenischen Motiven stellen ließen. Sie müssen nicht beantwortet werden, denn Kunst ist dort beheimatet, wo aus Lösungen Rätsel werden.

AUTOR: DIETER GROSS, STUTTGART

Kreuz und Konsum

Bibeltext: Markus 8,34
Zielgruppe: Jugendliche, Erwachsene
Ziel: Sich dem Thema mit verschiedenen Sinnen nähern: Sehen, Lesen, Hören
Hilfsmittel: Overheadprojektor und Folie (Kopiervorlage dazu Seite 40)
Zur Weiterarbeit: weißes Papier, bunte Stifte, alte Zeitschriften zum Ausschneiden
Mitwirkende: keine Helfer/innen notwendig

Inhalt

Einführung

Das Bibelzitat ist eine Provokation in unseren Ohren. Selbstaufgabe und Verzicht wurden lange Zeit gepredigt. Aber wo blieb die gute Nachricht? Worin besteht die gute Nachricht?

Um dieses Wort nicht gleich als Zumutung beiseite zu legen, braucht es eine Vorbereitung. Die Bereitschaft, sich auf ein Nachdenken darüber einzulassen, muss erst gewonnen werden. Dazu sollen das Foto und der Liedtext dienen (als Kopiervorlage auf Overhead-Folie kopierbar, siehe Seite 40).

Meditation zum Bild

Piekfeine Anzüge, weißes Hemd und Fliege für den besonderen Anlass. Hier werben nicht Puppen für den maßgeschneiderten Auftritt. Kreuze prägen die Bildmitte. Vergoldete Engel hängen vor dem Tuch. Kreuze sind wieder in. Engel werden gesellschaftsfähig. Wir können noch größere Höhen erreichen. Das Kreuz liegt nicht mehr auf unseren Schultern. Niemand braucht sich mehr erschrecken zu lassen. Wir sind kultiviert.

Hintergrund zum Liedtext

Hermann van Veen wurde 1945 in Utrecht geboren. Der vielseitig begabte Künstler schrieb Lieder, Kinderbücher, Drehbücher, Theaterstücke, führte Regie und spielte Hauptrollen in mehreren Spielfilmen. Die Strophe ist dem Lied »Die Wechsler« entnommen.

Die Anspielung auf den Tempel und die Wechsler in der Strophe bezieht sich auf eine Begebenheit in Jerusalem (Markus 11,15-19 par): Nachdem Jesus in Jerusalem eingezogen war, ging er in den Tempel. Was er dort sah, machte ihn wütend. Der Vorhof des Tempels war zum Handelsplatz geworden. Rinder, Schafe, Tauben wurden als Opfertiere feilgeboten, Käufer suchten günstige Angebote, Geldwechsler boten ihre Dienste für alle Provinzwährungen an. Jesus überlegte nicht lange und warf Händler wie Käufer hinaus. Der Vorhof des Tempels sollte ein Ort des Gebetes und nicht des Geldes sein.

Hintergrund zum Bibeltext Markus 8,34

Im Markusevangelium beginnt mit Kapitel 8,27 ein neuer Abschnitt. Zuvor war Jesus vor allem als Heiler und Wundertäter bekannt geworden. Nun tritt er auf dem Weg nach Jerusalem als Lehrer für seine Jünger und das Volk in Erscheinung. Zum ersten Mal kündigt Jesus sein Leiden und seinen Tod an. In diesem Zusammenhang sind seine Aussagen zur Nachfolge und dem Kreuz zu verstehen.

Umsetzung

Zeit: ca. 1½ Stunden

Sehen

Das Foto wird über Overheadprojektor gezeigt. Die beiden Texte sind abgedeckt. Es wird nach Assoziationen und Beobachtungen zu den Formen und Inhalten gefragt.

Als Alternative kann folgende Meditation zum Bild gelesen werden.

Wir sehen Anzüge. Sind es feine Anzüge oder eher für den Alltag?

Wie wirken die Engel? Hängen sie in den Seilen oder schweben sie?

Woher kennen wir noch goldene Engel? Aus Kirchen, Konzerthäusern oder weihnachtlichen Kaufhäusern?

Welchen Bezug mögen die Kreuze in dieser Schaufenster-Auslage haben?

Wofür stehen Kreuze in unserer Gesellschaft? Spielt das Kreuz noch eine Rolle?

Ist das Kreuz religiöses Zeichen, Amulett oder Schmuck?

Würden Sie vor diesem Schaufenster stehen bleiben? Wenn ja, warum? Wenn nein, warum nicht?

Sammeln Sie Ihre Gedanken dazu.

Lesen

Jetzt wird der Liedtext aufgedeckt. Der Text stellt sowohl einen Bezug zur Zeit Jesu her als auch zu unseren gegenwärtigen Problemen.

Erste spontane Reaktionen und Gedanken sollen geäußert werden.

Ein Thema wird aufgenommen, zum Beispiel das Thema der ersten Zeile:

»Arme werden ärmer, Reiche kriegen mehr.«

Stimmt das? An welcher Stelle machen wir diese Erfahrung? Woran liegt diese Entwicklung? Können wir etwas ändern? Haben unsere Wünsche etwas damit zu tun?

Das Gespräch kann auf unseren Lebensstil gelenkt werden:

Was brauchen wir? Was brauchen wir an Überfluss, zum Spielen und zum Spaß? Worauf kann ich verzichten, eventuell auch nur mal für eine bestimmte Zeit?

Die Fastenaktionen der Kirchen können in diesem Zusammenhang angesprochen werden.

Bibel hören

Der Bibeltext wird nun aufgedeckt und laut gelesen. Das Thema Wünsche wurde schon besprochen. Jetzt könnte das Thema Kreuz im Mittelpunkt stehen. Zu diesem Thema gehört die Erfahrung von Leid.

Jeder Mensch erfährt Leid und Mühe. In unserem Leben wird an vielen Stellen versucht, Leid als eine Randerscheinung darzustellen, die bald dank Medizin und Technik überwunden wird. Das betrifft Krankheiten und finanzielle Not. Aber auch das Sterben gehört dazu.

- Erster Impuls sollte sein, die Erfahrung von Leid aussprechen zu können:
  Wann und wo tragen wir unser Kreuz?
- Zweiter Impuls ist die Frage nach der Schwere:
  Kann ich das Kreuz, das Leid tragen? Empfinde ich es zu schwer oder kann ich es akzeptieren?
  Was könnte mir helfen, das »Kreuz« zu tragen?
- Der dritte Impuls sollte wieder zum Vers zurückkehren:
  Bedeutet Nachfolge Christi einen lebenslangen Leidensweg?
  Gehört die Akzeptanz des Leides zur Akzeptanz des Lebens dazu?
  Wird das Leben leichter, wenn ich akzeptieren kann, dass es nicht nur Glück und Freude gibt?

Zum Weiterarbeiten – eine bildliche Darstellung

Eine eigene Kreuzeserfahrung oder ein Kreuz unserer Zeit kann gemalt oder als Collage bildhaft gemacht werden. Diese Arbeiten sollten im Anschluss besprochen werden. Ein Kreuzesweg, an dem alle Arbeiten aufgehängt sind und den man entlangschreitet, könnte sich anschließen.

Zum Weiterdenken – Mein Kreuz

Gott hatte Erbarmen mit einem Menschen, der sich über sein schweres Kreuz beklagte. Er führte ihn in einen Raum, in dem alle Kreuze der Menschen aufgestellt waren, und sagte ihm: »Wähle!« Der Mensch machte sich auf die Suche. Da sah er ein dünnes Kreuz, es war aber dafür länger und größer. Er sah ein ganz kleines, aber als er es aufheben wollte, war es schwer wie Blei. Dann sah er eins, das gefiel ihm und er legte es auf seine Schultern. Doch da merkte er, dass das Kreuz gerade an der Stelle, wo es auflag eine scharfe Spitze hatte, die ihm wie ein Dorn ins Fleisch drang. So hatte jedes Kreuz etwas Unangenehmes. Und als er alle Kreuze durchgesehen hatte, hatte er immer noch kein passendes gefunden. Dann entdeckte er eins, das hatte er übersehen, so versteckt stand es. Es war nicht zu schwer, und nicht zu leicht, so richtig handlich, wie für ihn geschaffen. Dieses Kreuz wollte er in Zukunft tragen. Aber als er näher hinschaute, da bemerkte er, dass es sein Kreuz war, das er bisher getragen hatte.

Aus: Texte zur Besinnung, hrsg. vom Bischöflichen Ordinariat – Jugendseelsorgeamt, Magdeburg 1997.

Autorin: Ute Rührdanz, Berlin

Wer mir folgen will, muß sich und seine Wünsche aufgeben, sein Kreuz auf sich nehmen und auf meinem Weg hinter mir hergehen.

Markus 8,34

Arme werden ärmer,
Reiche kriegen mehr.
Mit deinem Markenzeichen
ist es nicht schwer.
Dein Kreuz hat man versilbert
für alle Ewigkeit.
Komm, mach's wie mit dem
Tempel und den Wechslern
seinerzeit. Kyrieleis.

Herman van Veen

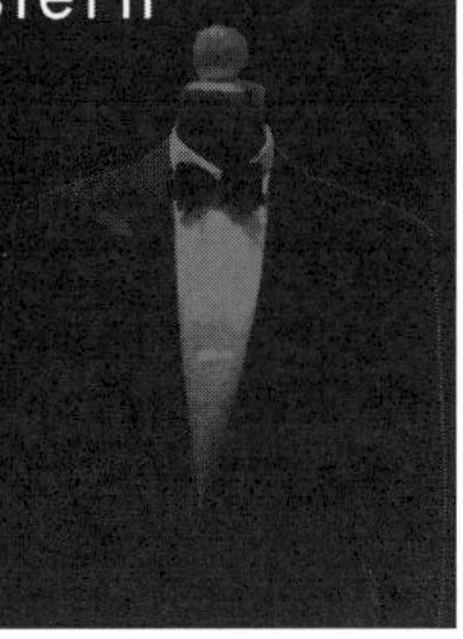

Aus der Ausstellung »Ansichtssache« © Ostertag Mediendesign 2000

Bibelgespräch und Bildmeditation

Blick auf das Kreuz

Bibeltexte: Matthäus 27,55-61; 28,1-10; Markus 16,9-11; Johannes 20,1-2.11-18
Zielgruppe: Jugendliche und Erwachsene, die ihren Glauben vertiefen möchten
Ziel: Jede/r wird mit dem Kreuz etwas anderes verbinden. Für manche ist es besonders wichtig am Beginn ihres Glaubensweges, für andere steht es am Ende eines Trampelpfades, der immer und immer wieder gegangen werden muss.
Materialien: Namensschilder (evtl.), Schreibsachen, Bibeln, weißes Tuch, farbiges Papier, Overheadprojektor und Bild (siehe Folie 3)

Vorbemerkungen

Die Bedeutung des Kreuzes ist ein zentrales Thema des Neuen Testaments. Die Evangelien setzen unterschiedliche Schwerpunkte. Gemeinsam ist allen, dass es um die Identität des auferstandenen mit dem gekreuzigten Christus geht.

In diesem Bibelgespräch soll die existentielle Bedeutung des Kreuzes bedacht werden:

als Zeichen des Trostes, der Hoffnung, Annahme und Erlösung.

Dazu wird in den angegebenen Bibeltexten exemplarisch die Beziehung von Maria aus Magdala zu Jesus erarbeitet. Im Mittelpunkt steht damit eine Frau, die das Sterben Jesu miterlebt hat und dann wenig später dem Auferstandenen begegnet ist.

Maria von Magdala verdankte Jesus ihr Leben. Markus und Lukas berichten davon, dass Jesus sie von sieben Dämonen befreit hat (Markus 16,9; Lukas 8,2). Daraus war sicher eine besondere Nähe zu ihm entstanden. Und das ist es, was wir uns vielleicht kaum vorstellen können: eine Frau mit solcher Vergangenheit ganz dicht neben einem Ereignis von Weltbedeutung, nämlich Sterben und Auferstehen Jesu. In seiner Nähe kommt das Suchen zum Ziel (Finden) eines tiefen inneren Friedens trotz aller Not.

Durchführung

Wir sitzen im halb offenen Kreis, sodass wir einander gut im Blick haben. Wenn wir uns nicht persönlich kennen, sollten wir uns miteinander bekannt machen (Namensschilder). Bibeln (unterschiedliche Übersetzungen) liegen bereit.

Der Bibeltext soll nicht nur mit dem Kopf aufgenommen werden, sondern ganzheitlich. Dazu gibt es verschiedene Möglichkeiten:

- Eine Bildbetrachtung und eine Auseinandersetzung mit einem Gebetstext. Außer dem Hören ist das Schauen und Angeschautwerden wichtig;
- Handlungen (Zeichenhandlungen), die die Teilnehmenden in Bewegung bringen;
- persönlicher Austausch mit einer anderen Person aus der Gruppe.

1. Einstieg

Nach einem kurzen Zweiergespräch stellt jede/r seinen/ihren rechte/n Nachbarn/in vor und erzählt von einer Begebenheit, die diese/n in der letzten Zeit besonders beschäftigt hat.

2. Begegnung mit den Texten

Jede/r darf sich einen der vier Texte nehmen und still für sich lesen. Anschließend sucht jede/r eine andere Person aus dem Kreis, die den gleichen Text gewählt hat, aber in einer anderen Übersetzung. Wir tauschen unsere Texte aus und sprechen miteinander über Unterschiede in den Formulierungen.

Dann schreibt jede/r in Stichworten auf ein Blatt Papier, was ihr/ihm an Maria aus Magdala, ihrer Person oder ihrer Beziehung zu Jesus aufgefallen ist.

Info-Sammlung zu Maria aus Magdala
Alle Informationen, die wir über Maria aus Magdala bisher erhalten und aufgeschrieben haben, werden vorgelesen und jeweils auf ein großes weißes Tuch in der Mitte des Kreises gelegt.

Gesprächsrunde zur Arbeit an den Texten
Manche Infos über Maria aus Magdala werden noch unverständlich sein. Wir machen große bunte Fragezeichen auf die entsprechenden Blätter. Diese werden anschließend noch einmal aufgenommen, um miteinander ins Gespräch zu kommen.

Zeichenhandlung
Wir schlagen das Tuch in der Mitte des Kreises mit allen Infos zu. Damit soll ausgedrückt werden, dass etwas Neues beginnen kann im Leben eines Menschen, im Denken, Fühlen und Wollen. Wir machen uns frei für einen neuen Abschnitt.

3. Bildbetrachtung

Stille Betrachtung und erste Eindrücke
Wir sehen uns das Bild (Aquarell, 30 x 40 cm) »Jesus, gekreuzigt und auferstanden« von Karin Förster an. In einer Erst-Betrachtung soll jede Deutung und Klärung vermieden werden. Es geht nur um das Schauen und um spontane Äußerungen, ohne miteinander ins Gespräch zu kommen.

Bildbesprechung
In einem zweiten Schritt kann über die Eigenart des künstlerischen Ausdrucks und den Malstil geredet werden.

Bild und Text verbinden
Als dritter Schritt der Bildbetrachtung werden Bild und Text miteinander in Verbindung gebracht. Dazu stellen wir uns Maria aus Magdala vor mit unserem ganzen bisherigen Wissen (siehe Blätter im Tuch) und treten stellvertretend in ein stilles Gespräch zwischen ihr und Jesus auf seinem Leidensweg.

Beispiel: Ich sehe, du hast Schmerzen. Du bist gescheitert. Deine Krone drückt dich. Deine Krone leuchtet. Welchen Sinn macht das Ganze? Hat es Bedeutung für mich?

Zeichenhandlung
Wer es möchte, kann sein Gedankengespräch auf ein farbiges Blatt Papier schreiben und auf das weiße Tuch legen und es nach Wunsch auch verdecken.

4. Zweiergespräch

Wir suchen uns eine/n Partner/in in der Runde, mit der/dem wir über uns persönlich reden: über unsere Sehnsucht nach ... und wohin sie uns treibt, was sie mit uns macht; über unser Vertrauen und unsere Hoffnungen, die in uns anklingen ...

Beispiel für mögliche Einstiegsfragen: Wie geht es dir mit dem Gehörten? Welche Gefühle löst das Bild bei dir aus? Findest du dich ermutigt, bestätigt, berührt, in Frage gestellt?

Meditation zum Aquarell von Karin Förster

Jesus, gekreuzigt und auferstanden für uns

Jesus starb
Er starb am Kreuz
  ich höre davon
  ich sehe ihn leiden
  ich sehe ihn sterben
  ich suche nach Antwort:

Ablehnung?
Bewunderung?
Mitgefühl?

Jesus starb am Kreuz
  und ich bleibe bei mir
  kann meditieren
    reden
    singen
    beten
    malen
und bin immer noch bei mir.

Jesus –
du stirbst und siehst mich an
und fragst mich, ob ich dir mein
    Vertrauen schenke
dass du für mich leidest
dass du für meine Schuld stirbst.
    Ich beginne zu leben:

Jesus starb für mich und lebt für mich
siegt, siegt für mich.
    Ich werde frei von mir selber.
    Ich habe Hoffnung für mich
    und liebe dich
    und liebe durch dich
    auch den anderen.

Wichtig ist Zeit zum Zuhören. Evtl. verabreden sich beide für einen anderen Termin, um über ein Anliegen miteinander zu reden, oder sie versprechen, füreinander zu beten.

5. Gemeinschaftsrunde

Zum Abschluss gibt es kein Gespräch, sondern Musik und Stille. Es kann das Lied »Wo ich auch stehe« (siehe Seite 43) gesungen und ein Bibeltext gelesen werden, der die Bedeutung des Kreuzes zum Ausdruck bringt (Jesaja 53,5; Markus 10,45; Römer 3,25; 1. Korinther 15,3; Philipper 2,8).

AUTORIN: KARIN FÖRSTER, WESTERSTEDE

Wo ich auch stehe

Text (nach Ps 139,1-12) und Melodie: Albert Frey

© 1994 Hänssler Verlag, Holzgerlingen für Immanuel Music, Ravensburg

Gottesdienst am Gründonnerstag mit Abendmahl und Sprechmotette

Nacht der verlöschenden Lichter

Bibeltexte: Matthäus 26,17-29 oder Lukas 22,14-20 (sowie die Passionsberichte von Jesu Gefangennahme)
Zielgruppe: Gottesdienst-Gemeinde
Ziel: Vorstellen von Personen, die in den Evangelien als Begleiter/innen Jesu erwähnt werden oder implizit angedeutet sind; Aktualisierungen und Identifizierungen für Menschen heute ermöglichen
Vorbereitung: zwölf Kerzen (Altarkerzen); Verteilung der Sprecher/innen-Rollen
Mitwirkende: elf Sprecher/innen und eine Moderatorin/Leit-Sprecherin

Gottesdienstablauf

Orgelvorspiel

Votum

Einführung:
Wir feiern in Erinnerung an den letzten Abend Jesu das Abendmahl miteinander und in Verbindung damit die »Nacht der verlöschenden Lichter«. Über diesen Ritus, den Dietrich Bonhoeffer in Rom kennen gelernt hat, äußert er sich in seinem Brief vom 23. Februar 1944: »Wenn Du Gelegenheit hast, in der Karwoche nach Rom zu kommen, so würde ich Dir raten, am Gründonnerstag den Nachmittagsgottesdienst in St. Peter mitzumachen; das ist ... der eigentliche Karfreitagsgottesdienst. Am Gründonnerstag findet das Auslöschen der zwölf Kerzen am Altar als Symbol der Flucht der Jünger statt, bis in dem riesigen Raum nur noch die eine Kerze in der Mitte – Christus – brennt.« Wir nehmen diese Tradition auf, hören die Gedanken und Gefühle nach Jesu Verhaftung und singen jedes Mal, wenn wieder eine Kerze ausgeblasen wird: **Bleibet hier und wachet mit mir! Wachet und betet.** (EG 787.2 bzw. 789.2)

Lied: z. B. »Holz auf Jesu Schulter« EG 97,1-6 oder »Aus tiefer Not«, EG 299,1 = GL 163,1

Gebet: Psalm 102,2-8.12-14.20-23 (EG 741) oder 116,1-19

Gebet *in der Stille*

Lied: Seligpreisungen EG 307 oder GL 631,2

Abendmahlsfeier

Lesung: *(einschließlich Einsetzungsworte)* Lukas 22,14-20 oder Matthäus 26,17-29

Lied: z. B. »Das Weizenkorn muss sterben« EG 585 = GL 620 oder Agnus-Dei-Lied EG 190,2 = GL 482

Hinführung *zum Abendmahl*

Vaterunser *als Tischgebet*

Einladung *zum Abendmahl und* **Austeilung** *im großen Kreis*

Abschluss *mit Friedensgruß an die Nachbarn*

Die verlöschenden Lichter

Einleitung: Wir hören jetzt auf die Personen, die in dieser letzten Nacht Jesus begleitet und dann verlassen haben. Mirjam wird uns dabei geleiten.
Und nach dem Mahl gingen sie hinaus an den Ölberg, in den Garten Getsemani. Und Jesus sprach zu ihnen: »In dieser Nacht werdet ihr alle Ärgernis (Anstoß) an mir nehmen.« Kurze Zeit später wird Jesus von Judas verraten und von einer großen Schar von Männern verhaftet.

Mirjam: Sie haben ihn abgeführt. Soldaten mit Knüppeln und Schwertern. Er ließ sich gefangen nehmen, ohne jede Gegenwehr. Jesus unser Meister, dem wir alle nachfolgten. Auch ich, Mirjam, war unter den Jüngern und Jüngerinnen. Drei Jahre waren wir zusammen. Und jetzt? Drei Jahre voller Hoffnung – ist das alles zu Ende?
Dort drüben, die anderen aus unserer Gruppe. Wie gelähmt stehen sie an der Mauer des Garten Getsemani. Jeder ist mit sich selbst beschäftigt, verängstigt, verbittert, ohnmächtig, voller Wut oder Zweifel.
Sie blicken den Fackeln der Soldaten nach, die langsam den Berg hinunter verschwinden. Sie schauen Jesus nach. Gefangen in ihren Gedanken reden sie mit sich selbst.
Dort hinten steht Petrus, geschlagen und ratlos. Er, der bisher doch immer wusste, wie es weitergehen kann. Was sind jetzt seine Gedanken?

Petrus: Sie haben ihn einfach abgeführt! Er hat sich nicht gewehrt. Gott hat nicht eingegriffen! Hätte ich es tun sollen? Das Schwert war schon in meiner Hand. Die anderen haben nur auf meinen Wink gewartet.
»Felsenmann«, so hatte Jesus mich genannt, der, auf den er bauen kann. Ich war der Wortführer der anderen. Alle blickten auf mich. Ich hätte anfangen müssen. Ich wollte Jesus ja verteidigen. Schließlich bin ich ein Mann der Tat, kräftig, im besten Alter. Aber gerade er wies mich kurz und knapp zurecht: »Stecke dein Schwert an seinen Ort«, sagte er nur. Irgendwie mache ich alles falsch. Vorhin, im Garten, als Jesus im Gebet um die rechte Entscheidung rang, bin ich eingeschlafen. Das war nicht meine Absicht, aber beten war nie meine Stärke. Stille halte ich kaum aus. Ja, so habe ich ihn allein gelassen. Und als die Stunde kam, war ich ganz überrumpelt und außer Fassung.
Jetzt weiß ich, was ich hätte tun müssen. Dreimal hat Jesus es uns ans Herz gelegt. Wie schmerzlich klingt seine Bitte mir jetzt im Ohr!
Während er eine Kerze auf dem Altar löscht, singt die Gemeinde zweimal: **Bleibet hier und wachet mit mir ...**

Mirjam: Wir sehen zu Johannes hinüber. Er ist der Jüngste von uns. Ob er das Ganze begreifen kann?

Johannes: Wie stehe ich da? Ich, den man den Lieblingsjünger Jesu nennt. Gewiss, ich bin der Jüngste. Aber war ich nicht auch am meisten begeistert von ihm? Ich war immer an seiner Seite. Nie bin ich hinterher geblieben. Ich fand es großartig, sein Freund zu sein. Über alles konnte ich mit ihm reden. Jesus hat mich verstanden wie nie ein Mensch zuvor. Wenn ich mit ihm zusammen war, sah ich meine Probleme und die ganze Welt mit anderen Augen. Da gab es nichts mehr, was kaputt war, nichts mehr, wo man besser nicht hinschaute: Alles, auch der armseligste Krüppel und der dreckigste Bettler, wurde liebenswert und wichtig, wenn Jesus ihm begegnete. Wie kann einer, der so vielen Menschen Gutes getan, ihnen Sinn im Leben gegeben hat, einfach verhaftet und abgeführt werden? Ich kann das nicht fassen! Er hat uns doch gezeigt, was Liebe ist, was Leben heißt und wer Gott ist. Er war meine ganze Hoffnung.
Und jetzt – diese Enttäuschung! Abführen ließ er sich wie der schlimmste Verbrecher. Kein Machtwort, kein Wunder, nichts. Das Grinsen der Soldaten, als sie ihn fesselten – ich werde es nie vergessen. Nein, das kann ich nicht aushalten. Ich muss weg hier, ich kann das nicht mit ansehen. Aber: wo soll ich hin – ohne ihn?
Während er eine Kerze auf dem Altar löscht, singt die Gemeinde zweimal: **Bleibet hier und wachet mit mir ...**

Mirjam: Dort drüben steht Elisabeth, die Mutter des Täufers Johannes. Sie ist schon sehr alt. Zuerst hat sie ihren Sohn verloren und jetzt auch noch Jesus. Sie spricht mit sich:

Elisabeth: Ich weiß nicht, wie ich das jetzt auch noch ertragen soll. Ich fühle mich uralt und wie tot. So wie ihn haben sie damals auch meinen Sohn Johannes, den Täufer, abgeführt. Sie haben ihn ins Gefängnis gesteckt und schließlich getötet. Ich wäre an meinem Kummer gestorben, hätte ich nicht Jesus gehabt. Ich bin mit ihm gegangen, obwohl die Nachbarn spotteten. Durch seine Worte habe ich neue Hoffnung gewonnen. Mein Leben bekam wieder einen Sinn. Sogar der Tod meines einzigen Sohnes schien einen Sinn zu haben. Er hat ja auf Jesus hingewiesen. Und Jesus, so dachte ich, wird jetzt die Welt verändern. Dem sinnlosen Morden ein Ende bereiten. Deswegen habe ich auch trotz meines Alters die Mühe der Wanderschaft auf mich genommen.
Aber jetzt haben die Soldaten auch Jesus abgeführt. Was bleibt mir jetzt? Bin ich doch falschen Hoffnungen nachgelaufen? War alles umsonst?
Während sie eine Kerze auf dem Altar löscht, singt die Gemeinde zweimal: **Bleibet hier und wachet mit mir ...**

Mirjam: Jetzt sind sie mit Jesus fast verschwunden. Der Zug der Soldaten ist kaum noch zu sehen. Dunkelheit und Stille breiten sich wieder aus. Jakobus, Sohn des Alphäus, findet kaum Worte:

Jakobus: Wie haben wir alle versagt: Petrus, Johannes und all die anderen, auch ich! Wie stark haben wir uns gefühlt! Heimat, Elternhaus, Beruf – alles habe ich bedenkenlos aufgegeben, um für immer bei ihm zu sein. Wie hätte ich auch ahnen können, was auf uns zukommt. Ich kann es immer noch nicht fassen: Jesus gefangen! Mein Leben hat einen Riss. Ich fühle mich elend, hoffnungslos und irgendwie schuldig. Wir haben ihn einfach den Soldaten überlassen. Tatenlos habe auch ich zugesehen. Feige war ich, hab' mich zurückgezogen.
Auf der anderen Seite: Warum hat Jesus sich ihnen so einfach ergeben? Warum ist er ihnen geradezu entgegengegangen? Er kennt seine Feinde und gibt sich ihnen preis – warum? Für mich ist das ein Rätsel. Oder habe ich etwas nicht verstanden?
Während er eine Kerze auf dem Altar löscht, singt die Gemeinde zweimal: **Bleibet hier und wachet mit mir ...**

Mirjam: Wir alle verstehen nicht, warum Jesus das zugelassen hat. Und wir verstehen uns selber nicht. Und wenn wir uns fragen: »Was will er jetzt von uns?« müssen wir uns eingestehen: »Wir wissen es nicht!« Ratlos stehen sie da: Jakobus, der Bruder des Andreas, Philippus aus Betsaida, Bartolomäus und Thaddäus – sie sagen überhaupt nichts, sind nur verstört. Thomas findet Worte für das, was wohl auch ihnen durch den Sinn geht:

Thomas: Erinnert ihr euch? Einmal, als einige Freunde uns verließen, da hat Jesus uns zusammengerufen und gefragt: »Wollt ihr auch weggehen?« Damals dachte ich: »Wie kannst du nur so fragen? Kennst du uns nicht besser?« Und Petrus sprach uns allen aus dem Herzen, als er sagte: »Herr, wohin sollen wir gehen? Du hast Worte des ewigen Lebens.«
Aber was bedeuten uns noch seine Worte, jetzt, da er in ihren Händen ist. Wohin können wir in dieser Nacht gehen? Weiter ihm nach? Ich kann ja nicht einfach wieder nach Hause gehen und die letzten Jahre vergessen. Vergessen, wozu er uns berufen hat. Die Hoffnung begraben, die er uns eingepflanzt hat. Die Hoffnung, dass Gott mit uns ist. Ich weiß nicht weiter. Wenn Gott jetzt nicht eingreift, wenn sie Jesus zum Tode verurteilen – dann ist das wohl das Ende von allem. Oder?
Während er eine Kerze auf dem Altar löscht, singt die Gemeinde zweimal: **Bleibet hier und wachet mit mir ...**

Mirjam: Seht da Shoshanna, eine junge Frau, fast noch ein Kind. Sie steht neben Andreas. Sie ist so mit ihren Gedanken beschäftigt, dass sie nicht bemerkt, wie Andreas und die anderen beiden hinter Thomas hergehen. Was ihr wohl durch den Kopf geht?

Shoshanna: Auch ich gehöre zu ihm – endlich. Seit einem Jahr bin ich dabei. Schon mit zwölf wollte ich ihm folgen. Aber meine Eltern haben mich nicht gehen lassen.
Freilich, sie waren Jesus dankbar: Als ich todkrank war, ist mein Vater Jaïrus zu Jesus gelaufen und hat ihn geholt. Und der hat mich ins Leben zurückgeholt.
Damals wollte ich sofort mit ihm gehen. Aber Vater hat es verboten. Schließlich ist er Synagogenvorsteher. Darauf musste ich Rücksicht nehmen. Erst als Jesus wieder nach Kafarnaum kam, ließen sie mich gehen.
Aber wo geht mein Weg jetzt weiter? Jetzt, wo Jesus abgeführt worden ist? Wohin soll ich jetzt noch gehen? Wo kann ich jetzt leben? Ich kann doch nicht einfach nach Hause zurück!
Halt, wo gehen denn die anderen hin? Nehmt mich mit! Ich gehöre doch zu euch. *(verzweifelt)* Lasst mich nicht einfach hier stehen! Ich brauche euch doch! Wartet!
Während sie eine Kerze auf dem Altar löscht, singt die Gemeinde zweimal: **Bleibet hier und wachet mit mir ...**

Mirjam: Da läuft sie voller Verzweiflung in die Nacht. Armes Mädchen! Ihr neues Leben scheint zu Ende, kaum dass es begonnen hat. – Doch ist das nur bei ihr so? Stehen wir nicht alle am Ende unseres neuen Lebens?
Ganz da hinten am Rand ist Maria von Magdala. Auch sie war nicht von Anfang an bei uns. Jesus hatte sie von bösen Geistern befreit und dann blieb sie bei uns. Jetzt scheint sie wieder wie von Finsternis umgeben. Leise klagt sie vor sich hin:

Maria aus Magdala: Einfach verhaftet haben sie ihn. Ich wollte dazwischentreten. »Halt!«, wollte ich rufen. »Er hat doch nur Gutes getan.« Aber ich war wie gelähmt vor Angst. Es war wie damals, bevor ich Jesus traf. Damals waren meine Tage verdunkelt von ständiger Angst und Verzweiflung. Ich war wie gelähmt, mir fehlte zu allem die Kraft. Dann kam Jesus und war voller Verständnis und Wärme. Und ich erlebte die Gemeinschaft um ihn herum. Ich sah, wie sie miteinander lebten und alles miteinander teilten. Und ich hörte seine Predigt: »Ihr seid das Licht der Welt. Lasst euer Licht leuchten vor den Menschen, dass sie eure guten Werke sehen und euren Vater im Himmel preisen.« All das gab mir neuen Lebensmut. In mir begann ein Licht zu leuchten. Ich schloss mich schließlich Jesus und den Seinen an – aber jetzt? Lässt er mich jetzt wieder allein? Wird mein Leben wieder so trostlos wie früher? Muss ich wieder zurück nach Magdala? O weh, Dunkelheit und Angst greifen wieder nach mir ...
Während sie eine Kerze auf dem Altar löscht, singt die Gemeinde zweimal: **Bleibet hier und wachet mit mir ...**

Mirjam: Ich schaue auf Simon. Was geht in ihm vor? Er stand immer im Zwiespalt zwischen den Zeloten und Jesus. Lange war er bei den Zeloten gewesen, die die Römer mit Gewalt aus dem Land jagen wollen. Eigentlich hat Simon von Jesus erwartet, dass er genau das tun würde. In letzter Zeit hielt er es kaum mehr aus, genau wie Judas Iskariot. Sie wollten, dass Jesus endlich handelt. Ich glaube, Simon ist ziemlich wütend:

Simon: Dass unsere Bewegung einmal so enden würde, das hätte ich nie gedacht. Er lässt sich einfach gefangen nehmen! Dabei wollte er doch das Gleiche wie die Zeloten: Frieden und Gerechtigkeit! »Selig sind, die hungern und dürsten nach Gerechtigkeit, denn sie sollen satt werden.« – Das waren seine Worte! Aber Frieden gibt es erst, wenn wir die römischen Besatzer verjagt haben. Er hätte uns zum Kampf gegen sie führen können. Doch als es darauf ankam, hat er uns sogar verboten, das Schwert zur Hand zu nehmen: »Alle, die zum Schwert greifen, werden durch das Schwert umkommen«, sagte er. Ja glaubt er denn wirklich, das Reich Gottes könne man ohne jede Gewalt aufrichten?
Jesus – Messias! Alle meine Hoffnungen hatte ich auf ihn gesetzt! Judas auch, ich weiß es. Er hat Jesus doch nicht verraten, damit sie ihn umbringen. Ihn herausfordern, ihn endlich zum Handeln zwingen – das wollte er! Wer hätte denn gedacht, dass Jesus es wirklich ernst macht mit seinem aberwitzigen Wort: »Wenn dich jemand auf deine rechte Backe schlägt, dem biete auch die andere dar.« – Kein Widerstand, keine Gegenwehr! Sich fesseln lassen und abführen, unfassbar!

Ach, wenn mich doch die Nacht verschlingen würde. Der neue Tag ist ohne Sinn für mich. Der Traum ist ausgeträumt. Vorbei die Hoffnung auf Freiheit für unser unterdrücktes Volk. *Während er eine Kerze auf dem Altar löscht, singt die Gemeinde zweimal:* **Bleibet hier und wachet mit mir ...**

Mirjam: Wie anders Johanna. Sie hat nicht den großen Umsturz von Jesus erwartet. Sie hat seine Aufmerksamkeit für das Kleine und Alltägliche geschätzt. Vor einem Jahr etwa hat sie, die Frau des Verwalters Chuzas, die Gesellschaft des königlichen Hofes von Herodes Antipas verlassen und ist zu unserer Gemeinschaft gekommen. Jetzt steht sie wie angewurzelt da.

Johanna: Wieder bricht meine Welt zusammen. Vor einem Jahr erst habe ich Chuzas, meinen Mann, verlassen. In der Hofgesellschaft konnte ich nicht mehr länger leben. Ich musste immer eine Rolle spielen, nie war ich ich selbst. Und das macht mit der Zeit krank. Dann, als ich einmal bei meiner Schwester in Kapernaum war, traf ich Jesus. Noch nie war ich einem Menschen begegnet, der so sehr er selbst war, der durch seine Ausstrahlung Menschen verändern konnte. Ich habe es selbst gesehen, wie Menschen durch ihn in Bewegung kamen. Auch mich brachte er in Bewegung, ich ging einfach mit.
Was ich bei ihm fand? Ganz einfach: Ich habe mich selbst gefunden! Mich, ohne Launen und Langeweile, unbekümmert in einer lebendige Gemeinschaft. Hier teilten Männer und Frauen alles miteinander; auch ich konnte meine Möglichkeiten anderen zugute kommen lassen. Nie hat jemand von mir verlangt, mein Vermögen einzubringen. Das war meine freie Entscheidung.
Aber jetzt, ist jetzt all das wieder zu Ende? Was werden sie mit Jesus tun? Im Gefängnis gibt es kein Recht! Da gibt es nur die Stimmungen der Mächtigen, auf Grund derer jemand geopfert wird. Ich weiß noch, Johannes der Täufer wurde aus purer Lust und Laune enthauptet.
Wer weiß, was mir droht, wenn sie mich hier finden. Da nützt es mir nichts, dass ich Angehörige des Hofes bin: In ihren Augen habe ich mich mit einem Staatsverräter solidarisiert! Ich will aber nicht ihr Opfer werden. Nichts wie weg hier!
Während sie eine Kerze auf dem Altar löscht, singt die Gemeinde zweimal: **Bleibet hier und wachet mit mir ...**

Mirjam: Jetzt steht nur noch Matthäus da. Auch sein Leben hat durch die Begegnung mit Jesus eine Wende erfahren. Was wird er jetzt sagen?

Matthäus: Wer bin ich denn noch, wenn Jesus fort ist und ich hier bleibe? Wer bin ich, wenn es kein Morgen mehr gibt? Damals, als Jesus bei mir eingekehrt ist, bei mir, dem Zöllner, damals habe ich radikal mit meiner Vergangenheit gebrochen. Er ist in mein Haus gekommen und hat mit mir gegessen. Alle konnten es sehen, dass er mich nicht verachtet. Er hat mich nicht verurteilt – und damit begann für mich ein neues Leben. Ich folgte ihm, und aus mir, dem Zöllner und Betrüger, wurde ein Jünger. Ich war froh und glücklich seitdem. Und jetzt? Ich kann doch nicht einfach zurück in mein altes Leben, zurück zum Zoll – nach all dem, was geschehen ist, nach allem, was ich gehört und erlebt habe.
Jesus, mein Rabbi, ist nun alles zu Ende? Wer unterliegt in dieser Nacht? Du allein, Rabbi, oder ich mit dir?
Ich spüre, wie Einsamkeit und Verzweiflung nach mir greifen. Soll ich einfach verschwinden, mich wieder klein und unsichtbar machen, vergessen, was ich in den letzten Jahren erfahren habe? Oder bin ich dir, Jesus, nützlich, wenn ich deine Worte bewahre und weitergebe, die du tief in meine Seele geschrieben hast? Ich weiß es nicht, ob du mich noch gebrauchen kannst. Ist deine Sache nun eine verlorene Sache? Es ist so dunkel um mich herum und in mir drin!
Als Letzter löscht er seine Kerze (und das Licht am Lesepult). Nur eine Kerze bleibt brennen, die Gemeinde singt zweimal: **Bleibet hier und wachet mit mir ...**

Mirjam: Wir verließen ihn alle und sind geflohen. Wir blieben nicht, weil unsere Angst größer was als der Mut. Schmerzhaft war diese Flucht für uns, weil wir eigentlich hätten bleiben müssen. Schmerzhaft war sie für den, der in dieser Nacht allein geblieben ist und uns so dringend gebraucht hätte.

STILLE

Orgelmeditation

Abschluss und Segen:
Alle haben Jesus verlassen damals – und heute?
Die Lichter sind erloschen
ein einziges Licht brennt noch: die Christuskerze.
Sie ist das Zeichen, dass Gott sein Licht nicht zurücknimmt, auch wenn alle Welt ihm den Rücken kehrt.

Lasst uns in diese Nacht gehen, gesegnet von dem Gott, dessen Licht der Liebe nicht verlöscht.

Gott sei uns gnädig und segne uns.
Er lasse über uns sein Angesicht leuchten,
damit auf Erden sein Weg erkannt wird
und unter allen Völkern sein Heil. *(Ps 67,2-3)*

Amen *(keine Orgelbegleitung)*

Lasst uns hinausgehen in Stille.

Kein Orgelnachspiel!

Die Nacht der verlöschenden Lichter wurde von Pfarrer Heinrich Braunschweiger mit verschiedenen Teams seit Mitte der 1980er Jahre aufgrund einer damals veröffentlichten Idee in einer Reutlinger Kirchengemeinde und später in Tübingen gefeiert. In jeder Gemeinde gab es eigenständige Weiterentwicklungen. Der vorliegende Entwurf basiert auf der Liturgie, die in der Klosterkirche Tübingen-Bebenhausen gefeiert wird und die von Pfarrerin Dorothee Schad und später von Pfarrerin Sibylle Biermann-Rau zusammen mit einer Gruppe aus der evangelischen Kirchengemeinde Bebenhausen jeweils textlich und liturgisch überarbeitet wurde.

»Kreuzwege« – Mitgehen auf dem Weg Jesu Christi

Bibeltexte: Passionsberichte der Evangelien
Zielgruppe: Jugendliche und Erwachsene
Ziel: Zugang zur Passionsgeschichte Jesu Christi vermitteln
Materialien: beim jeweiligen Modell angegeben
Mitwirkende: variabel, je nach Modell

Vorbemerkung

Die Passionsgeschichte, das Leiden und Sterben Jesu Christi (und seine Auferstehung) sind das Zentrum der christlichen Verkündigung. Trotzdem oder vielleicht gerade darum sind sie so schwer zugänglich und für viele Zeitgenossen schwer zu verstehen. Passionsandachten und Karfreitagsgottesdienste sind bei vielen nicht beliebt, denn sie reden von Leiden und Tod. Doch sie können Menschen in ihren tiefsten, oft verdrängten Todesängsten und Verzweiflungen anrühren, können Ängste verarbeiten helfen, Trost geben, Hoffnung lebendig werden lassen. Sie können vermitteln: Was damals geschah, hat mit heute zu tun. Es geschah für uns, Jesus Christus berührt unser Leben. Die Fürsorge und der Trost Gottes, die Befreiung von Schuld und seine Nähe im Leiden – dies sind die großen Themen der Passionsgeschichte. Es gibt aber in ihr sehr viel mehr zu entdecken, zu entschlüsseln, nachzuspüren.

»Kreuzwege« können einen Zugang zur Passion Jesu Christi vermitteln, der nicht zuerst über das theologische Erklären läuft, sondern über das Mitgehen, Miterleben und Nachspüren. »Kreuzwege« können die Passionsgeschichte für existenzielle Erfahrungen aufschließen und die Gegenwart des leidenden Christus »dem Herzen« erfahrbar machen.

Im Folgenden stellen wir einige Ideen und Modelle für solche »Kreuzweg-Gottesdienste« vor. Alle sind praxiserprobt: in Jugendarbeit und Gemeinde, auf Passionsfreizeiten und in ökumenischen Gottesdiensten. Sie können als Bausteine genommen werden und untereinander kombiniert werden – oder auch einfach als Anregung, etwas ganz Neues zu erfinden, das für die jungen Leute und die eigene Situation vor Ort passt. Nur zwei Dinge sind dabei wichtig: dass das Kreuz Jesu Christi im Zentrum bleibt, und dass Wege gefunden werden, es zu verstehen und Jesus im eigenen Leben zu entdecken.

Umsetzung

Die Passionsgeschichte vorlesen

Es drängt viele Hauptamtliche, Sachverhalte wortreich zu erklären. Auch ehrenamtlich Mitarbeitende sind von dieser Sucht nicht ganz frei ... Biblische Geschichten sprechen aber oft für sich – sehr eindrücklich zumeist.

Die Passionsgeschichte lädt dazu ein, als Ganzes vorgelesen zu werden. Sie wird – im Zusammenhang wahrgenommen – auch zusammenhängende Bilder im Inneren eines Menschen entstehen lassen und zum Nachempfinden anleiten.

Eine ganz schlichte, aber eindrückliche Form eines Karfreitags- oder eines Gottesdienstes in der Karwoche könnte darum so aussehen:

- Der biblische Text wird abschnittsweise nach Sinneinheiten vorgelesen,
- auf jeden Abschnitt folgt ein kurzes Gebet,
- ein Moment der Stille
- und ein sich wiederholender Kehrvers (oder einzelne Strophen eines passenden Liedes) schließen sich an.

Dieses Schema wird während des ganzen Gottesdienstes beibehalten. Natürlich wird dieser Kern umrahmt von vertrauten Gottesdienstelementen wie Begrüßung, Einführung in den Gottesdienst, Lieder und Abschlusssegen.

Für diese Form empfiehlt sich natürlich nicht die inzwischen klassische Stationenauswahl eines Kreuzweges (siehe Seite 54), sondern nach Szenen und Geschichten geordnete Sinneinteilungen des Bibeltextes. Sieben bis acht solcher Sinneinheiten sind für die Teilnehmenden in der Regel genug.

Die Gebete müssen nicht, aber können von verschiedenen Menschen gesprochen werden; sie sollten unbedingt vorbereitet und auf die Bibeltexte abgestimmt werden. Der Text selbst sollte von einem/r geübten Vorleser/in gelesen werden, um über diese eine Person ein rhetorisches Kontinuum zu erzeugen.

Es ist sinnvoll, die Passionsgeschichte nach einem Evangelium zu lesen (Matthäuspassion, Johannespassion usw.), denkbar sind aber ggf. Ergänzungen aus den anderen Evangelien.

Die Passionsgeschichte erzählen

Erzählen ist gerade in einem von Medien beherrschten Zeitalter nicht nur für Kinder, sondern auch für Jugendliche und erwachsene Menschen eine faszinierende Darstellungsform. Eine gut erzählte Geschichte setzt innere »Räume« frei, um in der eigenen Fantasie Bilder entstehen und sich entwickeln zu lassen, um sich in die Geschichte einzuleben und einzufühlen und sich mit Situationen und Personen zu identifizieren.

Gibt es gute Erzähler/innen in der Gemeinde bzw. der betreffenden Gruppe, dann kann in einem ähnlich strukturierten Rhythmus wie beim Vorlesen die Passionsgeschichte ganz oder in Teilen nacherzählt werden. Erzählen allerdings muss man/frau können oder üben.

Die Grundform der Erzählung ist das schlichte Nacherzählen der Geschichte. Sie bleibt nahe beim Text und malt ihn mit den eigenen Worten und Bildern des Erzählers aus. Dieses Ausmalen bedeutet schon eine persönliche Interpretation: Hier und dort wird etwas akzentuiert, manchmal auch etwas weggelassen; und der/die Erzähler/in trägt seine/ihre eigenen Gedanken und Gefühle in die Erzählung ein. Das ist gut und richtig so, erfordert aber eine gründliche Vorbereitung.

Gewagtere und anspruchsvollere Formen des Erzählens nutzen die so genannten »Verfremdungen«. Verfremdungen lassen oft überraschende und neue Perspektiven und Aspekte aufleuchten:

- Denkbar ist es z. B., die gesamte Passionsgeschichte aus der Sicht einer bestimmten Person zu erzählen – eines Jüngers beispielsweise oder der Mutter Jesu. Oder – anspruchs-, aber auch sehr reizvoll – aus der Perspektive eines der Soldaten. (Die Perspektive Jesu Christi selbst als Erzählperspektive zu wählen, halte ich nicht für ratsam: Es ist erzähltechnisch sehr schwierig und könnte sehr leicht peinlich und pietätlos wirken.)
- Eine weitere Variante ist es, jede Einzelszene aus der Perspektive einer anderen Person zu erzählen – mit all ihren Gefühlen, Ängsten, Hoffnungen ... (siehe dazu: Nacht der verlöschenden Lichter).

Eine auf diese Weise perspektivisch erzählte Passionsgeschichte wird Tiefendimensionen erreichen und anrühren, weil sie verschiedene Identifikationen ermöglicht und »innere Gedanken« artikuliert. Das Erzählen ist damit gleichzeitig Deutung – eine zusätzliche Erklärung oder gar Predigt ist also nicht von Nöten.

Kreuzweg-Bilder

Bilder können eine Verstehens- und Konzentrationshilfe sein. Im Gegensatz zu Worten, denen man »folgen muss«, laden sie zum ruhigen Verweilen, zum Anschauen und Meditieren ein.

Zur Passionsgeschichte gibt es in den kirchlichen Medienstellen, aber auch im Handel reichhaltiges Bildmaterial, in der Regel als Dia-Serien. Der »Ökumenische Kreuzweg der Jugend«, der seit vielen Jahren jährlich neu von der Arbeitsgemeinschaft der Evangelischen Jugend in der Bundesrepublik Deutschland e. V. (aej), der Arbeitsstelle für Jugendseelsorge der Deutschen Bischofskonferenz (AfJ) und dem Bund der Deutschen Katholischen Jugend (BDKJ) herausgegeben wird, ist dafür ein bekanntes Beispiel. [1]

Die Bilder illustrieren die Szenen der Passionsgeschichte nicht nur, sondern sie entfalten ein »Eigenleben«. Sie deuten bereits. Und sie lenken die Aufmerksamkeit der Betrachtenden auf bestimmte Zusammenhänge.

Weil das Betrachten von Bildern Zeit und Muße erfordert, muss ausgewählt werden: Wenige Bilder (7 bis 10) genügen, und auch die zu Grunde liegenden biblischen Erzählungen sollten auf wesentliche Kerngedanken oder einzelne Bibelverse reduziert werden.

Da die Botschaft vornehmlich über die Bilder transportiert wird, empfiehlt es sich, beim Bild anzufangen, Hinweise zur Entschlüsselung des Bildes zu geben und es »meditierend zu betrachten«. Dann »erzählt das Bild« – und es genügt, aus den biblischen Zusammenhängen nur einen Satz oder eine Überschrift zu nennen (z. B. »Pilatus verurteilt Jesus« oder »Pilatus wäscht seine Hände«).

»Den Himmel erden« – die Passionsgeschichte mit der Gegenwart verknüpfen

Der »Ökumenische Kreuzweg der Jugend« (der im Übrigen gerne auch von altersübergreifenden Gruppen in Gemeinde und Schule genutzt wird) führt diesen Ansatz stringent durch: »Den Himmel erden« – das bedeutet die Gescheh-

1 Bezugsadresse: Arbeitsstelle für Jugendseelsorge (AfJ), Carl-Mosterts-Platz 1, D-40477 Düsseldorf

nisse und Texte der Passion Jesu konsequent auf die Lebenswirklichkeit und die Lebenslagen von gegenwärtigen (jungen) Menschen zu beziehen – und umgekehrt: gegenwärtige Lebensproblematiken sollen in der Geschichte Jesu Christi verortet und wieder entdeckt werden. So wird erlebt: »Jesus Christus ist da«.

Die Leidensgeschichte Jesu Christi und das Erleben von gegenwärtigen Menschen werden so aufeinander bezogen, dass die biblischen Texte durch adäquate Lebensgeschichten aus der Gegenwart ergänzt werden und dadurch, dass Bilder ausgesucht werden, die transparent, durchlässig für Gegenwartserfahrungen sind.

Das Schema solch eines Kreuzweges sieht im Regelfall folgendermaßen aus:

- Bildbetrachtung (das Bild erforschen und erfassen)
- Musik
- Bibeltext
- eine kurze, passende und entsprechende Geschichte aus der Lebenswelt Jugendlicher
- ein Gebet, das die Fragen und Probleme von Bild und Bibeltext und Geschichte aufnimmt und vor Jesus bringt
- Kehrvers

***Ein Beispiel*[2]:**
Bild »Pilatus« *von Eva Degenhardt*
(siehe Seite 55)

Bildbetrachtung
Pilatus, in Unschuld wäscht er seine Hände.
Aus Stein ist die Schüssel,
in der er seine Wahrheit anrührt.
Er will unschuldig sein am Tod
dieses Menschen Jesus.
Jesus mit seinen gefesselten Händen,
der Dornenkrone auf dem Kopf,
den Striemen der Peitsche am Körper,
glaubt er immer noch an die Liebe?
Gehört er immer noch dem Himmel zu?
Pilatus hat es gesehen
das Blau des Himmels, das Jesus ausstrahlt,
aber seine steinerne Schüssel ist ihm lieber.

Musik

Bibeltext: Jesus vor Gericht
Als Jesus vor dem Statthalter stand, fragte ihn dieser: Bist du der König der Juden? Jesus antwortete: Du sagst es. Als aber die Hohenpriester und Ältesten ihn anklagten, gab er keine Antwort. Da sagte Pilatus zu ihm: Hörst du nicht, was sie dir alles vorwerfen? Er aber antwortete ihm auf keine einzige Frage, sodass der Statthalter sehr verwundert war. Als Pilatus sah, dass er nichts erreichte und der Tumult immer größer wurde, ließ er Wasser bringen, wusch sich vor allen Leuten die Hände und sagte: Ich bin unschuldig am Blut dieses Menschen. Das ist eure Sache!
(Matthäus 27,11-14.24)

Lebensgeschichte: »Das Urteil«
In der Clique hatte Frank das erste Mal ein Zuhause gefunden. Hier fühlte er sich verstanden, wurde er überhaupt erst wahrgenommen. Und die Einbrüche? Sie gehörten dazu, wie er zur Clique gehörte und gehören wollte.

Zum dritten Mal in zwei Jahren stand Frank nun vor Gericht. Alles verlief »wie gewohnt«. Niemand fragte nach seiner Geschichte. Man sammelte nur Fakten. Seine Vergehen standen gegen ihn.

Er wurde beurteilt und verurteilt wie einer, der fertig ist mit sich und für diese Welt. Dabei begann er gerade erst zu »leben«.

Gebet
Ich werde nicht fertig damit,
dass wir miteinander so leicht fertig sind,
bereit zu verurteilen,
den andern nicht leben lassen.
Ich bitte dich, Gott:
Schau mich an mit den Augen Jesu,
der »die Wahrheit ist, das Leben und der Weg.«

Kehrvers, z. B. ein Gesang aus Taizé

Solch ein Bild-Kreuzweg ist gut selbst zu gestalten. Auf der einen Seite stehen die ausgewählten Bilder und die dazugehörigen Bibeltexte als »vorgegeben«. Auf der anderen Seite stehen Begegnungen, Geschichten und Erlebnisse aus der eigenen Lebenswelt und selbst formulierte Gebete.

Diese Passionsgottesdienstform bietet die Chance, sie gemeinsam mit einer Gruppe vorzubereiten und die Lebenserfahrungen, Fragen und Hoffnungen, den Glauben der Beteiligten einfließen zu lassen.

---

2 aus: Zwei Balken aus Holz. Ökumenischer Kreuzweg der Jugend, Verlag Butzon & Bercker, Kevelaer 2001.
Das im Original farbige Bild ist Teil einer Diaserie, die auszuleihen ist im Atelier Eva Degenhardt, Ritterstr. 187a, D-47805 Krefeld.

Die ausdrückliche Leitfrage für die Vorbereitung und die Durchführung ist: »Was hat das Leiden Jesu Christi mit mir zu tun? Wo kann ich mich selber mit meinen Lebensproblematiken in der Geschichte Jesu Christi wieder entdecken und umgekehrt: Wie ist Jesus Christus in meiner Lebensgegenwart gegenwärtig?«

Ein solcher Zugang zur Passionsgeschichte macht die Geschichte Jesu Christi transparent für das eigene Leben und das eigene Leben transparent für die Gegenwart Jesu Christi.

Einen Kreuzweg gehen

Die Grundform eines Kreuzweggottesdienstes ist eigentlich nicht das Sitzen, sondern das Gehen. Menschen machen sich auf den Weg und gehen Station für Station eines Kreuzweges.

In vielen katholischen Kirchen finden sich solche Kreuzwege. Gute Erfahrungen habe ich damit gemacht, mit einer Gemeindegruppe einfach von Station zu Station, also von Bild zu Bild zu gehen und dabei eine der oben genannten Formen zu praktizieren: den biblischen Text zu lesen oder nachzuerzählen oder ihn auch durch entsprechende Beispiele auf die Gegenwart zu beziehen.

Eine Kreuzweg-Wanderung

In einer evangelischen Kommunität habe ich viele Jahre mit jungen und älteren Menschen einen Kreuzweggottesdienst »draußen« gefeiert – eine »Kreuzweg-Wanderung«: Die Gruppe geht schweigend; sie hat viel Zeit zur Besinnung und zum Nachdenken. Ein ziemlich schweres Kreuz wird abwechselnd getragen. Im Abstand von jeweils ca. 1 Kilometer hält die Gruppe – am Feldrand, auf einer Wiese oder mitten im Wald. An jeder Station wird der »Stations-Text« gelesen, dazu ein passender Abschnitt aus der Zeitung, der die Passion Jesu Christi mit gegenwärtigem Leben verknüpft, zum Schluss ein Gebet und ein Kehrvers. Die Gruppe macht sich wieder auf den Weg – mit dem Kreuz. Die Erfahrung wirkt tief: Jesus Christus geht mit.

Der Kreuzweg durch die Stadt

Einen öffentlichen, durchaus auch Aufsehen erregenden Charakter hat ein Kreuzweg durch die Stadt. Die Gruppe zieht z. B. von Kirche zu Kirche. In jeder Kirche ist sie willkommen – dort wird eine Station des Kreuzweges gefeiert. Sehr schön kann es sein, wenn jeweils eine Gruppe aus der betreffenden Kirchengemeinde diese Station vorbereitet hat und dann den weiteren Weg mitgeht. Die Praxis zeigt aber, dass hier Vorsicht geboten ist: Die Inhalte der einzelnen Stationen müssen aus Barmherzigkeit für die Gehenden kurz bleiben – auch wenn die jeweiligen Gemeinden/Gruppen sich gerne lang und ausführlich »profilieren« wollen.

Selbst bei großer Disziplin erfordert solch ein Kreuzweg durch die Stadt viel Zeit, ist aber aufgrund des ungewöhnlichen Settings und der Bewegung ein Anziehungspunkt.

Diese Form der Kreuzwegandacht hat gleichzeitig einen missionarischen Aspekt: Christen und Christinnen ziehen durch die ganze Stadt, machen auf sich aufmerksam und nehmen Menschen mit auf ihren Weg. Sehr eindrücklich ist es, wenn die Gruppe ganz realistisch ein großes Kreuz trägt.

Einen besonderen Akzent kann man solch einem Kreuzweg in der Stadt verleihen, wenn nicht nur von Kirche zu Kirche gegangen wird, sondern wenn auch politische und soziale Brennpunkte oder wichtige symbolische Orte der Stadt solche Stationen sind – und wenn diese Stationen zu den Texten passen. Beispiele:

- Orte, wo in der letzten Zeit Gewalt geschehen ist,
- historische Orte, an denen Unrecht geschehen ist,
- Orte, an denen Gott in irgendeiner Weise lächerlich gemacht worden und gedemütigt worden ist,
- das Gericht, wo Recht gesprochen werden soll,
- Orte der Hoffnung, an denen Menschen im Namen Jesu Christi oder auch aus eigener Erkenntnis gnädig und barmherzig handeln, Nächstenliebe praktizieren, Jesus Christus in ihrem Tun nachfolgen (ein Pflegeheim, eine Suppenküche für Obdachlose, ein Drogenprojekt etc.).

Die Passionsgeschichte erleben

Kreuzwege, an deren Stationen die Teilnehmenden hineingenommen werden in die Geschichte von damals, in denen gesehen und erlebt wird, was geschah, lassen sich normalerweise nur in der freien Natur, allenfalls in einem Parkgelände rund um die Kirche durchführen:

- Die Gruppe kommt zu einem Lagerfeuer und erlebt die Geschichte der Verleugnung des Petrus.
- In einer Gerichtsszene erleben die Gruppenmitglieder die Verurteilung Jesu.
- Eine »lebende Skulptur« (Standbild aus Menschen) stellt die Begegnung Jesu mit den Frauen dar.

- Simon von Zyrene begegnet Jesus und nimmt dessen Kreuz auf sich – in einer pantomimischen Darstellung.
- Eine Frau reicht aus einem Brunnen Wasser – »Wasser des Lebens« – und gibt eine Verheißung mit auf den Weg.
- Der Hauptmann unter dem Kreuz gibt ein kurzes »Zeugnis« über seine Sinneswandlung.
- Jede Szene der Passionsgeschichte bzw. der Kreuzwegstationen lässt sich in einer adäquaten Form bildhaft, als Erlebnis darstellen.
- Am Schluss steht ein einfaches Holzkreuz.

Über die genannten Formen der Darstellung hinaus gibt es gewiss noch andere Formen. Wichtig ist, dass die jeweilige Darstellungsform einer Station der betreffenden Geschichte, den äußeren Gegebenheiten im Gelände, natürlich auch den Fähigkeiten der Darstellenden und der Vorbereitungsgruppe angepasst wird.

Aktionen unter dem Kreuz

Aktionen im Rahmen eines Passionsgottesdienstes beteiligen die gesamte Gruppe. In einer Aktion werden die jungen Leute mit ihren persönlichen Fragen und Bitten in das Kreuzesgeschehen mit hinein genommen.

Beispiele:

»Schuld ans Kreuz nageln«
Jede/r schreibt auf einen Zettel etwas, das ihn/sie belastet: Schuld, Versagen, Sünde ... Er/sie bringt den Zettel zum Kreuz und heftet (nagelt) ihn dort an – und erfährt durch einen Mitarbeitenden den Zuspruch der Vergebung. Das Angebot eines persönlichen Gespräches nach dem Gottesdienst sollte unbedingt dazu gehören!

»Die Klagemauer«
Vor dem Kreuz ist aus Ziegelsteinen eine »Klagemauer« aufgebaut – mit entsprechenden Zwischenräumen. Jede/r bringt eine auf einem Zettel formulierte Klage über das, was ihn/sie bedrückt aus dem persönlichen und privaten Leben oder auch im Ansehen dieser gesamten Welt, nach vorne und legt sie in einen der Zwischenräume dieser Mauer. Fürbittengebete und Verheißungen schließen sich an.

»Aktion Kreuzstab«
Die Teilnehmenden schreiben eigene Erfahrungen und Erlebnisse von »durchkreuztem«, zerstörtem und zerrissenem Leben auf. (Ruhige Musik dabei ist eine Hilfe.)

Andere Teilnehmende haben Zeitungsartikel mitgebracht, deren Inhalt sie berührt hat.

Die beschrifteten Seiten und die Zeitungsartikel werden nach vorne gebracht, in Wasser mit Kleister gut eingeweicht und anschließend um dort liegende Holzstäbe geklebt. Vieles bleibt lesbar, anderes nicht. Die Kreuzstäbe können in der Kirche bleiben oder mit auf den weiteren Kreuzweg genommen werden.

Der klassische Kreuzweg

Der klassische Kreuzweg hat folgende Stationen:

1) Jesus wird zum Tod verurteilt
2) Jesus nimmt das Kreuz auf seine Schultern
3) Jesus fällt zum ersten Mal unter dem Kreuz
4) Jesus begegnet seiner Mutter
5) Simon von Zyrene hilft Jesus das Kreuz tragen
6) Veronika reicht Jesus das Schweißtuch
7) Jesus fällt zum zweiten Mal unter dem Kreuz
8) Jesus begegnet den weinenden Frauen
9) Jesus fällt zum dritten Mal unter dem Kreuz
10) Jesus wird seiner Kleider beraubt
11) Jesus wird an das Kreuz genagelt
12) Jesus stirbt am Kreuz
13) Jesus wird vom Kreuz genommen
14) Jesu Leichnam wird ins Grab gelegt

Autor: Michael Freitag, Hannover
Arbeitsgemeinschaft der Evangelischen Jugend in der Bundesrepublik Deutschland e. V. (aej)
unter Mitarbeit von Simone Honecker, Düsseldorf,
Arbeitsstelle für Jugendseelsorge der Deutschen Bischofskonferenz (AfJ)

»Pilatus« von Eva Degenhardt

© Eva Degenhardt

Ein Familiengottesdienst mit Licht-Bildern

Maria von Magdala und die andere Maria

Bibeltexte: Matthäus 27,57-61; 28,1-10
Zielgruppe: Kinder und ihre Eltern
Ziel: Frauen sind die ersten Zeugen der Auferstehung. Der Gottesdienst bringt ihre Erfahrungen zur Sprache und nimmt dabei bewusst nochmals auf die dunklen Stationen der Passion Bezug, denn das Wunder des Ostermorgens wird erst glaubhaft, wenn vorher auch Schmerz und Trauer bestehen dürfen. Damit sollen auch die eigenen Erfahrungen der Teilnehmenden angesprochen und in ein neues Licht gerückt werden. Die Ostererfahrung der Frauen enthüllt sich in einzelnen Schritten, die im Gottesdienst nachvollzogen werden.
Materialien: Kopien der Bilder von Hans-Georg Anniès auf Overhead-Folien (Vorlagen siehe Seiten 61–62), Overheadprojektor, Leinwand

Vorbereitung

Die Bilder von Hans-Georg Anniés prägen den Gottesdienst. Sie müssen nach dem Kopieren auf Overhead-Folie (ist auf fast allen Laserkopierern möglich) noch farbig ausgemalt werden – am besten mit speziellen Folienschreibern oder mit Glasmalfarbe, die in einer größeren Anzahl von Farben zur Verfügung steht. Das kann von den Kindergottesdiensthelferinnen oder einer anderen Vorbereitungsgruppe geschehen. Wer keinen Overheadprojektor einsetzen kann oder will, kann die Bilder auch vergrößern und auf Fotokarton übertragen und dann die Flächen ausschneiden, sodass der Karton die schwarzen Rahmenteile (Stege) ergibt. Hinter die ausgeschnittenen Flächen wird farbiges Transparentpapier geklebt. Die einzelnen Transparentbilder müssen dann zu einem Gesamtbild zusammengefügt und von hinten beleuchtet werden.

Am Anfang müssen alle Teile schwarz abgedeckt sein. Jedes einzelne Bild wird im Laufe des Gottesdienstes, so wie an den einzelnen Stationen beschrieben, aufgedeckt und leuchtet dann. Am Schluss entsteht ein leuchtendes Gesamtbild.

Verlauf des Gottesdienstes

Vorspiel

Begrüßung

Gebet:
Herr, unser Gott,
schenke uns ein schönes Osterfest,
Wir wollen erfahren, dass du lebst,
schenke uns den Glauben.
Wir wollen auch leben.
Wir wollen, dass unser Leben glücklich und gut wird.
Wir wollen, dass unser Leben dir gehört.
Gib uns die Kraft dazu.
Amen.

Lied: Wir wollen alle fröhlich sein (EG 100,1+2+4 = GL 223,1+2+4)

Fünf schmerzliche Erinnerungen
Zwei Spielerinnen sitzen als Maria Magdalena und Maria vor der dunklen Leinwand. Alle Bilder sind noch bedeckt; es ist nur eine dunkle Fläche zu sehen. – Die beiden Marias können je einen farbigen Umhang tragen. Ihr Blick ist traurig auf den Boden vor sich gerichtet.

Erzähler: Mir wird schwarz vor Augen. Das sagt einer, und gleich danach sinkt er ohnmächtig zu Boden. Das passiert, wenn jemand etwas Schreckliches erlebt oder eine furchtbare Nachricht erfährt. Dann wird's ihm schwarz vor Augen. So ergeht es auch den beiden Frauen hier. Ihnen ist es schwarz vor Augen. Es sind Maria Magdalena und die andere Maria. Sie haben Schreckliches erlebt. Sie haben ihren Freund und Herrn auf seinem Leidensweg begleitet bis zum Tod am Kreuz. Jetzt sitzen sie vor der Grabhöhle, in der Jesus begraben liegt. Sie sitzen vor dem Stein, der die Höhle verschließt. Eine schwarze Mauer vor ihren Augen.
Matthäus erzählt im 27. Kapitel seines Evangeliums:

Lesung: Matthäus 27,57-61

Erzähler: Die Frauen sitzen dem Grab gegenüber. Die Sonne ist untergegangen. Sie sitzen und schweigen. Sie haben unendlich viel Zeit. Sie hängen ihren traurigen Gedanken nach. Da kommt die Erinnerung.

Transparent 1: »Kreuzigung« wird gezeigt.

Maria Magdalena: Ich werde das Bild nicht los. Ich sehe es immer vor mir. Jesus am Kreuz. Wie er sich quält. Wie er schreit: »Mein Gott, mein Gott, warum hast du mich verlassen?«
Ich sehe die Überschrift über dem Kreuz: »Jesus von Nazareth, der Juden König.« Sieht so ein König aus? Es gab Augenblicke, da dachte ich: Ja, er ist es, mein König. Er breitet die Hände aus über uns wie zum Segen.
Dann aber: Er stieg nicht vom Kreuz herab. Er neigte den Kopf zur Seite und starb.

Maria: Mit dem Tod ist alles aus. Die Fäden sind abgeschnitten. Alle Hoffnungen sind begraben. Der Tod ist wie eine schwarze Wand: Ende – kein Weg geht weiter.

Erzähler: Die zweite Erinnerung

Transparent 2: »Kreuztragung« wird gezeigt.

Maria Magdalena: Ein zweites Bild vor meinen Augen. Jesus bricht unter der Last des Kreuzes zusammen. Es war nicht das Gewicht des Balkens, das ihn zu Boden drückte. Es war die Gemeinheit der Soldaten. Die Dornenkrone auf seinem Kopf, mit dem Stock haben sie draufgeschlagen. Der Purpurmantel. Und immer wieder der beißende Spott.
Einmal habe ich gedacht, als ich ihn so sah: So sieht wirklich ein König aus. Ein König, der nicht auf dem hohen Ross thronen will, sondern die Leiden der Menschen ernst nimmt und am eigenen Leibe mitträgt.

Maria: Sind das noch Menschen, die auf einen Wehrlosen mit dem Stock einprügeln? Sind das noch Menschen, die sich überlegen, wie man einem anderen die Schmerzen steigern kann, wie man einen anderen noch mehr in den Dreck ziehen kann, noch mehr demütigen? Sind das noch Menschen, die Menschen um ihre Menschenwürde bringen?

Erzähler: Die dritte Erinnerung

Transparent 3: »Verleugnung« wird gezeigt.

Maria Magdalena: Ich seh' den Petrus vor mir stehen. Im Feuerschein sehe ich sein Gesicht. Ich sehe seine Hände, wie er sie zum Schwur erhoben hat: »Ich schwöre bei dem lebendigen Gott: Ich kenne diesen Jesus nicht.« Dann kam der erste Hahnenschrei. Ich habe nie einen Menschen so weinen sehen wie Petrus.

Maria: Ist ja auch zum Weinen, wenn man bedenkt: Der beste Freund lässt einen im Stich. Auf wen kann ich mich noch verlassen? Solange es dir gut geht, hast du Freunde, viele Freunde – und wenn's dir schlecht geht, lassen sie dich allein. So ist es auf der Welt.

Erzähler: Die vierte Erinnerung

Transparent 4: »Abendmahl« wird gezeigt.

Maria Magdalena: Ich war da selbst nicht dabei, und doch sehe ich das Bild vor meinen Augen. So gut kann ich's mir vorstellen, was Petrus und Jakobus und die anderen erzählt haben: Jesus teilt Brot und Wein aus, gibt seinen Jüngern zu essen und zu trinken. »Das ist mein Leib«, sagte er, »das ist mein Blut.« Und: »Ich werde nicht mehr mit euch zusammen essen.« Das klingt nach Abschied. Jetzt ist er da, der Abschied für immer.

Maria: Ist nicht das ganze Leben ein dauerndes Abschiednehmen? Schon manches Mal habe ich am Totenbett stehen müssen. Wie oft schon habe ich Tränen vergossen um einen Menschen, der nicht mehr da ist. Kein Tag, der vergangen ist, kommt wieder zurück. Die Jahre vergehen, und einmal vergeht mein ganzes Leben.

Erzähler: Die fünfte Erinnerung

Transparent 5: »Salbung« wird gezeigt.

Maria Magdalena: Ich sehe mich noch dastehen mit der Flasche in der Hand. Ich fühle, wie das kostbare Öl aus der Flasche rinnt, Jesus über den Kopf. Ich rieche den Duft. Ich wollte Jesus das Kostbarste schenken, was ich besaß. Ich wollte ihn zum König salben. Er ist doch mein König und Herr. Aber ich habe ihn zum Tode gesalbt. Ich habe den letzten Liebesdienst, den man einem Toten zukommen lässt, vorweggenommen. Jetzt liegt er dort im Grab.

Maria: Wir haben geglaubt, er sei unser Herr und König. Wir haben gemeint, er könne uns sagen, wie unser Leben gut wird. Wir haben geglaubt, er sei unser Leben. Jetzt ist er tot – ist unser Leben tot.

Beide senken wieder den Blick zu Boden.

Erzähler: Maria Magdalena und die andere Maria sitzen dem Grab gegenüber. Es wird Nacht, tiefe schwarze Nacht. Wir lassen Maria eine Weile allein und singen miteinander das Lied »Korn, das in die Erde, in den Tod versinkt«.

Lied: Korn, das in die Erde (EG 98,1–3)

Fünfmal Staunen

Erzähler: Mir ist ein Licht aufgegangen. Das sagt einer und er sieht plötzlich die Welt mit anderen Augen, So geht's den beiden Frauen Maria Magdalena und der anderen Maria. Sie kommen nach dem Sabbat wieder zum Grab.
Matthäus erzählt, wie ihnen ein Licht aufgeht:

Lesung: Matthäus 28,1-10

Danach wird das letzte schwarze Feld enthüllt: Man sieht durch einen Torbogen ins Licht.

Erzähler: Wunder kann keiner verstehen. Über Wunder kann man nur staunen und sich freuen. Wir wollen uns mit den beiden Frauen freuen, wenn sie uns von den fünf Wundern erzählen, die sie am Ostermorgen erlebt haben.
Wir wollen unsere Freude ausdrücken und nach jedem Erzählabschnitt in die Liedzeile einstimmen: »Die Sonne geht auf: Christ ist erstanden, das Leben beginnt, Christ ist erstanden, die Nacht ist vorbei.«

Lied: Die Sonne geht auf – Auszug

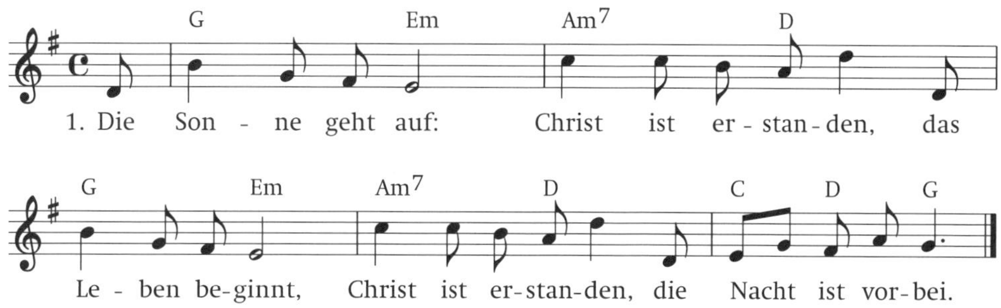

Erzähler: Das erste Wunder

Maria Magdalena: Wir wollten einfach nur nach dem Grab schauen. Und es hatte sich auch gar nichts verändert. Dieser Stein vor dem Grab und die beiden Soldaten. Und dann geschah das Erdbeben, und der Bote Gottes kam und der Stein war weg von der Grabhöhle. Weißt du noch, Maria ... wenn ich daran denke, muss ich beinahe lachen. Die Soldaten, kampferprobte Kriegsleute, haben Schlachten erlebt, wo ihnen Schwerter und Speere um die Ohren pfiffen – die Helden der Schlacht fallen in Ohnmacht. Die starken Männer haut's um – und wir, wir schwachen Frauen bleiben auf den Füßen.

Maria: Richtig harmlos sahen sie aus, die Soldaten, wie sie ohnmächtig dalagen. Man konnte sich nicht mehr vorstellen, dass solche Leute Menschen töten können und foltern und quälen und ihren Spott treiben mit Wehrlosen. Besiegt war die Macht der Unmenschlichkeit. Die böse Zerstörungswut, die in jedem Menschen steckt, besiegt lag sie am Boden.

Erzähler: Die Macht des Bösen ist besiegt. Deshalb singen wir:

Lied: Die Sonne geht auf – Auszug (siehe oben)

Erzähler: Das zweite Wunder

Maria Magdalena: Und dann zeigte uns der Bote Gottes das leere Grab. Der Stein, die schwarze Mauer war weg. Und der Tod wohnte nicht mehr in der Grabhöhle.

Maria: Bis jetzt war für mich der Tod immer wie eine schwarze Mauer. Der Tod ist der Endpunkt. Kein Weg geht weiter. Seit jenem Morgen ist für mich der Tod wie ein Tor, ein Tor zum Licht. Bei Gott gibt es keine schwarze Mauer. Der Weg geht weiter und führt zu Gott.

Erzähler: Der Tod hat seine letzte Macht verloren. Deshalb singen wir:

Lied: Die Sonne geht auf – Auszug (siehe oben)

Erzähler: Das dritte Wunder

Maria Magdalena: Der Bote wurde ungeduldig, weil wir wie versteinert so lange ins leere Grab schauten. »Geht schnell«, sagte er, »sagt's den Jüngern, und geht schnell nach Galiläa; dort werdet ihr Jesus sehen.«
Das klang wie die Stimme Jesu. Das klang wie ein Befehl. Ich lasse mir nicht von jedem was sagen, aber dieser Stimme gehorchte ich gern. Es war, wie wenn der König ruft: Ich brauche dich. Ich musste daran denken, wie ich ihn gesalbt hatte. Wohl doch zum König, nicht zum Tode.

Maria: Wir waren sehr aufgeregt und gleichzeitig über alles froh. Die Sache Jesu geht weiter, und wir dürfen ihm weiter dienen. Er ruft uns. Er braucht uns. Das Leben hat wieder Sinn.

Erzähler: Die Sache Jesu geht weiter, deshalb singen wir:

Lied: Die Sonne geht auf – Auszug (siehe oben)

Erzähler: Das vierte Wunder

Maria Magdalena: Und dann stand Jesus plötzlich vor mir. Er sagte zu uns, genauso wie er es immer gesagt hat, wenn wir uns trafen: »Seid gegrüßt!« Sonst hat er nichts gesagt, was nicht der Bote schon gesagt hat. Nur, es war wunderschön zu erleben, dass Jesus da ist.

Maria: Wir hatten uns auf den schmerzlichen Abschied eingestellt an diesem Morgen, und es wurde eine freudige Begegnung. Ich weiß es jetzt: Das Leben ist nicht ein dauerndes Abschiednehmen. Das Leben wird uns immer wieder neu geschenkt, und immer können wir das Leben neu anfangen und neu entdecken.

Erzähler: Christus schenkt uns das Leben neu. Deshalb singen wir:

Lied: Die Sonne geht auf – Auszug (siehe oben)

Erzähler: Das fünfte Wunder

Maria Magdalena: »Geht hin und verkündet es meinen Brüdern«, sagte Jesus. Ich habe es sofort gemerkt. Zum allerersten Mal nennt Jesus seine Jünger »Brüder«. Ich musste sofort an Petrus denken, der ihn doch kläglich im Stich gelassen hat. Er nennt ihn Bruder. Und wir sind dann seine Schwestern.

Maria: Auf diesen Freund kannst du dich verlassen. Er steht zu uns, auch wenn wir ihn im Stich lassen und total versagen. Wir dürfen seine Geschwister sein. Nichts kann uns davon abbringen.

Erzähler: Lasst uns miteinander die Wunder der Auferstehung besingen. Wir wollen dafür ein neues Lied lernen. Einen Teil davon können wir schon, jetzt lernen wir das ganze Lied.

Lied: Die Sonne geht auf (siehe Seite 63)

Vaterunser

Segen

Lied: Christ ist erstanden (EG 99 = GL 213)

AUTOR: GOTTFRIED MOHR, WEINSTADT-BEUTELSBACH
Text aus : Gottfried Mohr, Allen soll das Leben blühen, Familiengottesdienste.
Verlag Junge Gemeinde, Leinfelden-Echterdingen [2]1994

Bild 1: Kreuzigung

Bild 6: Torbogen

Bild 2: Kreuztragung

Bild 4: Abendmahl

Bild 3: Verleugnung

Bild 5: Salbung

Die Sonne geht auf

2. Das Leben beginnt:
   Christ ist erstanden, der Tod ist besiegt,
   Christ ist erstanden, das Leben beginnt.
   Wir räumen die Trübsal und Schatten beiseite
   und tragen die Nachricht unter die Leute:
   Das Leben beginnt:
   Christ ist erstanden, der Tod ist besiegt.

3. Wir hören es neu:
   Christ ist erstanden, wir singen es frei,
   Christ ist erstanden, wir hören es neu:
   Mit unseren Sünden ist Christus gestorben
   und hat für uns dadurch die Freiheit erworben.
   Wir hören es neu:
   Christ ist erstanden, wir singen es frei.

4. Die Freude ist groß:
   Christ ist erstanden, wir halten sie fest,
   Christ ist erstanden, die Freude ist groß.
   O Herr, hilf, daß wir auch in unseren Tagen
   den Menschen die Botschaft der Hoffnung sagen:
   Die Freude ist groß:
   Christ ist erstanden. Halleluja!

Text und Melodie: Hans-Martin Rauch
© Strube Verlag, München-Berlin

Maria von Magdala begegnet dem Auferstandenen

Berühre mich nicht!

Bibeltext: Johannes 20,1-2.11-18 (Lutherübersetzung, Menge, Elberfelder, Stier)
Zielgruppe: Erwachsene, die bereits Grundkenntnisse des Glaubens haben
Ziel: Vertiefung des Auferstehungsglaubens durch Kennenlernen einer Erscheinungsgeschichte
Materialien: Bibel für alle Teilnehmenden, Bild von M. Schongauer (siehe Folie 4) und Overheadprojektor

Einstieg: Bildbetrachtung mit kurzem Rundgespräch

Das **Osterbild »Noli me tangere«** (Berühre/ergreife mich nicht), zugeschrieben Martin Schongauer (um 1450–1491), stammt vom ehemaligen Hochaltar der Dominikanerkirche in Colmar. Christus trägt die Siegesfahne, der Garten ist ein Bild blühenden Lebens. Zentrum der sich kreuzenden Diagonalen des Bildes ist der Raum zwischen den sich im Abstand »berührenden« Händen von Christus und Maria.

Die Teilnehmenden beschreiben – nach einer Phase der Bildbetrachtung – ihre ersten Eindrücke von der auf dem Bild von M. Schongauer wiedergegebenen Begegnungssituation. Im anschließenden **Gespräch** sammeln die Teilnehmenden, was sie über Maria von Magdala wissen oder mit ihr verbinden, welche bildlichen Darstellungen, literarische Gestalten oder Filme ihnen einfallen.

Je nach Gruppe kann hier auch gefragt werden: Hat Maria von Magdala bisher eine Bedeutung für mich gehabt?

Biblisches Szenenspiel

Im Raum werden mit Tüchern oder beschrifteten Plakaten der Weg, die **Orte** Jerusalem und das Grab festgelegt. Die im Text vorkommenden **Personen** (Jesus, Maria, die Engel, die Jünger) vollziehen die Bewegung des Textes nach, während der Text vorgelesen wird. Die anderen Teilnehmenden achten auf die **Bewegungen**, die sich im Lauf des Textes ergeben.

Vor allem **»Maria«** muss sich beim szenischen Lesen genau an die »Regieanweisungen« des Textes halten. Das Ergebnis ist überraschend und löst oft intensive Gespräche aus.

Zur **Vorbereitung** des Szenenspiels können bereits einige der folgenden Beobachtungen mitgeteilt werden, ansonsten fließen diese in das Gruppengespräch ein, das dem szenischen Lesen (also kein Schauspiel/Darstellen der Geschichte) folgt.

Im **szenischen Lesen** wird die Bewegung Marias deutlich (besonders das mehrmalige Umwenden, das aber nur in bestimmten Übersetzungen – s. o. – erkennbar wird) und es zeigt sich, dass die äußere Bewegung auch Symbol für die innere Bewegung ist.

Maria von Magdala ist bei Johannes der Typus Mensch, der Jesus mit der ganzen Intensität seines Herzens liebt, dem sich aber in der Nacht der Trostlosigkeit der Blick verdunkelt (V. 1).

Maria ist auf der Suche nach dem, was von ihrem einstigen Glück geblieben ist, auf der Suche nach einem Leichnam. Das geöffnete Grab lässt sie nicht auf die Auferstehung schließen (wie sich auch der Glaube der Urgemeinde nicht darauf gründet), sondern nur darauf, dass dieser Leichnam, der ihr alles bedeutet, weggenommen worden ist. Klagend **wendet sie sich** an diejenigen, die zum Herrn gehören (V. 2).

Sie kann sich nicht vom Grab trennen, klammert sich an das Vergangene, ist noch auf den Tod hin orientiert, dessen Symbol das Grab ist. Aber sie läuft nicht davon, wie z. B. die Jünger auf dem Weg nach Emmaus, die von der Enttäuschung fortgetrieben werden. Maria wagt es, trotz des römischen Verbots, Hingerichtete öffentlich zu betrauern, des Nachts zum Grab zu gehen. Sie weint, setzt sich der Trauer aus, der Nacht, dem Schmerz, der Liebe, dem Tod, dem Leben. Tränen, die »Trauerarbeit«, bringen das Verhärtete zum Fließen, brechen die Trauernde auf für die Verwandlung. Und dabei »beugte sie sich vor in das Grab hinein« (V. 11). **Sie wendet sich** der Todeserfahrung mit ihrem ganzen Sein zu, und da geschieht etwas mit ihr. Sie »sieht« etwas Unerwartetes, das ohne Worte eine Botschaft gibt. Noch weiß sie die Zeichen nicht zu deuten. Sie bleibt befangen im Dunkel des Todes. Doch sie lässt sich von den Engeln fragen nach dem Grund ihrer Klage. Ihre Antwort zeigt, dass die Sorge der Gemeinde (V. 2) zu ihrem ganz persönlichen Anliegen geworden ist (V. 13).

Erst als sie sich umdreht, umkehrt, sich vom Grab weg und damit **dem Leben zuwendet**, sieht sie – aber nur das, was ihr im momentanen Erwartungs- und Deutungshorizont, dem Garten, möglich ist: den Gärtner (V. 14). Von ihm lässt sie sich erneut fragen nach ihrem Schmerz und nach ihrer Liebe. Ihre Antwort erinnert an die Suche der Braut des Hohenliedes nach ihrem Bräutigam: »Des Nachts suchte ich ihn und fand ihn nicht ... Habt ihr ihn gesehen, den meine Seele liebt?« (Hoheslied 3,1-3).

Aber immer noch ist es der »Tote«, den sie »nehmen« (V. 15), festhalten möchte. Sie ist weiter nach rückwärts gerichtet, möchte die Vergangenheit zurückholen, den Leichnam konservieren. Erst als Jesus sie mit ihrem Namen ruft, lässt sie ab von ihrer Suche nach dem Toten und »**wendet sich um**« (V. 16) hin zum Lebenden. Die Nennung des Namens bewirkt die Wende: Angesprochen mit ihrem Namen weiß sich Maria erkannt (vgl. Johannes 10,3.4.27 und Jesaja 43,1). Jetzt kommt sie zu ihrem Osterbekenntnis, jetzt erkennt sie Jesus: »Rabbuni – Mein Meister!« Doch ihr Weg geht weiter: Wieder möchte sie festhalten: ihren neuen Glauben und ihr neues Glück. Der Lebende aber lässt sich nicht in Besitz nehmen, sondern er führt Maria hinaus in die Weite, gibt ihr einen neuen Auftrag (V. 17). Sie wird zur Gesandten, wächst aus der Schülerinnenrolle heraus. Maria lässt sich auf diesen Weg weisen. So wird sie für die Jünger, für die Gemeinde zur ersten Botin und Zeugin des neuen Lebens: »Ich habe den Herrn gesehen« (V. 18). Die eigene Begegnung führt zum Osterglauben.

Der Weg Marias, mit ihrer Trauer und ihrer Enttäuschung fertig zu werden, entspricht dem Weg der Emmausjünger. Die Erzählung ist eine Geschichte der immer neuen Umkehr, des Sichumwendens. Maria von Magdala wendet sich den Todeserfahrungen ganz zu und wird dadurch herausgeholt für die Erfahrungen neuen Lebens.

Auswertung und Abschluss

Im anschließenden **Gespräch** geht es zunächst um die Erfahrungen des szenischen Lesens, sowohl bei den Teilnehmenden, die Rollen übernommen haben, wie bei den Beobachtern. Wie ging es den einzelnen Teilnehmenden mit ihrer Rolle, Ihren Bewegungen?

Im zweiten Schritt geht es um den Text: Welche Bewegungen des Textes sind dabei sichtbar geworden?

Danach kann sich das Gespräch den einzelnen **Motiven des Textes** zuwenden: Trauern, Umgehen mit Tränen, Sichumwenden, Festhalten und Loslassen; neuer Auftrag, sich auf einen Weg machen ...

Zum **Abschluss** wird nochmals das Gemälde von M. Schongauer gezeigt, jetzt allerdings die Detailvergrößerung, die die beiden Hände in der Bildmitte zeigt. Im Bildausschnitt von Schongauer wird die dichte Begegnung zwischen Christus und Maria von Magdala fast spürbar (die Zuwendung ebenso wie das Freigeben aus der früheren Beziehung).

Aus: Grundkurs Bibel – Neues Testament, Hrsg.: Kath. Bibelwerk e. V., Bearb.: Barbara D. Leicht, Stuttgart

Ideen zu dem Bild von Ernst Barlach, Der neue Tag (Kohle 1912)

Frohe Botschaften, die wir hinausposaunen ...

Bibeltexte: Das Bild »Der neue Tag« von Ernst Barlach steht für ein Motiv, das sich durch die ganze Bibel zieht: Da ist eine frohe Botschaft, die uns Menschen zugesagt worden ist und die weitergesagt werden muss. Deswegen kann das Bild im Kontext verschiedener Bibelstellen verwendet werden. Zwei Möglichkeiten werden später noch skizziert.
Zielgruppe: ältere Jugendliche und Erwachsene in Bibelkreisen und anderen Gemeindegruppen
Ziel: Die durchgehende Perspektive biblischer Verkündigung als Befreiung und Auftrag erkennen.
Materialien: Kopien des Bildes von Ernst Barlach für jede/n Teilnehmende/n (siehe Seite 69)

Vorbemerkungen

Bildmotive

Das Bild ist von Aufbau und Bildzeichen her einfach. Zwei Gestalten, wohl Männer, stehen auf einem Hügel und blasen mit aller Kraft in Posaunen oder ähnliche Blasinstrumente. Die aufgeblasenen Wangen zeigen diesen Kraftaufwand genauso wie die stämmigen Körper. Der linke geht sogar noch etwas in die Knie, so als wolle er noch mehr Kraft hinter diese Posaunenstöße legen. Hinter den beiden strahlt Licht hervor; wie bei einer Explosion vertreibt es die dunklen Schatten, die noch rund um das Bild zu sehen sind. Der Titel des Bildes legt die aufgehende Sonne nahe; prinzipiell könnte es aber auch jeder andere Lichtschein sein.

Gerade die Kombination dieser beiden Bildzeichen – das kraftvolle Hinausposaunen und das explodierende Licht – beeindrucken, selbst wenn mancher Betrachter das Bild subjektiv nicht als »schön« empfinden mag. Aber das Zusammenspiel der Bildzeichen ist es, was das Bild im Zusammenhang mit der biblischen Botschaft so wertvoll macht.

Bibelmotive

Das Symbol der aufgehenden Sonne oder des sich verbreitenden Lichts kann für vieles stehen, von dem die Bibel erzählt; beispielsweise: Der Herr selbst ist unser Licht und unser Heil (Psalm 27,1); Jesus ist das wahre Licht, das in die Welt gekommen ist (Johannes 1,9). Entsprechend leuchtet der »Glanz des Herrn« in der Dunkelheit auf dem Hirtenfeld, als der Engel die Geburt des Retters verkündet (Lukas 2,9ff.). Und in Zeiten größter Not und Bedrängnis, in den größten Dunkelheiten des Lebens, haben die Israeliten immer wieder erfahren: Gott lässt den Menschen nicht im Dunkel (des Todes, des Leides, der Not) sitzen.

Die Psalmbeter werden nicht müde, von den großen Taten Gottes zu singen und sie in die Welt hineinzuposaunen (Psalm 112). Die Propheten weisen immer wieder darauf hin, dass Gott der Urheber solchen Heils und der Grund dieser frohen Botschaft ist. Der verheißene Messias sagt die Freudenbotschaft gerade jenen zu, die am Rande, in der Dunkelheit stehen (Jesaja 61,1f.). Erinnert sei auch an »die Schritte des Freudenboten, der Frieden ankündigt« und an die Wächter, die ihren Ruf erschallen lassen und zu jubeln beginnen (Jesaja 52,7f.).

Sein rettendes Mit-den-Menschen-Sein ist aber nicht nur Erinnerung. Es gilt als Verheißung uns allen. Uns allen wird die frohe Botschaft zugesagt, wird entgegen posaunt: »Du, mein Freund, den ich erwählte: Fürchte dich nicht, denn ich bin mit dir; hab keine Angst, denn ich bin dein Gott. Ich helfe dir, ja, ich mache dich stark, ja, ich halte dich mit meiner hilfreichen Rechten« (nach Jesaja 41,8.10).

Bereits diese kurze Auswahl an Bibelstellen verdeutlicht das Motiv, das sich durch die gesamte Bibel zieht: Es ist die Zusage Gottes, die Mose aus dem brennenden Dornbusch entgegen tönt: Ich werde für dich da sein (Exodus/1. Mose 3,14). Es ist das Vertrauen darauf, dass Gott mich und jeden Einzelnen von uns begleitet, in den frohen und dunklen Stunden unseres Lebens mit uns ist und dass letzten Endes Leid, Not und Tod nicht das letzte Wort behalten werden. Solche frohe Botschaft macht uns selbst zu Freudenboten; wir können dieses Evangelium weitertragen.

Dieses Grundmotiv biblischer Botschaft ist in dem Bild von Ernst Barlach enthalten. Deswegen passt es zu so vielen Bibelstellen und kann das Weitersagen dieser frohen Botschaft unterstützen.

Umsetzung

A. Bibel- bzw. Gesprächskreis

In einem Bibelkreis (oder einem anderen Gesprächskreis, siehe dazu die Alternative) kann das Bild helfen, sich dieses durchgehende Motiv der rettenden frohen Botschaft bewusst zu machen. Es wird nicht über einen vorbereiteten Bibeltext gesprochen, sondern über viele Textstellen. Was sind die Vorteile eines solchen Vorgehens? Alle Teilnehmenden sind gehalten, ihren eigenen Textvorlieben nachzuspüren und sie bekannt zu geben. So lernen sich die Mitglieder des Bibelkreises näher kennen. Und gegenseitig sprechen sie sich die frohen Botschaften zu, die jedem Einzelnen in seinem Leben wichtig geworden sind. So wird bei diesem Treffen ein »Evangelium« laut werden, das direkt im Leben der jeweiligen Menschen Raum gefunden hat.

In der (kurzen) **Einführung** wird erläutert, dass heute nicht an einem Bibeltext gearbeitet, sondern gemeinsam ein Bild betrachtet wird, das zu vielen Texten der Heiligen Schrift passt. Der Hinweis, dass es sich um ein auf den ersten Blick ungewöhnliches Bild handeln mag, kann verhindern, dass sich zu schnell Abwehrhaltungen aufbauen (»Was ist das denn für ein komisches Bild!«).

Erste **Betrachtung** in der Stille: Auch wenn das Bild in seiner Struktur sehr einfach ist, benötigen die Betrachtenden doch Zeit, damit das Bild erfasst wird und einen Eindruck hinterlassen kann. Es wird im Anschluss an die Einzelbetrachtung beschrieben – entweder zunächst im Gespräch mit dem Nachbarn/der Nachbarin oder gleich im gemeinsamen Gespräch, danach eventuell ergänzt durch die Leitenden des Kreises.

Dann ist die **Deutung** des kräftigen Posaunens und des aufbrechenden Lichtes zu erarbeiten. Hier sind möglicherweise Impulsfragen wichtig: »Schauen Sie sich die Gestalten noch einmal an. Was für einen Eindruck machen sie?« oder »Schauen Sie noch einmal, was hinter den beiden Gestalten zu sehen ist. Was könnte dieses Bildzeichen bedeuten?«

Persönliche Aneignung: Ist das Bild in seiner Aussage erarbeitet worden, wird folgende Aufgabe an die Teilnehmenden gestellt: »Sie haben in der Hand ein A4-Blatt. Oben ist das Bild von Barlach abgedruckt, unten ist das Blatt noch weiß. Überlegen Sie sich jetzt Bibelstellen, die Ihnen so wichtig sind, dass Sie sie in die Welt hinausposaunen würden, und schreiben Sie sie auf die untere Seite des Blattes. Nehmen Sie dazu verschiedene Farben und eventuell auch verschiedene Größen. Spielen Sie mit Farben und Buchstaben!«

(Hinweis: Da einige in der Bibel vielleicht nicht so bewandert sind, dass sie die entsprechende Bibelstelle gleich finden oder gar auswendig können, muss darauf hingewiesen werden, dass die Bibelaussagen sinngemäß aufgeschrieben werden können. Eine Konkordanz kann – u. U. mit Hilfe der Leitenden – unterstützende Dienste leisten.)

Nach ausreichender Zeit zum Überlegen und Gestalten tauschen sich die Teilnehmenden über ihre »frohen Botschaften« aus – je nach Gruppengröße zunächst in Kleingruppen. Es kommt zu einem Gespräch, in dem die einzelnen »Kreationen« vorgestellt werden und in dem Platz ist, um nachzufragen oder Dinge zu klären.

Abschluss mit einem Lied, das in der Gruppe bekannt ist und das nochmals die froh machende Botschaft aufgreift, oder mit »Mache dich auf und werde Licht« (siehe Seite 11).

Hinweis: Setzt sich der Kreis aus Personen zusammen, denen die Bibel noch eher fremd ist, bietet sich als **Alternative** folgendes Vorgehen an:

Nach der Beschreibung und Deutung des Bildes tauschen sich die Teilnehmenden über die »frohen Botschaften des Alltags« aus, über alltägliche Erlebnisse und Erfahrungen, die man selbst gerne so in die Welt hineinposaunen würde, wie es auf dem Bild dargestellt ist. Im Anschluss daran können die Teilnehmenden sich aus einer Sammlung kurzer Bibelworte die frohe Botschaft heraussuchen, die ihres Erachtens am besten zu dem Bild und/oder ihrer momentanen Lebenssituation passt. Dabei wird deutlich werden, wodurch Menschen heute in ihren Lebenswelten von der Bibel angesprochen werden.

B. Gottesdienst

Das Barlach-Bild kann auch in einem **Gruppengottesdienst** in der Advents- oder in der Osterzeit (Textvarianten beachten!) eingesetzt werden. Im Folgenden wird der Aufbau des Verkündigungsteils vorgestellt; die weitere Ausgestaltung und die fehlenden Teile des (je nach Konfession u. U. verschieden ablaufenden) Gottesdienstes lassen sich leicht daran anknüpfen.

Vorbereitung: Bereits vor Beginn des Gottesdienstes wird ein Tisch mit zwei Stühlen gut sichtbar in den Raum gestellt. Den Blick darauf nicht störend, aber ebenso für alle gut sichtbar wird eine Leinwand mit Overheadprojektor aufgebaut.

Nach Eröffnungslied, Begrüßung und Tagesgebet beginnt die folgende **Spielszene**:

Eine Frau setzt sich an den Tisch, den Kopf in die Hände gestützt; sie schaut müde vor sich hin. Eine zweite Spielerin tritt hinzu und beginnt ein Gespräch:

1. Spielerin: Hey, wie siehst du denn aus? Du bist ja richtig geschafft.

2. Spielerin: Ja, bin ich auch. Du, das ist alles so viel: im Büro jede Menge Arbeit und zu Hause auch. Und dann noch die Geschenke besorgen, das Haus herrichten, (Plätzchen backen / Ostereier färben). Ich kann nicht mehr. Ich bin richtig im Stress.

1. Spielerin: Ach du. Das kenn ich. Gerade jetzt (im Advent / so vor Ostern). Da heißt es immer Zeit der Besinnung und der Ruhe. Dass ich nicht lache. Das Gegenteil ist der Fall.

2. Spielerin: Ja und ich habe den Eindruck, das wird jedes Jahr schlimmer. In dem ganzen Trubel denken wir doch oft nicht mehr daran, warum wir das Fest überhaupt feiern. Zum christlichen Kern kommt man ja gar nicht mehr.

1. Spielerin: Das ist allerdings richtig. Mir geht das auch so. Deswegen habe ich mir dieses Jahr ein Bild an meine Zimmertür gehängt. Das erinnert mich immer wieder daran, worum es eigentlich geht. Jedes Mal, wenn ich es sehe, denke ich an die frohe Botschaft, die uns in der Bibel zugesagt wird. Komm mal her! Ich zeig dir das Bild!

Das Bild von Barlach wird mit einem Overheadprojektor auf eine Leinwand projiziert. Die zwei Spielerinnen beschreiben das Bild; die erste Spielerin beginnt:

1. Spielerin: Was ist das denn für ein Bild – sieht ja etwas eigenartig aus.

2. Spielerin: Auf den ersten Blick vielleicht; das kann sein. Du musst etwas länger hinschauen.

1. Spielerin: Da blasen zwei auf Trompeten oder Posaunen oder so was. Das sieht nach Lärm aus. Nein, du, das ist nichts für mich. Lärm habe ich schon genug. Und das ist ja alles nur Schwarz-Weiß.

2. Spielerin: Aber jetzt guck doch mal richtig hin! Die zwei posaunen etwas heraus; die posaunen etwas in die Welt hinaus. Schau doch mal, wie die mit aller Kraft blasen! Und in welchem Licht-Glanz die stehen! Das sieht so aus, als würde hinter denen die Sonne aufgehen. Da kommt ein neuer Tag! Da beginnt etwas Neues, das die Dunkelheit vertreibt.

1. Spielerin: Ja und?

2. Spielerin: Und das ist doch genau die frohe Botschaft des Neuen Testaments. Wir haben doch eine gute Nachricht, die wir hinausposaunen können. Hör nur einmal zu! Dann weißt du wieder, worum es in dieser Zeit geht.

Jetzt können drei oder vier **verschiedene Lesungen** folgen, die zu dem jeweiligen Festkreis (Weihnachten oder Ostern) passen. Die Lesungen sollten kurz kommentiert werden. Wenn dabei sowohl der damalige Sitz im Leben wie entsprechende Situationen heute angesprochen werden, hilft das, die Botschaft der Texte auch in unserer Lebenswelt zu hören. Das folgende Beispiel zeigt dieses Vorgehen. Der längere Wortteil des Gottesdienstes wird aufgelockert, wenn die Lesungen und Kommentierungen jeweils durch einen Liedvers unterbrochen werden.

Beispiel für eine Lesung im Advent:

Jesaja 9,1-6

Kommetator/in: Die Worte des Propheten Jesaja sind hineinposaunt in eine Situation, in der Israel, vor allem der nördliche Teil des Reiches, durch die Assyrer bedroht wurde. In diese Bedrängnis hinein, um das Jahr 720 herum, spricht der Prophet Jesaja diese Trostworte. Worte voller Hoffnung, Worte gegen die Verzweiflung.
Die Bedrängnis durch Krieg ist unserem Land heute fremd. Aber wir brauchen nicht weit zu schauen, um die Kriegsherde und Kriegstreiber in der Welt zu finden: Palästina, Tschetschenien, Afghanistan, aber auch Bosnien und Kosovo sind noch nicht vergessen, oft wenig bekannt, aber immer wieder viele Tote fordernd sind die Bürgerkriege an vielen Stellen in Afrika, in Teilen Lateinamerikas und Asiens. Unsere Politik, die Vereinten Nationen scheinen machtlos. Wie oft wünschten wir uns da jemanden, der laut die Botschaft posaunt: Sucht den Frieden und jagt ihm nach! Stützt das Recht und die Gerechtigkeit! Wir Christen hoffen, dass mit Jesus ein Grundstein gelegt ist, auf dem der Frieden weiterwachsen kann und auf dem wir weiterbauen können.

Nach den Lesungen folgt der Gottesdienst seinem üblichen Verlauf, der Projektor wird abgeschaltet; das Bild bleibt aber weiterhin auf dem Overheadprojektor und wird am Ende nochmals gezeigt.

Autor: Peter Orth, Mainz

Ernst Barlach: Der neue Tag, Lithographie, 1932 © Ernst und Hans Barlach Lizenzverwaltung GbR, Ratzeburg

Fünf biblische Mütter – fünf aufregende Schicksale

Es gibt noch andere Mütter als Maria

Bibeltexte: fünf verschiedene Texte (siehe beim jeweiligen Abschnitt)
Anlass: Muttertag (2. Sonntag im Mai), ein oder mehrere Gruppentreffen (Frauenkreis) oder Seniorennachmittage; Teile dieses Entwurfs für einen speziellen Muttertags-Gottesdienst
Zielgruppe: Seniorinnen (und Senioren), besonders Mütter und Großmütter
Ziel: die Teilnehmer/innen mit biblischen Müttern und untereinander über die verschiedenen Aspekte des Mutter-Seins ins Gespräch bringen
Materialien: Gesangbücher/Liedblätter, Overheadprojektor und Leinwand, Kopien der Arbeitsblätter auf Overhead-Folien, dazu für je 3–6 Personen (Tischgruppen) ein DIN-A3-Blatt (oder im Gottesdienst A4-Kopien zum Austeilen) mit je einem Bild der Arbeitsblätter, außerdem bei Arbeit in der Gruppe je Tischgruppe 3–4 Stifte zum Schreiben/Ausmalen, Klebeband oder Nadeln für Pinnwand zum Anheften der Gruppenergebnisse; eine Rose pro Teilnehmerin
Mitwirkende: nicht erforderlich, evtl. Klavier-/Keyboard-Spieler/in zur Begleitung der Lieder
Zeitbedarf: als Kompakt-Veranstaltung inklusiv Liedersingen etwa eine Stunde, aber auch aufteilbar auf mehrere Treffen – Vorbereitungszeit: eine Stunde

Vorbemerkung zum Sitz im Leben der Gemeinde

Der Muttertag bietet Gestaltungsmöglichkeiten, obwohl er kein Termin im Kirchenjahr ist. Profan hat er ebenfalls keine lange Tradition. Trotz mancher Vorbehalte: Er wird in der Gemeinde eingefordert! Selten habe ich so sehr ein Wort der Enttäuschung am Kirchenausgang aufgefangen wie dann, wenn ich versäumt hatte, den Tag der Mütter wenigstens zu erwähnen. Er bewegt nicht nur Mütter und Großmütter, Adoptiv- und Pflegemütter eingeschlossen: Jeder Mensch verdankt sein Leben einer Mutter, die ihn unter Schmerzen geboren hat. Warum also nicht speziell an die Mütter denken? Der Muttertag kann Zugänge zur Bibel freigeben und zwar zu emotional starken Geschichten, die bewegen; gewiss auch zu Schicksalen, die schwierig sind, und zu Texten, die provozieren, die immer schon geärgert haben. Lebhafte Diskussionen sind vor allem dann zu erwarten, wenn die Gruppe über Frauenschicksale sprechen kann, die man früher als fraglos hinzunehmen gelehrt bekommen hatte, weil sie eben in der Heiligen Schrift stehen.

Lieder, in denen die Gottesliebe mit der Mutterliebe verglichen wird oder Mütter sonst erwähnt werden, sind:
EG 58,4+5; EG 243,3; Ö: EG 321,1 = GL 266,1;
Ö: EG 322,2+3 (Melodie = GL 267); EG 325,2;
EG 326,5; EG 423,7+8; GL 292,4.
(Ö =ökumenisch)

Realisierung

Eröffnung mit einer der Liedstrophen
Einführung in Thema und Verlauf:

Hinweis auf die Bilder: Holzschnitte von Julius Schnorr von Carolsfeld (1794–1872), erstmals erschienen 1860 in Dresden in »Die Bibel in Bildern«, seitdem im protestantischen Deutschland vielfach in Bibeln, Gesang- und Religionsbüchern verbreitet bis nach dem II. Weltkrieg; sie prägten bei mehreren Generationen nachhaltig die Vorstellung von der Welt der Bibel; aus seinem Bildwerk werden sieben Overhead-Folien zu biblischen Mutterschicksalen projiziert. Dazu werden jeweils die Bibeltexte der sieben biblischen Schicksale verlesen.

Ablauf bei jedem Bild:
Projizieren des Bildes und **Verlesen des Bibeltextes** zu Beginn, danach **Arbeit in Tischgruppen** mit den ausgeteilten DIN-A3 Blättern (je 3–6 Pers.):
1. Schritt: Bild betrachten, Text lesen,
2. Schritt: Austausch über das angesprochene Thema/Schicksal,
3. Schritt: schriftlich festhalten, welcher Name gesucht war und wie der gesuchte Satz lautet.

Nach jedem Abschnitt: Anbringen der **Arbeitsergebnisse an** der **Pinnwand**, währenddessen wird ein Liedvers gesungen.

Am Schluss **Zusammenfassung** anhand der aufgehängten Arbeitsergebnisse. Als Gruß der Gemeinde erhält jede Teilnehmerin zum Abschied eine Rose.
Gebet und Segen.

Autor: Gert Ehemann, Heiligenberg

Erstes Schicksal

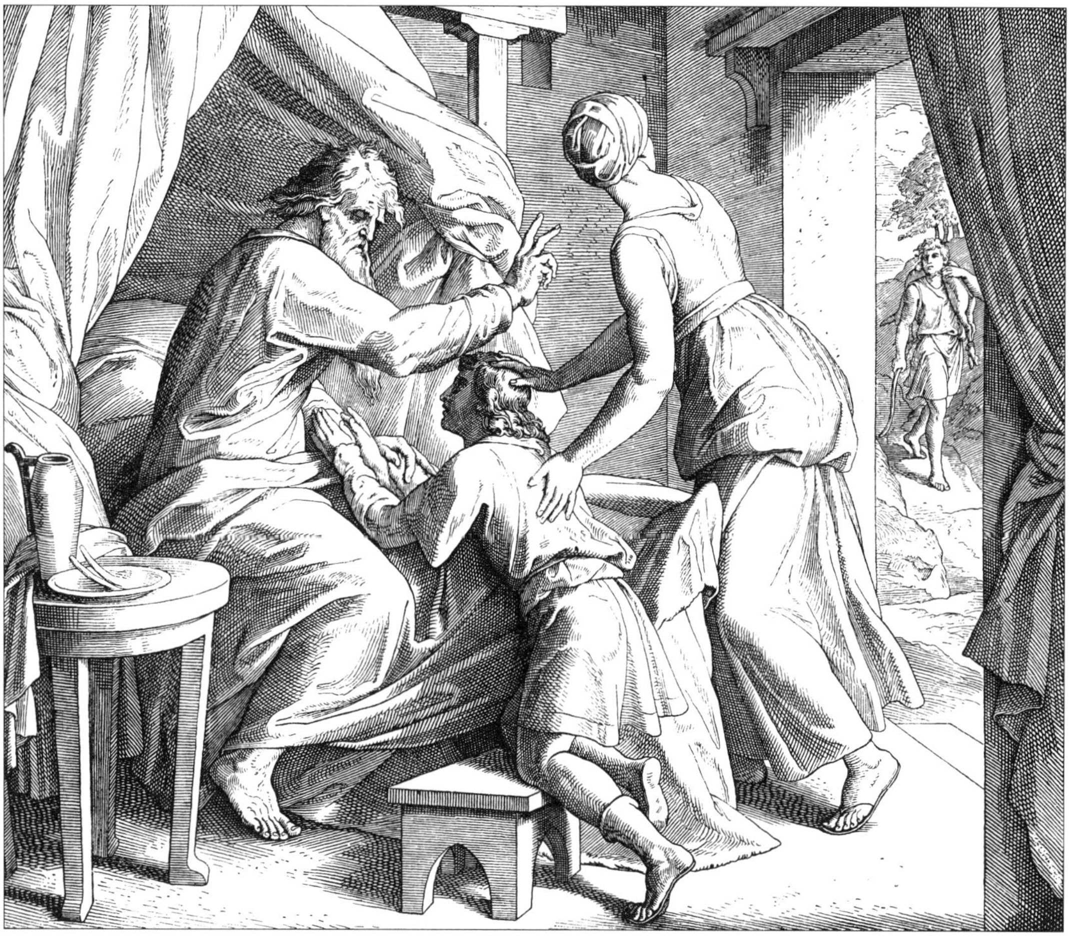

Ihrem Liebling sah sie manches nach; beim andern, dem Erstgeborenen ihrer Zwillinge, war sie konsequenter. Aber der war ja auch mehr fort als daheim. Wenn er heimkam, wollte er sich nur den Magen voll schlagen. Fürs Kochen, für ihre feinen Soßen interessierte er sich nicht. Kein Wort, nicht die Spur einer Anerkennung. Allenfalls hieß es: »Du weißt doch, wenn ich nichts sage, dann hat es mir geschmeckt!« – Der kleinere Sohn, anders und feiner, war gern in ihrer Nähe. Sie lehrte ihn kochen und die Speisen abschmecken, ein guter Lehrling! Es stimmte schon: Sie mochte ihn mehr als den wilden Vagabunden.

Auf wen, fragte sie sich manchmal, würden sich wohl die Hände des Vaters demnächst segnend legen, wer wird das Erbe empfangen? Ihr Mann war altersschwach und blind geworden. Er würde die beiden kaum unterscheiden können. Und wenn schon, man könnte ja ein wenig nachhelfen. Eine Frau kennt die sensiblen Stellen ihres Mannes.

Und so geschah es: Der Vater segnete den Zweitgeborenen und glaubte, den Älteren vor sich zu haben. Da nahm die Katastrophe ihren Lauf. Als der andere von der Jagd nach Hause kam und einfordern wollte, was ihm zustand, war alles längst geschehen, nach Mutters listigem Rat. Als er aufbegehrte, wild wurde und auf Rache sann, schickte sie den jüngeren Zwillingsbruder zu seinem Onkel nach Haran. »Ich werde dir Nachricht schicken, wenn du wieder zurückkommen kannst«, sagte sie.

- *Wie heißt diese Mutter?* □ □ □ □ □ □ □
- *Was wollte sie ihrem zornigen und enttäuschten Sohn wohl sagen? (Steht nicht in der Bibel)*

(Die Geschichte dazu steht in Genesis/1. Mose 27,1-41)

Zweites Schicksal

Eine Hungersnot, eine schlimme Zeit überzog das Land. Die drei Frauen, unterwegs im Hochland Richtung Grenze, waren alle verwitwet. Die Männer der beiden Schwägerinnen waren erst kürzlich verstorben. Jetzt wollten sie ihrer Schwiegermutter das Geleit in die Heimat geben. Jene wollte dorthin zurück, wo sie ihre alten Freundinnen hatte und jeden Stein und jeden Berg kannte: nach Betlehem. Dort solle es genügend Brot geben, sagte man. Dort wollte sie vollends alt werden und sterben können, war ihr Wunsch und Gebet.

Am Grenzstein umarmten sie sich und weinten. Als die beiden jungen Frauen sich anschickten, weiter mit ihr zu gehen, sagte die Schwiegermutter: »Kehrt um, meine Töchter! Warum wollt ihr mit mir gehen? Mein Los ist zu bitter für euch.« Da weinten sie noch mehr, bis die eine ihre Schwiegermutter küsste und umkehrte. Die andere aber blieb. Und als die Schwiegermutter sagte: »Siehe, deine Schwägerin ist umgekehrt zu ihrem Volk und zu ihrem Gott; kehre auch du um, deiner Schwägerin nach«, antwortete die junge Frau mit Worten, die heute in ganz anderem Zusammenhang ungemein bekannt und beliebt sind, nämlich als Gelöbnis von Braut und Bräutigam am Traualtar.

- *Wie heißen die beiden Frauen, die gemeinsam weiterwanderten? Es sind* □ □ □ *und* □ □ □ □ □
- *Was sagte die Schwiegertochter (klassisches Hochzeitswort) zu der Älteren?*

(Die Geschichte dazu steht im Buch Rut 1,14-17)

Drittes Schicksal

Wie eine Löwin hatte sie um ihr Kind gekämpft. Aussichtslos, wie es schien. Eine andere Frau hatte ihr das Kind streitig gemacht. Der Albtraum einer Mutter: Ihr Baby war getauscht worden, ihr wurde ein totes Baby untergeschoben. Mit jeder Faser ihres Lebens war sie sich dessen gewiss: Das lebende Baby war ihr Kind, das tote gehörte der anderen. Was war geschehen? Die beiden Mütter schliefen unter einem Dach. Nur so ist es erklärlich: In der Nacht, während sie schlief, muss ihr die andere das tote Kind in den Arm gelegt haben. Jetzt standen beide vor dem Kadi und kämpften.

In diesem Fall war es der König selbst, der Recht sprechen sollte. Die Weisheit des Königs war berühmt. Brachte er auch diesmal die Wahrheit an den Tag? Er hörte die streitenden Frauen an, Zeugen gab es keine. Da fiel ihm nur eine Lösung ein: Er befahl seinen Dienern, ein Schwert zu holen, und sprach: »Teilt das lebendige Kind in zwei Teile und gebt dieser die Hälfte und jener die Hälfte!« Das fuhr der wahren Mutter wie ein Stich ins Herz. Nein, nur das nicht! Das Kind soll leben! Erst als sie bereit war, es herzugeben, erhielt sie das Baby zurück, heil und unverletzt. Da erkannte der König das mütterliche Herz, er entschied: »Gebt dieser das Kind lebendig und tötet's nicht; die ist seine Mutter.« Der Name der wahren Mutter ist nicht überliefert. Der weise König aber wurde landauf und landab gepriesen.

- *Der König heißt* ☐ ☐ ☐ ☐ ☐ ☐
- *Die wahre Mutter sprach den entscheidenden Satz:* ______________________________

(Die Geschichte dazu steht in 1. Könige 3,16-28)

Viertes Schicksal

Jede Flucht ist grausam, besonders aber wenn sie überstürzt geschehen muss! Vater und Mutter wissen ja, warum sie das tun, aber das Baby wird schreien ohne Ende. Ob der Engel des Herrn das bedacht hatte? »Steh auf, nimm das Kind und seine Mutter und flieh nach Ägypten; dort bleibe, bis ich dir etwas anderes auftrage!«, hatte er gesagt. Davor aber lag eine Grenze und der Gazastreifen, gefährliches Land schon immer.

Die Mutter fürchtete sich, denn Asyl-Suchende sind unwillkommen. Möge Gott verhüten, dass die Grenzbeamten längst angewiesen waren, die Grenze dichtzumachen und alle Flüchtlinge aus Palästina zurückzuweisen, ohne Einzelfallprüfung. Der König ihres Staates galt als solidarischer Bündnispartner Roms, vertraglich vielfach verbunden mit dem Kaiser und geschätzter Unterzeichner mancher internationaler Konvention. Zudem war er ein großzügiger Sponsor sportlicher Wettkämpfe, national und international. Undenkbar, dass dieser Mann seine eigenen Landsleute verfolgen sollte! Vor ihm braucht niemand Asyl zu suchen. Die Einwanderungsbehörde würde den Eltern die Geschichte vom Kindermord niemals glauben. Ammenmärchen! In Wahrheit seien sie Wirtschaftsflüchtlinge, begierig, aus den »Fleischtöpfen Ägyptens« zu schöpfen. Die Mutter überkam große Angst bei diesen Gedanken der Nacht. Aber blieb ihnen eine andere Wahl? Sie mussten über die Grenze kommen. Und dann? Ob sie in Ägypten Aufnahme fänden? Vielleicht in einem Sammellager, eingezäunt und fest bewacht? Oder würde es einige beherzte, fromme Leute geben, die ihnen Asyl in einem Bethaus verschafften?

- *Wie heißen die Eltern, die sich auf die Flucht machten, und wie der König, der seinen Soldaten befahl, alle Kinder zu töten? Die Eltern sind □ □ □ □ □ und □ □ □ □ □, der König heißt □ □ □ □ □ □ □*
- *Was geht dieser Fluchtgeschichte voraus, warum begann der König mit der Kinderverfolgung?*

(Die Geschichte dazu steht in Matthäus 2,13-15)

Fünftes Schicksal

Die Frau, um die es hier geht, redet so zu uns: Warum bleibe ich in dieser wunderbaren Geschichte unerwähnt? Die beiden Söhne haben doch eine Mutter gehabt! Hat mich der Evangelist Lukas einfach vergessen? Wollte er womöglich für die große Szene der Rückkehr und des Wiedersehens um der Pointe willen alle mütterlichen und väterlichen Gefühle in einer Person, dem Vater konzentrieren? Sonst weiß Lukas ja die Rolle von Frauen durchaus zu würdigen.

Natürlich hatte ich mich damals gefragt: Warum will unser Sohn uns verlassen? Ich hatte es ja als Erste gespürt: Der Kleine wird unruhig, ihm wird es auf dem Hof zu eng, er will fort. Ich sah ihn oft auf den Hügel in unserem Gelände steigen und auf Zehenspitzen hinausschauen in die weite Welt. Zugegeben: Ich habe ihm sein Glück gegönnt. Es ist etwas Großes daran, aufzubrechen ins Unbekannte, in die Ferne. Und er musste ja fürs Erste nicht sparen! Ich habe meinem Mann von Anfang an zugeraten: Lass ihn ziehen! Innerlich war ich mir gewiss: Eines Tages wird er wiederkommen. Ein solches Kind lässt Gott nicht verloren gehen!

So habe ich seinem Vater immer gesagt: Sei nicht stolz und hart, wenn er wiederkommt – in welchem Zustand auch immer. Warte auf ihn, geh ihm einen Schritt entgegen, das macht alles leichter! Und so kam es, dass die Heimkehr ein großer Freudentag wurde. Und was der verlorene Sohn seinem Vater nicht sagen konnte und mochte, was er vor seinem großen Bruder natürlich auch verborgen hielt – mir hat er es am Abend erzählen können. Er hat geweint, als er hungernd und allein die Schweine hüten musste und an Zuhause dachte, auch jetzt noch beim Erzählen.

- *Lukas überliefert zwar die Geschichte, aber von wem wird sie im Evangelium erzählt?*
  Es ist □ □ □ □ □
- *Was hat wohl die Mutter ihren Sohn abends gefragt, als sie mit ihm alleine sprach?*

(Die Geschichte dazu steht in Lukas 15,11-32)

Pfingsten als »Initialzündung« des Glaubens begehen

BeGEISTert sein

Bibeltext: Apostelgeschichte 2,1-11
Zielgruppe: Alle erwachsenen Gemeindemitglieder einer oder mehrer Gemeinden sowie Menschen außerhalb der christlichen Gemeinschaft, die sich in Gruppen organisiert haben und sich für gesellschaftliche und kulturelle Anliegen einsetzen.
Ziel: Die Gemeinde soll Pfingsten nicht als kirchliches Fest verstehen, das keine besondere Bedeutung für ihr Leben hat. Sie soll sich vielmehr vom pfingstlichen Geist anstecken lassen. Dazu gehört, die eigene BeGEISTerung zu suchen und zu finden – ihr mehr »auf die Spur zu kommen«, die »Abgeschlossenheit« der eigenen Gemeinde zu verlassen und mit anderen Menschen über die Dinge, die sie begeistern, ins Gespräch zu kommen.
Materialien: Pinnwand, Schreibsachen, vorbereitete Blätter (siehe Bibelabend), Bibeln, Teelichte

Vorbemerkungen

Es ist notwendig, die nachfolgenden Vorschläge auf die konkrete Situation »vor Ort« hin zu prüfen und gegebenenfalls zu adaptieren.

Dem oben genannten Ziel kann man sich in drei aufeinander folgenden Schritten nähern:

Ein **Bibelabend** in der Gemeinde, an dem die Teilnehmenden nachspüren, wo die Motivation des eigenen Engagements verwurzelt ist.

Mehrere **Gesprächsabende**, an denen sich interessierte Menschen aus der Gemeinde mit anderen sozialen und kulturellen Gruppen – möglichst in deren Räumlichkeiten – über die Gründe ihrer Lebenshaltung und ihres Engagements austauschen. Die Treffen brauchen ein Vorgespräch, in dem die Anliegen und die gegenseitigen Erwartungen – daraus folgend das Programm des Abends – abgeklärt werden. Wichtige Fragen könnten von Gemeindeseite sein: Information: Was tut ihr? Motivation: Warum tut ihr das? Inspiration: Was begeistert euch letztlich und treibt euch zu eurem Tun?

Ein abschließender **Gottesdienst an Pfingsten**, der alle Beteiligten einlädt sowie die gemeinsamen Anliegen zusammenfasst und im Gebet thematisiert.

Sinn der Veranstaltungsreihe: Was die Bibel über Pfingsten berichtet, ist kein »Nachspiel« zu Ostern. Pfingsten ist das Fest des BeGEISTert-Seins. Was die Jüngerinnen und Jünger an Ostern erfahren haben, erhält jetzt seine »zündende Kraft«. Die frohe Botschaft gewinnt an Dynamik und wirkt aus ihrem Zentrum hinaus in die Welt. Sie vermag in Bewegung zu versetzen und Menschen zu beGEISTern. Sie reden miteinander und berichten von den Dingen, die sie faszinieren.

Die Aktion kann **in den Tagen vor Pfingsten** durchgeführt werden und mit einem Gottesdienst an oder unmittelbar vor Pfingsten schließen.

Biblische Beobachtungen

Beim Pfingstereignis, wie es Apostelgeschichte 2,1-11 berichtet, lässt sich u. a. Folgendes wahrnehmen:

Es befanden sich alle am gleichen Ort (2,1): Vielleicht haben sich die Jüngerinnen und Jünger gefürchtet, vielleicht scheuten sie Auseinandersetzungen und Anfeindungen. Das Untersichsein meint aber auch: Begeisterung braucht einen Ort, an dem sie sich sammeln kann. Begeisterung »verpufft« in alle Richtungen, wenn man sie nicht mit Gleichgesinnten austauschen kann.

Da kam plötzlich vom Himmel her ein Brausen [...] und erfüllte das ganze Haus [...]. Und es erschienen ihnen Zungen wie von Feuer [...]; auf jeden von ihnen ließ sich eine nieder. (2,2-3): Begeisterung ist nicht machbar, sie »schenkt der Himmel«. Wenn sie da ist, ist sie »ansteckend«, keiner und keine in der Nähe kann unbeteiligt bleiben.

Alle [...] begannen, in fremden Sprachen zu reden, wie es der Geist ihnen eingab. (2,4): Begeisterung lässt nichts beim Alten. Sie bewirkt Neues – oft verändert und ermöglicht sie mehr, als wir Menschen uns vorstellen können.

Als sich das Getöse erhob, strömte die Menge zusammen und war ganz bestürzt; denn jeder hörte sie in seiner Sprache reden. Sie gerieten außer sich vor Staunen [...]: Wir hören sie in unseren Sprachen Gottes große Taten verkünden (2,6-7.11): Begeisterung bringt in Bewegung und überwindet Grenzen. Menschen, die begeistert sind, können nicht schweigen und im Verborgenen bleiben. Sie müssen weitererzählen, was mit ihnen geschehen ist. Ihre Begeisterung »spricht« für sich, sie braucht keine Übersetzer. Sie kann bestürzen – und damit aber andere anstoßen und mitbewegen. Damit dies geschehen kann, wirkt der Geist nicht nur in der Abgeschlossenheit des (kirchlich-christlichen) Raumes, sondern unter allen Menschen in der Welt. Mit ihnen kommen die Jüngerinnen und Jünger Jesu ins Gespräch.

Umsetzung

Bibelabend

Der einleitende Bibelabend kann folgende Elemente enthalten:

- Ein frei formuliertes **Gebet** um den Geist und ein Lied am Beginn.
- Eine **persönliche Reflexion** als inhaltlichen Einstieg: Die Teilnehmenden erhalten ein Blatt mit den Umrissen einer Taube (oder einer Flamme), unter der die Frage steht: Der Geist schenkt BeGEISTerung: Was begeistert mich am Leben unserer Gemeinde? Nach einer persönlichen Zeit des Nachdenkens und des Schreibens von Stichworten in das leere Symbol hinein findet – je nach Gruppengröße – in geeigneter Form ein Austausch statt (z. B. durch kurzes Vorstellen und Anheften der Blätter an eine Pinnwand).
- Das **Vorlesen von Apostelgeschichte 2,1-11** und die **gemeinsame meditative Reflexion**: Nach dem lauten Vorlesen können die Teilnehmenden den Bibeltext in die Hand nehmen, daraus Textteile wiederholen oder Fragen und Assoziationen aussprechen. Die einzelnen Äußerungen werden in dieser Phase *nicht* kommentiert.
- Das **Gespräch über den Bibeltext**, bei dem im weiteren Verlauf folgende Fragen thematisiert werden können: Wo ist der Geist in unserer Gemeinde am Werk? Was legt er uns für die Zukunft nahe zu tun? Wie können wir unsere BeGEISTerung erneuern und in Alltag pflegen? Wo und wie gehen wir mit unserer BeGEISTerung auf andere Menschen zu?
- **Abschließendes Ritual:** Jede/r Teilnehmende entzündet ein Teelicht, stellt es in die Mitte des Gesprächskreises und formuliert dabei eine Bitte an den Geist, die ihm/ihr im Verlauf des Abends wichtig geworden ist.

Gesprächsabende

An mehreren Tagen sind die Mitglieder der Gemeindegruppe(n), die sich zu dieser Aktion entschlossen haben, **bei verschiedenen Gruppen außerhalb der Gemeinde** zu Gast, die aus ihrer speziellen BeGEISTerung heraus sich für Menschen und Angelegenheiten des Gemeinwesens engagieren (z. B. Sportverein, Krankenselbsthilfegruppe, Anonyme Alkoholiker, Müttertreffen, Rotes Kreuz, Künstlerkreis, Kulturkreis, interkulturelle Begegnungsstätte, ...). Ziel der Treffen ist es, **die unterschiedliche BeGEISTerung wahrzunehmen und sich darüber auszutauschen.** Im Mittelpunkt des Interesses stehen an den Abenden die einzelnen Gruppen, weil für die Anliegen der Gemeinde im abschließenden Gottesdienst (siehe unten) noch genügend Raum bleibt.

Bei den Gesprächsabenden ist es wichtig, von Gemeindeseite her kein falsches, vereinnahmendes »Missionsbewusstsein« zu entwickeln. Ebenso geht es weniger darum, als Gemeinde in einen »Aktionismus« zu verfallen und künftig das alles auch machen bzw. mitmachen zu wollen, was die anderen Gruppen tun. Das **Miteinander-Sprechen**, das **Austauschen der Anliegen** und das Umeinander-Wissen ist schon sehr viel – auch hier wirkt der Geist. Wenn sich im einen oder anderen Fall mehr und Konkreteres ergibt, ist es schön. Dies muss aber nicht das Ziel sein.

Es kann Sinn machen, das **Engagement der jeweiligen Gruppe durch ein Symbol ausdrücken** zu lassen, das dann im abschließenden Gottesdienst seinen Platz hat. Die Gruppen sollen zu dem Gottesdienst eingeladen werden, aber so, dass dies nicht als Vereinnahmung missverstanden wird.

Gottesdienst

Bei der Vorbereitung des Gottesdienstes sollten auch Beteiligte aus den besuchten Gruppen eingebunden werden. Sinn dieser Beteiligung ist zu gewährleisten, dass alle – auch die Kirchenfremden – »mitgehen« können, es also kein »Insider«-Gottesdienst wird. Eine entsprechende Feier kann neben geeigneten Liedern und Musikstücken z. B. folgende **Elemente** enthalten:

- Zu Beginn wird eine **Einführung in die Aktion** und die damit verbundenen Anliegen der Gemeinde(n) gegeben.
- Eine kurze Information / **Vorstellen der besuchten Gruppen und ihrer Anliegen** (evtl. mit dem entsprechenden Symbol, das während des Gottesdienstes stehen bleibt).

- Ein die Anliegen zusammenfassendes **Gebet.**
- Die **Lesung der Pfingstgeschichte** (Apostelgeschichte 2,1-11).
- Eine kurze **Ansprache** oder **Meditation** zum Thema BeGEISTerung – evtl. mit verteilten Rollen. Sie sollte in allgemeiner, nicht kirchenintern-theologischer Sprache die oben genannten »Biblischen Beobachtungen« aufgreifen.
- **Fürbitten** oder – allgemeiner und damit verständlicher – ein **»Ich wünsche ...«-Ritual**: Anliegen kommen zur Sprache und werden als Papierflammen auf ein Plakat geheftet, in dessen Mitte die Gruppierungen und Initiativen, die an der Aktion teilgenommen haben, aufgezeichnet sind.
- Ein feierlicher **Segen**, der den Geist und die BeGEISTerung zuspricht.

Weitere mögliche Aktionen zum Thema

»Was mich begeistert ...«: Aktion mit Jugendlichen aus verschiedenen Gruppen oder in der Schule (evtl. zusätzlich im Internet als Diskussionsforum oder Chat).

Begeisterung weitergeben: Einen Begrüßungsbrief für Neuzugezogene formulieren und gestalten sowie den entsprechenden Besuchsdienst organisieren, der die BeGEISTerung der Gemeinde weitergibt.

Begleitende Maßnahmen

Begeisterung überwindet Grenzen! Das gilt auch für die Einladungen zur Aktion BeGEISTert sein. Z. B. könnten die Termine diesmal nicht nur – verschämt – im Gemeindebrief oder im Gottesdienst angekündigt werden. Wie wäre es mit einer **Plakataktion** in den örtlichen Geschäften, an Bushaltestellen, den Anschlagtafeln der politischen Gemeinde oder – für die Jugendaktion – an den Eingängen der Schulen? Eventuell lässt sich auch die Lokalredaktion der örtlichen Zeitung oder das Lokalradio für einen **Bericht** gewinnen ...

Autor: Thomas H. Böhm, Innsbruck

Bausteine für einen Erntedank-Gottesdienst

Jesus ist das wahre Lebensbrot

Bibeltext: Lukas 24,13-35
Zielgruppe: die ganze Gemeinde
Ziel: Bedeutung des Mahls – über die Sättigung hinaus – erkennen; biblische Speisen, Gewürze, Kräuter und weitere Pflanzen kennen lernen
Materialien: Speisen: Brot, Früchte, Gewürze, Kräuter, Getränke; Raumdekoration: z. B. Granatapfelbäumchen, Palmen, Oliven-, Lorbeerbäumchen, Tücher, (Kalk-)Steine für eine Palästina-Atmosphäre, Sand; evtl. EGLI®-Figuren; Textkarten
Mitwirkende: eine Gruppe, z.B. Familienkreis oder Kindergottesdiensthelferinnen, bereitet Textkarten und Lieder vor und verteilt Aufgaben an die Ausführenden (Dauer: 1½ bis 2 Stunden), hinzu kommt, die Speisen und Pflanzen zu besorgen sowie Raum und Tische zu dekorieren ...

Vorbereitung

Die Emmausgeschichte als szenische Lesung (evtl. mit EGLI®-Figuren gestaltet) mit verteilten Sprechern vorbereiten, ebenso Gebete, Lieder, Segen.

Bibelworte der Speisen (siehe gegenüberliegende Seite) auf Kärtchen schreiben, Kärtchen verteilen, (wenn nötig nur einen Teil auswählen), als Predigt diese nacheinander vorlesen lassen und kurz kommentieren, in den Kontext stellen.

Auf einem Tisch Speisen, vor allem Brot, Früchte, Gewürze, Kräuter, Getränke, Pflanzen dekorieren, den Raum schmücken mit z. B. Granatapfelbäumchen, Palmen, Oliven- und Lorbeerbäumchen, Tüchern, (Kalk-)Steinen für eine Palästina-Atmosphäre, Sand.

Bausteine für einen Gottesdienst

Die genannten Bausteine werden in die gewohnte Liturgie eingeordnet oder können als Teile für einen Familiengottesdienst verwendet werden. Wenn die Bibelstellen mit den Lebensmitteln verlesen werden, wird jeweils das, worum es geht, der Gemeinde gezeigt, die Kinder kommen direkt zum Tisch.

Einführung zur Lesung

Der biblische Gedanke des Miteinander-Mahl-Haltens kommt in der Emmausgeschichte in besonderer Weise zum Ausdruck. Das Mahl dient nicht nur der Sättigung, sondern ist Zeichen der Gemeinschaft.

Lesung

Lukas 24,13-35

Einführung zur Vorstellung der biblischen Speisen und Gewürze

Ein biblisches Mahl besteht stets aus dem Grundnahrungsmittel Brot, aus Wasser als Getränk und je nach Jahreszeit aus den Begleitern Oliven, Feigen, Datteln, Äpfeln und Trauben. Alles Weitere ist Zukost und hängt vom Anlass und der sozialen Stellung der Essenden ab. Zur Zeit Jesu war es im Judentum üblich, dass der Hausherr die Mahlzeit mit einem Tischsegen eröffnet, dann das Brot bricht und verteilt und die am Tisch Versammelten zum Zugreifen auffordert. Am Schluss stand ein Lob- und Dankgebet.

Gebetstexte für Tischsegen, Lob und Dankgebete

Brotsegen

Gepriesen seiest du, Ewiger, unser Gott, Herr der Welt, der du das Brot hervorbringst. – Amen.

Weinsegen

Gepriesen seist du, Ewiger, unser Gott, Herr der Welt, der du die Frucht des Weinstocks erschaffen hast. – Amen.

Aus einem frühchristlichen Abendmahlsgebet

Du, Herr, Allmächtiger, hast alles erschaffen um deines Namens willen. Speise und Trank zur ihrer Erhaltung hast du den Menschen gegeben, damit sie dir danken. Dir sei Ehre in Ewigkeit.

Jüdisches Gebet am Laubhüttenfest

Gepriesen seiest du, Ewiger, unser Gott, Herr der Welt, du ernährst die ganze Erde.

In Huld und Gnade und Barmherzigkeit gibst du Brot allen Geschöpfen; denn ewiglich ist deine Huld. Und in deiner großen Güte hast du uns stets nichts mangeln lassen. Du wirst uns nicht mangeln lassen an Nahrung in Ewigkeit um deines großen Namens willen; denn du ernährst und verpflegst alles und erweist Güte allen.

Gepriesen seiest du, Ewiger, unser Gott, Herr der Welt, der das Brot lässt wachsen aus der Erde. Amen.

Vor dem Vaterunser

Die vierte Bitte im Gebet des Herrn in **Luthers kleinem Katechismus**:

Unser tägliches Brot gib uns heute – was ist das?

Gott gibt täglich Brot ohne unsere Bitte auch allen bösen Menschen. Aber wir bitten in diesem Gebet, dass er's uns erkennen lasse, und wir mit Danksagung empfangen unser täglich Brot.

Was heißt denn tägliches Brot?

Alles, was Not tut für Leib und Leben, wie Essen, Trinken, Kleider, Schuhe, Haus, Hof, Acker, Vieh, Geld, Gut, fromme Eheleute, fromme Kinder, fromme Gehilfen, fromme und getreue Obrigkeit, gute Regierung, gut Wetter, Friede, Gesundheit, Ehre, gute Freunde, getreue Nachbarn und desgleichen.

Im **Heidelberger Katechismus** heißt es dazu:

Unser tägliches Brot gib uns heute – das ist:

Wollest uns mit allem versorgen, was für Leib und Leben nötig ist, auf dass wir dadurch erkennen, dass du der einzige Ursprung alles Guten bist und dass ohne deinen Segen weder unsere Sorgen und Arbeit noch deine Gaben uns gedeihen, und wir deshalb unser Vertrauen von allen Kreaturen abziehen und allein auf dich setzen.

Ökumenische Lieder, die ergänzt werden sollen durch gewohnte Lieder der Gemeinden

Erntedank – ökumenisch

EG 227 = GL 634, 1-6: Dank sei dir, Vater, für das ewge Leben

EG 418 = GL 618, 1-5: Brich dem Hungrigen dein Brot

Schlusslieder – Danklieder – ökumenisch

EG 321 = GL 266 Nun danket alle Gott

EG 322 = GL 267 Nun danket all und bringet Ehr

Segensbitte – ökumenisch

EG 421 = GL 310 Verleih uns Frieden gnädiglich

Zusammenstellung: Inge Ehemann, Heiligenberg
Nach einer Idee von Hedwig Odenwald

Lebensmittel, die in der Bibel erwähnt werden

Folgende Bibelstellen kopieren und ausschneiden zum Verteilen und späteren Vorlesen:

1. Kön 17,10b *Wasser*	1. Kor 11, 23-26 *Jesu Abendmahl: Brot und Wein*	Ps 147,14b *Weizen*
Mt 7,16 *Trauben und Feigen*	Gen/1.Mose 14,18 *Brot und Wein*	1. Kön 17,12 *Mehl und Öl*
Gen/1. Mose 27,28 *Korn und Most*	Gen/1. Mose 25,34 *gekochte Linsen und Brot*	Spr 15,17 *Gemüsegericht*
Ex/2. Mose 3,8 *Milch und Honig*	Ex/2. Mose 12,8 *Fleisch, Brot und Bitterkräuter*	Mt 13,31-32 *Senfkorn*
Lk 11,11f. *Fisch und Ei*	Ex/2. Mose 16,31 *Honigkuchen*	Koh/Pred 10,19 *Wein*
Ez/Hes 4,9 *Weizen, Gerste, Bohnen, Linsen, Hirse und Dinkel*	Spr 5,4 *Wermut*	Am 8,1-2 *reifes Obst*
Jes 25,6 *fette Speisen und feiner Wein*	Spr 25,11 *Äpfel*	Jes 28,25 *Dill, Kümmel, Weizen und Gerste*
Hos 2,10 *Korn, Wein und Öl*	Lk 11,42 *Minze, Raute (Gewürzkraut) und Gemüse*	Lk 24,42 *gebratener Fisch*
Mk 9,50 *Salz*	Mt 23,23 *Minze, Dill und Kümmel*	Offb 14,19 *Trauben*
Jes 7,15 *Butter (Sahne) und Honig*	Neh 8,10 *süßer Wein (Getränk)*	Ri 5,25 *Milch und Sahne*
Spr 24,13 *Honig*	Num/4. Mose 11, 5 *Fische, Kürbisse, Melonen, Lauch, Zwiebeln, Knoblauch*	Ps 45,9 *Myrrhe, Aloe und Kassia*

Bausteine für eine Trauer-Meditation

Am Strom des Lebens

Bibeltext: Offenbarung 22,1-2
Zielgruppe: Trauernde; besonders Frauen, die ungewollt kinderlos sind, und ihre Partner; Eltern, die ein Kind in der Schwangerschaft oder bald nach der Geburt verloren haben, und ihre Angehörigen
Materialien: Postkartensammlung zum Motiv »Wasser« (z. B. von artcolor), CD-Spieler und CD mit meditativer Musik, Kräutersäckchen
Mitwirkende: zwei Vortragende für die Meditation

Einführung

Ein Kind früh zu verlieren erschüttert Eltern in hohem Maß. Sie müssen den Weg der Trauer beschreiten, obwohl sie sich doch gerade erst dem neuen Leben zugewandt haben. Nur wenige Menschen teilen das Wissen um dieses Kind, und auch die Eltern selbst haben es noch nicht richtig in Empfang nehmen können. Es sind leise Spuren, die es hinterlassen hat; die für Mutter und Vater nur unterschiedlich wahrnehmbar sind. Es ist gut, wenn es Menschen gibt, die mit den Eltern den Schmerz aushalten und das Kind in seiner Einmaligkeit anerkennen. Die Anteilnahme von Angehörigen und Freunden stärkt das Andenken des Kindes und lässt die Eltern diesen Rückhalt spüren.

Auch Paare, die lange vergeblich auf eine Schwangerschaft warten, die Wochen der Hoffnung haben, denen wieder Phasen der Enttäuschung folgen, empfinden einen tiefen Schmerz, der oft nicht geäußert werden kann.

Das Bild vom Strom des Lebens (Offenbarung 22,1-2) lässt die Trauernden wieder in Berührung kommen mit den Kräften, die sie tragen können. Die Rhythmen der Bäume erinnern an den Zyklus der Frau und lassen sie sich der eigenen Lebensrhythmen vergewissern. Die eigene Fruchtbarkeit ist aufgehoben und bewahrt in dem Leben, das von Gott ausgeht und nicht versiegt. Die beiden Verse der Offenbarung eröffnen eine Vision, dass das, was mir versagt ist und was zerbrochen ist, aufgehoben ist im Strom des Lebens.

Nichts macht Frauen (und auch Männer) so verletzlich als der Verlust eines Kindes oder eine ungewollte Kinderlosigkeit. Die, die nie ein Kind erwartet haben, tun sich zudem schwer, ihre Trauer zu leben, lässt sie sich doch nicht an einem Ereignis festmachen, sondern sammelt sich an in einer Vielzahl von Erwartungen und Enttäuschungen.

Der biblische Text antwortet auf die Sehnsucht der Betroffenen, dass einmal wieder Tage kommen werden, in denen die eigene Seele getröstet sein darf. »Die Blätter der Bäume dienen zur Heilung der Völker.« (Offenbarung 22,2b) Die Blätter der Bäume, Tees und Kräuter, ihr angenehmer Duft können die Seele aufschließen und verhärtete Gefühle wieder zum Empfinden bringen. Viele machen während der Trauerzeit die Erfahrung, wie ihnen das gut tun kann.

Durchführung

Die Themen eines frühen Verlustes eines Kindes oder/und der Kinderlosigkeit bewegen vor allem Menschen um die Lebensmitte und in unterschiedlichem Maß auch ihre (Herkunfts-)Familien. Sie können aufgegriffen werden in Form eines Trauer- und Segensgottesdienstes, zu dem Eltern ihre Angehörigen und andere Menschen, die ihnen nahe stehen, einladen können. Dem vorausgehen können ein gemeinsamer Nachmittag oder Abende für betroffene Eltern, in denen der Bibeltext mit der eigenen Lebenssituation in Verbindung gebracht wird. Dabei kann es sinnvoll sein, sich auch getrennt als Frauen und Männer über Erfahrungen und Empfindungen auszutauschen.

Methodisch können die biblischen Bilder sowohl in einem Gottesdienst wie in einer Gesprächsrunde erschlossen werden.

Einstieg: Aus einer Sammlung von Postkarten mit dem Thema »Wasser«, die in der Mitte ausgebreitet sind, wählen die Teilnehmenden ihr Motiv und bringen es mit ihrer momentanen Situation in Verbindung. Eine **Meditation** dazu schließt die Gesprächsphase ab.

Wo es möglich ist, kann miteinander ein Weg an einem Bach gegangen, kann eine Quelle oder ein ruhendes Gewässer aufgesucht werden, um das Wasser nicht nur auf Fotos betrachten zu können. Außerdem können Bäume und Heilkräuter miteinander angeschaut, ihr Duft wahrgenommen werden. Als **Stationenweg** gestaltet können an den einzelnen Orten immer wieder die Verse aus der Offenbarung gesprochen werden. Vielleicht können die Teilnehmenden auch als Symbol für das verlorene Kind oder ihre unerfüllten Wünsche ein getrocknetes Herbstblatt dem Wasser anvertrauen.

Meditation zum Bild des »Wassers«:
möglichst mit ruhiger Musik unterlegt; zwei Sprecher/innen

A: Das so lebendige und sprudelnde Wasser erstarrt in der Kälte des Winters zu Eis. Dicke Eisschichten überlagern das zurückgezogene Leben in den Tiefen der Gewässer. Eisblumen zaubern eine eigenartige Schönheit an die Fenster.

B: Es gibt auch einen Winter der Seele. Ich fühle mich erstarrt und leblos. Und obwohl ich funktioniere, sind meine Gefühle eingefroren. Ich bin mir selbst fremd. Ich warte auf ein bisschen Wärme, auf den Beginn des Frühlings in meiner Seele. Ich warte darauf, dass meine Trauer sich zu lösen beginnt, dass Eiskristall um Eiskristall zu einer Träne wird, dass die Tränen wieder fließen können.

A: Eine gefährliche Dynamik entwickeln Strudel in reißenden Flüssen. Sie bemächtigen sich jedes Stückes, das in sie hineingerät. Sie wirbeln es herum und ziehen es nach unten.

B: Manchmal strudeln meine Gedanken in meinem Kopf herum. Alles dreht sich. Ich kreise in tausend Fragen und verliere die Orientierung. Es zieht mich runter und ich komme nicht ans Ende. Dreh' ich durch?

A: Wie von einer inneren Kraft getrieben, sprudelt Wasser aus der Quelle. Stetig, Tag und Nacht, immer sich erneuernd, quillt es hervor aus der Erde, erfrischt und belebt.

B: Ich bin ganz voll von Gedanken und Gefühlen. Ich quelle über. Was in mir ist, muss heraus. Worte, Gedanken sprudeln aus mir heraus. Ich will reden. Ich muss reden. Ich werde wieder lebendig.

A: Aufsteigendes Wasser wird zu Nebel. Nebel, der die Sonne abhält. Und der die Welt ins eintönige Grau verfallen lässt. Nebelschwaden nehmen die Sicht und trüben den Blick.

B: Immer wieder verliere ich die Klarheit. Ich frage nach dem Sinn von all dem. Meinen Weg sehe ich nicht mehr. Nebelgespenster ängstigen meine Seele und bedrücken mich. Hört das denn nie auf?!

A: Der Nebel löst sich auf und ich sehe die Tautropfen auf dem Gras, in der Spinnwebe zwischen den Rosen. Zarte Tropfen, die erfrischen und Feuchtigkeit spenden. In allen Farben schillernd spiegeln sie die Welt.

B: Ich bekomme wieder Augen für die Schönheit der Welt. Ganz zart regt sich meine Hoffnung wieder. Etwas Neues wird beginnen.

Texte zu einem Stationenweg:
möglichst drei Stationen sollten vorhanden sein; zwei Sprecher/innen

An einer Quelle:

»Und er zeigte mir einen Strom, das Wasser des Lebens, klar wie Kristall. Er geht vom Thron Gottes und des Lammes aus.« (Offenbarung 22,1)

A: Unter der Erde fließen Ströme von Wasser wie Lebensadern. Dort ruht das Grundwasser, ein Reservoir fürs Leben.

B: Auch in meinem Inneren gibt es Depots von Lebenskraft, lebensspendende Ströme. Manchmal habe ich keinen Zugang zu dieser Kraft. Aber ich mache mich auf die Suche danach. Manchmal ahne ich sie nur, die Quellen in mir, meine tiefen Ressourcen und Lebenskräfte. Manchmal braucht es lange, bis sie an die Oberfläche drängen, aber dann darf ich schöpfen vom frischen, klaren Wasser, das mir Leben spendet.

An einem Teich:

»Und er zeigte mir einen Strom, das Wasser des Lebens, klar wie Kristall. Er geht vom Thron Gottes und des Lammes aus.« (Offenbarung 22,1)

A: Das Wasser steht und ruht. Die Farben und Formen der Welt spiegeln sich darin. Die Tiefe lässt sich schwer abschätzen.

B: Ich versuche auf den Grund zu blicken; zu ergründen: Warum? Manches kann ich in der Tiefe erkennen. Und dann entdecke ich mein eigenes Bild an der Oberfläche. Ich sehe mich selbst und die Welt, die mich umgibt. Jede Frage führt mich zu mir selbst zurück.

An einem Bachlauf:
»Und er zeigte mir einen Strom, das Wasser des Lebens, klar wie Kristall. Er geht vom Thron Gottes und des Lammes aus.« (Offenbarung 22,1)

A: Das Wasser sammelt sich, es fließt. Aus vielen Quellen entspringt ein Bach, ein Fluss. Es bahnt sich den Weg auch gegen Widerstände und Hindernisse, es gräbt sich sogar durch Gebirge. Alles strömt vorwärts.

B: Auch ich bahne meinen Weg. Ich spüre die Energie, die mich zum eigenen Leben führt. Es fließt wieder in mir. Meine Gefühle sind wieder lebendig. Ich spüre die Bewegungen des Lebens und seine Kraft. Ich vertraue mich wieder dem Strom des Lebens an.

Bei alten Bäumen:
»Zwischen der Straße und der Stadt und dem Strom, hüben und drüben, stehen Bäume des Lebens.« (Offenbarung 22,2a)

A: Verlässlich und stark stehen sie da. Tief sind sie in der Erde verwurzelt, sodass sie die Stürme bestehen. Gezeichnet sind sie von der Witterung, vernarbt ihre Rinde, die von den Erfahrungen vieler Menschenalter erzählt.

B: In den Narben der Bäume, ihren Verletzungen finde ich mich wieder. Meine Gestalt entdecke ich in der Gestalt des Baumes. Ich erahne die Stürme, die er bestanden hat, und ich erspüre meine eigene Wurzeln. Ich entdecke mein Kraftquellen, die mich halten und die mir Nahrung geben. So können geschlagene Wunden allmählich zu Narben werden.

Bei einem Garten mit Heilkräutern:
»Zwischen der Straße und der Stadt und dem Strom, hüben und drüben, stehen Bäume des Lebens. Zwölfmal tragen sie Früchte, jeden Monat einmal; und die Blätter der Bäume dienen zur Heilung der Völker.« (Offenbarung 22,2)

A: Kräuter und Tees lindern und heilen. Sie unterstützen die eigenen Lebenskräfte. Seele und Körper sind eng miteinander verwoben. Was ich dem Körper schenke, tut auch meiner Seele gut.

B: Ich mache mich auf die Suche nach Heilendem, nach dem, was mir gut tut. Ich probiere aus und entdecke Düfte, ein warmes Bad und einen guten Tee, einen Spaziergang an der Sonne, eine herzliche Begegnung, mein Alleinsein und meine Erinnerungen. Auch sie sind Heilkräuter für mich.

Den **Abschluss** des gemeinsamen Weges bildet ein Segen, das Ja Gottes zu jedem einzelnen Menschen, gerade zu dem, der am eigenen Leib die Unverfügbarkeit und Brüchigkeit des Lebens erfährt.
(Wenn möglich werden jetzt Kräutersäckchen an die Teilnehmenden verteilt. Sie sollen als Zeichen den begonnenen Heilungsweg zurück zum Strom des Lebens und den Bäumen des Lebens unterstützen.)

Segen:
Unser mütterlich-väterlicher Gott sei dir nahe in allem, was dir begegnet
auf dem Weg deines Lebens.
Gott umarme dich in Freude und Schmerz
und lasse dir aus beidem Gutes erwachsen.
Ein offenes Herz schenke er dir für alle, die deiner bedürftig sind.
Selbstvertrauen und Mut schenke er dir, dich verwunden und heilen zu lassen.
In aller Gefährdung bewahre er dir und den deinen Seele und Leib
und lasse dein Leben gelingen.

Autorin: Maria Müller, Rotthalmünster,
in Zusammenarbeit mit der Selbsthilfegruppe »Leere Wiege«, Vilshofen

Betrachtung und Bewegung am Ewigkeitssonntag

In meines Vaters Hause sind viele Wohnungen

Bibeltexte: Johannes 14,1-7; die Lesungen und Evangelien für den Ewigkeitssonntag
Zielgruppe: die gottesdienstliche Gemeinde, vor allem auch die jüngeren Gemeindemitglieder
Ziel: behutsame und tröstliche Begegnung mit den Thema Tod
Materialien: Overheadprojektor und Folie 5 (beiliegend), Leinwand

Vorbemerkung

Der vorliegende Vorschlag will das Zusammenwirken von Lied, Bewegung und Bildbetrachtung betonen. Der Kanon »Ein Tag, der sagt dem andern, mein Leben sei ein Wandern zur großen Ewigkeit« ist dabei ebenso ein zentrales Element wie das Bild des Bronze-Reliefs von Werner Hilber (siehe Folie 5).

Die Meditation passt zu den für diesen Tag vorgeschlagenen Bibeltexten der Perikopenordnung, kann aber auch nur mit dem Text aus dem Johannesevangelium durchgeführt werden. Sie bereitet die Teilnehmenden auf jenen großen Schritt vor, den der Ewigkeitssonntag anspricht.

Der Künstler des Bronze-Reliefs

Werner Hilber, Bildhauer und Maler, geboren am 30. 8. 1900, gestorben am 5. 11. 1989, wuchs in Wil im Kanton St. Gallen auf und lebte seit 1945 in Zürich. Er war ein wacher und liebreicher Zeitgenosse, der gerne lebte, bei dem man aber des Öfteren auch Worte zum Sterben und Ahnungen des Ewigen findet. »Mir scheint manchmal, indes ich lebe mit 70 so gern und unbeschwert und Kind Gottes wie eh und je, dass es gar keinen Tod gibt, sondern nur einen Übergang. Wir leben weiter.« So schreibt er in der Zeit, als das Relief entstand. Und als er 1984 Teile seines Werkes seiner Heimatgemeinde Wil vermachte, nahm er Worte aus einem Brief an einen Freund von 1976 wieder auf: »Den Weg in das unbekannte Land nimmt uns niemand ab – keiner macht ihn uns streitig, auch haben wir noch nie ein Drängeln nach diesen ewigen Gefilden feststellen können ... Wenngleich ich weiß, dass ein herrlicher Zug der Menschheit unablässig an den Himmel pocht ..., so verzeiht uns, dass auch wir keine Eile haben.« Seine Ansprache schloss er mit den Worten: »Ich sterbe gerne, kommt mit Freuden an mein Begräbnis, damit der Herrgott sieht, dass mich einige geschätzt und geliebt haben.«

Das Werk »In meines Vaters Hause sind viele Wohnungen«

Den Guss des Bronze-Reliefs in der Größe 48 x 60 cm hat der Bildhauer noch selbst Anfang der 80er Jahre veranlasst. Es fand seinen Platz aber erst 20 Jahre später, nach seinem Tod, an der Friedhofskapelle in Wil, unweit der Ruhestätte des Künstlers. Er hat verschiedene Reliefs ähnlicher Art gemacht, doch in diesem haben sie ihr Ziel gefunden. Den Titel hat Werner Hilber bewusst gewählt: In meines Vaters Hause sind viele Wohnungen (Johannes 14,2). Er schrieb dazu 1982: »Im Zentrum sitzt Gott. In Ihm sind viele Wohnungen. Was dir die innere Stimme suggeriert, das ist Seine Sprache, und die ist zu befolgen ... Gott helfe dir, den von Ihm vorgezeichneten Weg durchzustehen; du kannst Ihm nicht entwischen. Gib dich Ihm ganz zurück, so wie Er dich geschaffen hat.«

Bildbetrachtung

Der erste Eindruck vom Relief ist, dass es wächst. Es steht auf dem Boden und wächst nach links und nach rechts und nach oben. Das Tor ist offen, es kommt richtig auf einen zu, es hat keine Türe, die geschlossen werden könnte. Es erinnert daran, dass in der himmlischen Stadt die zwölf Tore offen stehen (Offenbarung 21,25). Und die originellen Wohnungsfenster im Relief: Wie verschieden sie sind! Es gibt immer wieder Neues zu entdecken, z. B. zu Kreuzen zusammengefasste Formen. Besonders das Kreuz in der oberen Mitte zieht den Blick auf sich. Oben ist die Bronze wie gekrönt.

Da herrscht keine Wohnungsnot, da sind gewiss auch keine teuren Mieten zu bezahlen, da ist viel Platz. Und was ist dahinter? Durch die Öffnungen blickt man wie in eine große Laterne hinein. Dahinter ist die Ewigkeit. Menschen, die diesen Schritt gegangen sind, kommen einem nahe. Die Wohnungen bevölkern sich. Ich verstumme – dann summe ich leise: »Ein Tag, der sagt dem andern ... «

Tanz und Bewegung

Weglieder sprechen uns an, weil wir alle unterwegs sind. Sie nehmen etwas davon auf, was uns alle betrifft, Erfahrungen von uns allen. Im folgenden Kanon geben die Tage eine Botschaft weiter: Unser Lebensweg verliert sich nicht in der Unendlichkeit oder im Nichts, sondern er hat ein Ziel, die Ewigkeit, die Wohnungen Gottes. Er bringt uns dem »himmlischen Jerusalem« ein Stück näher. Wir singen den Kanon zunächst mehrfach, dann versuchen wir, ihn zu tanzen.

Ein Tag, der sagt dem andern
Tanz in Gruppen zu vier Paaren hintereinander

1

2

Text: Gerhard Terstegen, 1745; Melodie: Pierre Jacot, 1937
Lied und Abbildungen aus: Marlis Ott, Bewegte Botschaft, Theol. Verlag Zürich u. Verlag am Eschbach, 1996

Je vier Paare stellen sich hintereinander auf:

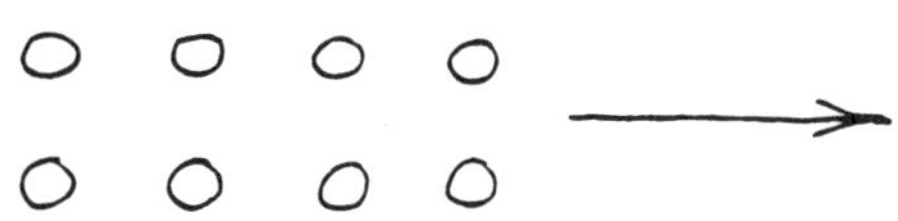

Kanon 1. Zeile: Ein Tag, der sagt dem andern ...
Das vorderste Paar klatscht auf »Tag« zunächst in die eigenen Hände, wendet sich dabei um zum zweiten Paar und gibt das Klatschen weiter, bei »sagt« ist das zweite Paar an der Reihe, das wendet sich zum dritten, das klatscht auf die Silbe »an-«, das vierte Paar dann auf »-dern« nach hinten in den Raum für alle Tage, die noch kommen werden.

Kanon 2. Zeile: ... mein Leben sei ein Wandern ...
Alle gehen paarweise hintereinander acht Schritte in Tanzrichtung (Zeichnung 1).

Kanon 3. Zeile: ... zur großen Ewigkeit.
Die Paare treten einen Schritt auseinander, das hinterste Paar zieht, geleitet durch freundliche Gesten der anderen drei Paare, durch die geöffnete Gasse nach vorn auf den ersten Platz und beginnt mit dem Klatschen beim nächsten Durchgang des Liedes (Zeichnung 2).

Für Geübte lassen sich, wenn das Lied als Kanon gesungen wird, drei Gruppen à vier Paare bilden, die den Kanon tanzen. Die zwölf Paare stellen sich dann hintereinander im Kreis auf mit genügend Abstand zwischen den Gruppen. Zunächst gibt es einen einstimmigen Durchgang, bei dem jede der Gruppen das Gleiche tut, dann beginnt die erste Gruppe mit der ersten Stimme des Kanons, die zweite setzt mit der zweiten Stimme ein usw. Jede Gruppe tanzt den Kanon dreimal durch und bleibt dann stehen, bis die letzte Gruppe so weit ist. Da sich die Abstände zwischen den Gruppen während des Kanons verändern, entsprechend der Verschiebung der drei Einsätze zum Kanon, muss genügend Platz sein, damit die Gruppen gut erkennbar bleiben.

Der Tanz eignet sich auch gut als Einzug in einer Kirche – einstimmig für eine Gruppe oder im Kanon in den drei Gruppen.

Autoren: Marlis und Ueli Ott, Liestal bei Basel

Bibelarbeit

Die Erzeltern dreier Religionen: Abraham, Sara und Hagar

Bibeltext: Teile aus Genesis/1. Mose 15–18; 20–23
Zielgruppe: Menschen mit ersten Grundkenntnissen der Bibel, die sowohl etwas über die Erzeltern der drei monotheistischen Religionen Judentum, Christentum und Islam erfahren wollen als auch persönliche Anknüpfungspunkte an die Gotteserfahrung biblischer Personen suchen (beides ist Ziel der Bibelarbeit).
Materialien: farbige Karteikarten, Schreibsachen, Pinnwand, Karton, Klebeband, Korantext

Vorbemerkung

Thema dieser Bibelarbeit sind die Geschichten der Genesis von Abraham, Sara und Hagar. Ihr Leitmotiv ist die Nachkommens- und Segensverheißung Gottes an Abraham und seine Familie. Die Lektüre dieser Kapitel (Genesis/1.Mose 15–18; 20–23) ermöglicht zum einen, dass Leserinnen und Leser ein plastisches Bild von den Hauptpersonen Abraham, Sara und Hagar sowie ihrer jeweiligen persönlichen Situation bekommen; auf diese Weise ergibt sich ein starkes Identifikations- und Auseinandersetzungsangebot mit zahlreichen Anknüpfungspunkten für eigene Erfahrungen. Zugleich lässt sich durch das Lesen dieses Textkomplexes der Hintergrund für die Bedeutung der Hauptpersonen nicht nur in Judentum und Christentum, sondern auch im Islam kennen lernen. Damit wird es also nicht nur möglich, ein eigenes Bild dieser Erzeltern zu gewinnen, sondern dieses auch zu anderen, konkurrierenden Bildern in Beziehung zu setzen und damit zu vertiefen.

Ablauf der Bibelarbeit

Raumgestaltung

Als Anknüpfung an (verschüttetes) Bibelwissen aus Religionsunterricht oder Kindergottesdienst können Bilder aus Kinderbibeln, die Abraham, Sara und vielleicht auch Hagar zeigen, aufgehängt/projiziert werden. Verschiedene Bibelübersetzungen können für die Arbeit am Text bereitliegen. Eine größere freie Wandfläche sollte zur Verfügung stehen.

Stummer Impuls

Wenn alle Teilnehmenden eingetroffen sind und Platz genommen haben, werden nach einer kurzen Begrüßung an die Wand des Veranstaltungsraumes nacheinander ohne weiteren Kommentar die fünf folgenden auf Karton geschriebenen Sätze gehängt. Dabei wird jeweils zunächst nur der erste Teil angepinnt. Der Text »Da lach' ich ja!« steht auf einem separaten Karton, der immer in einem zweiten Schritt angehängt wird und so von Zeile zu Zeile mitwandert:

> Die Bibel? – Da lach' ich ja!
> An Gott glauben? – Da lach' ich ja!
> Mit neunzig Jahren schwanger? –
> Da lach' ich ja!
> Gott kommt heute zum Essen? –
> Da lach' ich ja!
> Und das hat was mit mir zu tun? –
> Da lach' ich ja!

Reaktionen

Die Teilnehmenden werden aufgefordert, auf den stummen Impuls zu reagieren. Dabei bleiben ihre Reaktionen zunächst unkommentiert. Erst wenn alle, die möchten, sich geäußert haben, werden die Reaktionen durch die Veranstaltungsleitung zusammengefasst und zum Thema des Abends und zu einer Vorstellungsrunde übergeleitet. Wichtige Stichworte, die bei dem Gespräch aufgenommen oder eingeführt werden können, sind:

- Mein Glauben: meine persönlichen Schwierigkeiten mit dem Glauben, z. B. sich für seinen Glauben auslachen lassen müssen, selbst am Grund seines Glaubens zweifeln ...
- Die Bibel: meine Schwierigkeiten bei der Lektüre, z. B. »Kann ich das alles glauben?«, »Was ist davon noch zeitgemäß, was ist zeitbedingt?«, »Was ist für mich einfach unverständlich?«
- Gott: mein Gottesbild, z. B.: »Ist der Gott der Bibel glaubhaft?«, »Ist es nicht sehr naiv, an

so einen ›menschlichen‹ Gott zu glauben?«, »Ist Gott nicht ›über den Dingen‹?«

Textarbeit

Die Texte Genesis/1. Mose 18,1-15 und 21,1-8 werden laut vorgelesen. Alle Teilnehmenden haben den Text vor sich. Im Anschluss an die Lektüre erhalten die Teilnehmenden Karteikarten in zwei Farben. Auf die Karten mit der einen Farbe schreiben sie, was ihnen an der Erzählung fremd, unglaubhaft oder überholt erscheint, auf die Karten mit der anderen Farbe, was auch für sie an dieser Erzählung noch interessant, aktuell und hilfreich ist. Erwähnt werden könnten z. B.:

- **Fremd, unglaubhaft, überholt:**
  - Nomadenleben, Wohnen im Zelt
  - Gott erscheint in Gestalt von drei Personen
  - Begrüßungsritual gegenüber den Fremden
  - übergroße Gastfreundschaft Abrahams
  - Gott redet direkt mit den Menschen
  - Geburt eines Kindes in diesem Alter

- **Noch interessant, aktuell, hilfreich:**
  - Gott ist nicht fern, er kommt zu den Menschen
  - Saras Gefühle: Neugier, Zweifel, Angst und ihr Leugnen
  - Gottes Verheißung wird trotz Zweifel nicht aufgehoben
  - Gott schafft das menschlich Unmögliche
  - Saras ungläubiges Lachen verwandelt sich in Freudengelächter

Die Karten werden farblich sortiert in zwei Gruppen an die Wand gehängt und können während einer Pause von den Teilnehmenden gelesen werden.

Diskussion

Die Teilnehmenden erhalten die Möglichkeit, auf die Karten anderer zu reagieren. Was ist bei der Lektüre der anderen Karten aufgefallen? Wo habe ich die gleiche Einschätzung, wo bin ich anderer Auffassung? Es können auch Verständnisfragen zu den Texten gestellt werden.

Um ein Resümee zu ziehen, kann mit Bezug auf den stummen Impuls vom Beginn die Frage gestellt werden, ob die Geschichte von Abraham und Sara heute eher Anlass für ungläubiges Verlachen oder für freudiges Mitlachen ist.

Möglichkeit zur Vertiefung

Die Gesprächsleitung weist darauf hin, dass zur Genesis-Geschichte um die Nachkommenschaft Abrahams und Saras noch eine weitere Hauptperson gehört: Saras Sklavin Hagar, über deren Sohn Ismael Abraham auch im Islam eine Rolle als Stammvater spielt.

Die Teilnehmenden teilen sich in Kleingruppen von 3–4 Personen auf und lesen die Hagar-Episoden Genesis/1. Mose 16,1-15 und 21,9-20 sowie aus dem Koran Sure 2, 130-136 (neben Buchausgaben auch im Internet unter www.islam.de). Sie sichten die Texte im Hinblick auf Konsequenzen für die christliche Sicht des Islam. Zu beachtende Gesichtspunkte :

Bei den Texten aus der Hebräischen Bibel:

- Auch Hagar wird in die Zukunftsverheißung Gottes eingeschlossen, auch ihr wird von Gott eine große Nachkommenschaft verheißen (16,10; 21,18). Und auch Ismael, der erstgeborene Sohn Abrahams, steht unter Gottes Segen (21,17.20).
- Gott begegnet Hagar durch seinen Engel, und sie gibt ihm den fast intim klingenden Namen: »Du bist ein Gott, der mich sieht« (16,13). Mit ganz wenigen Strichen wird hier die Entstehung einer vertrauensvollen Gottesbeziehung gezeichnet.

Beim Koran-Text:

- Der Koran identifiziert den muslimischen Glauben mit dem »Glauben Abrahams« (Sure 2,130-136).
- Er fordert die Anhänger von Judentum und Christentum auf, zum Glauben Abrahams zurückzukehren und der Lehre des Islam zu folgen (Sure 2,135.137).
- Der Koran erkennt nicht nur Abraham und Ismael, sondern auch Isaak und dessen Nachkommen sowie Mose und Jesus als Offenbarungsträger an (Sure 2,136).
- Er sieht in Judentum und Christentum aber keine angemessenen Formen, Abrahams Glauben nachzufolgen (Sure 2,135). Die Anhänger dieser Religionen sind vielmehr von der Religion Abrahams im Laufe der Zeit abgefallen (Sure 2,130).

Aufgabe: Jede Kleingruppe notiert einerseits Aspekte, die ihr in den Texten als Berührungs- und Anknüpfungspunkte mit dem Islam auffallen, andererseits solche, die Christentum / Judentum vom Islam trennen. Im Plenum gibt jede Gruppe anschließend einen kurzen Bericht und das Gesamtergebnis wird diskutiert.

Autor: Dr. Bertram Salzmann, Stuttgart

Bibelarbeit mit Bildbetrachtung zu Herbert Falken »Jakobskampf«

Jakobs Kampf mit dem Fremden

Bibeltext: Genesis/1. Mose 32,23-33 in der Übersetzung von Buber-Rosenzweig[1]
Ziele: siehe unten (Seite 90)
Zielgruppe: Jugend- und Erwachsenengruppen mit mehr oder weniger biblischen Vorkenntnissen bzw. mit Vertrautheit untereinander
Materialien: Texte (siehe Seite 92), Folie 6 (beiliegend), Overheadprojektor, Leinwand, Pinnwand, Schreibstifte und Papier

Der Text Genesis/1. Mose 32,23–33

Die Geschichte vom Ringkampf am Jabbok-Fluss passt auf den ersten Blick nicht in das Konzept einer »Heilsgeschichte«. Erzählt wird von einem Überfall Gottes auf den Erzvater Jakob in einem unerwarteten Augenblick mit lebensbedrohender Heftigkeit und erstaunlichem Ausgang: Der Sieger Jakob verlangt vom Angreifer den Segen.

Zum besseren Verständnis sei kurz an die bisherige **Lebensgeschichte Jakobs** erinnert: Schon vor der Geburt heftete er sich an die Fersen seines Zwillingsbruders Esau, verhinderte aber nicht dessen Erstgeburt. Mit List hat er sie sich dann erschlichen und musste aus dem Elternhaus fliehen. Den Schwiegervater Laban betrog er um eine Schafherde. Als er erfährt, dass Esau ihm mit 400 Mann entgegenrückt (32,7b), bereitet er sich sorgfältig auf die Begegnung vor. Zwanzig Jahre ist es her, dass er vor ihm geflohen war; dessen Wut scheint ungebrochen, und er will mit ihm abrechnen. Jakob will – wieder listreich – den betrogenen Bruder mit der Strategie der wohl überlegten Staffelung von Geschenken umstimmen (32,8-22). Raffiniert legt er Sicherheitspufferzonen zwischen sich und den unberechenbaren Esau und unterwirft sich ihm ostentativ. Der Plan gelingt: Esau läuft ihm entgegen, umarmt und küsst ihn, beide weinen (33,1-4). Das ist nach Auffassung der meisten Exegeten die ursprüngliche Szenenfolge.

Abrupt unterbricht die Ringkampfgeschichte (32,23-33) den Erzählfluss. Durch die **Textkomposition** trifft der Überfall die Lesenden / Hörenden ebenso plötzlich und unvermittelt wie den überraschten Jakob selbst:

Nachricht: Esau rückt an (32,7b)
Jakobs Gebet um Verschonung (32,10-13)
Aufteilung und Staffelung des Besitzes (32,14b-22)
JAKOBS KAMPF MIT DEM FREMDEN (32,23-33)
Aufteilung / Staffelung der Frauen und Kinder (33,1b-2)
Jakobs Unterwerfungsgesten (33,3)
Esau verzeiht; Versöhnung (33,4)

Die Verzahnung mit der unterbrochenen Geschichte gelingt nur ansatzweise. Widersprüche und Brüche lassen in der zentralen Erzählung drei Traditionsschichten erkennen: eine vorjahwistische Gespenstergeschichte von einem Flussgeist, der Menschen anfällt; die jahwistische Redaktion (Jakobs Umbenennung in Israel) und spätere Ergänzungen (Erklärung Ortsname, Verletzung Jakobs und Speisesitte: V.33).

Für die **jüdische Tradition**[2] ist Genesis/1. Mose 32 eine Schlüsselgeschichte:

- Jakob wird in die existenzielle Auseinandersetzung gezwungen, sie führt zur Beendigung des Bruderzwistes. Das Bestehen dieser lebensbedrohenden Auseinandersetzung qualifiziert ihn erst zum Vater des Zwölf-Stämme-Volkes.
- Durch die Namensänderung (Jakob → Israel) taucht zum ersten Mal der Stammesname auf.

1 Ich habe mich entschieden für die Übersetzung von Martin Buber (in: Die Schrift, verdeutscht von Martin Buber gemeinsam mit Franz Rosenzweig. Sonderausgabe Pb., Deutsche Bibelgesellschaft, Stuttgart 1992 und auf CD-ROM in der Reihe »Bibel digital«, Deutsche Bibelgesellschaft, Stuttgart). Als ›betroffener Sohn Israels‹ hat Buber u.a. die Jabbok-Perikope wortgetreu übersetzt und in der Rezitation liturgisch inszeniert. Bis in die Sprachmelodie hinein bemüht er sich um Nähe zum Urtext. Fast alle anderen Übersetzungen verändern oder verfälschen die hebräische Vorlage, s. Fußnote 4.

2 Im Zyklus der synagogalen Thoralesung wird der Text mit den Worten eingeleitet: »... in dieser Nacht wird Jakob/Israel vom Herrn, von Esau/Edom angegriffen, behauptet sich aber diesem gegenüber.«

- Der Gotteskampf wird zur Kurzfassung der leidvollen Geschichte Israels und seines (gesegneten = zugesicherten) Überlebens bis heute.

Grunderfahrungen

Neben diesen Grunderfahrungen für das Judentum haben sich mit dem Text viele christliche Theologen und Historiker, aber auch zahlreiche Dichter und Schriftsteller, Maler und Komponisten auseinander gesetzt, da hier menschliche Grunderfahrungen beim **Eintritt in eine neue Lebensphase** angesprochen werden:

- Sie setzen oft eine existentiell bedrohliche Auseinandersetzung voraus.
- Unklare Verhältnisse und schuldhafte Verstrickungen müssen aufgearbeitet werden.
- Diese Auseinandersetzungen treten meist überfallartig auf.
- Sie können als innerer oder äußerer Kampf wahrgenommen werden.
- Meist gehen wir gezeichnet/verletzt aus dem Kampf hervor.

Das Interesse der Künstler an dem Text zeigt seine bleibende Aktualität, daher ist **Ziel dieses Modells:**

Die Auseinandersetzung mit diesem Bibeltext soll helfen

- für das Verständnis und die Bewältigung eigener Lebenskrisen,
- als Ermunterung, auch schmerzhaften Auseinandersetzungen nicht aus dem Weg zu gehen,
- befreit neue Aufgaben zu übernehmen, Grenzen zu erkennen und, wenn möglich, zu erweitern,
- eine verantwortete Entscheidung zu treffen zwischen konkurrierenden Lebensentwürfen nach der Verflüchtigung des »Christlichen Milieus« (vor allem für Jugendliche).

Methodische Anregungen

Im Blick auf die jeweilige Gruppe muss der Leiter/die Leiterin entscheiden, wie er/sie die Einheit insgesamt gestaltet; hier werden nur einige Grundideen skizziert.

Der persönliche Einstieg: Scheidewege in meinem Leben

Einstieg mit einer kurzen Einführung in das Thema, danach den persönlichen Bezug für jede/n Teilnehmende/n herstellen: Entscheidungssituationen im eigenen Leben, Einzelbesinnung, anschließend auf Karte(n) notieren.

Erinnerungsreise (für geübte Gruppen): Entspannt sitzen, den Atem fließen lassen, zur Ruhe kommen, danach werden die Teilnehmenden wie folgt in ihrer Erinnerung gelenkt:

»Versetzen Sie sich in Ihre Kindheit. ... Mit wem bin ich zusammen ... Wo treffen wir uns... Welche Farben, Gerüche, Geräusche nehme ich wahr? ... Eine Situation taucht auf, die das bisherige Leben wesentlich verändert: Was änderte sich? Wurde ich daran beteiligt?

Ich verlasse die Kindheit und sehe mich in meiner Jugend (Schulende und Ausbildung) um: Wieder steht eine grundsätzliche Entscheidung an. Diesmal bin ich gefordert ... Stelle ich mich dem Problem oder lasse ich mich von außen dirigieren? ... Wo habe ich mich durchgesetzt? Wie fühlte ich mich? ... Gab es eine überraschende Wende oder verlief alles nach Plan?

Dann der Schritt ins Erwachsenenalter (seit Berufseintritt bis heute): ...«

Als **Einzelarbeit (alternativ oder erweiternd)** ist auch möglich: Die Teilnehmenden zeichnen die erinnerte Lebenslinie als Wegstrecke, vergegenwärtigen sich die Weggabelungen und markieren diese evtl. farbig mit einem Symbol oder Wort.

Gedichtinterpretation (alternative Ergänzung für anspruchsvolle Gruppen): *Hilde Domin (*1912): Bitte* (Materialien 2, Seite 92) kann auf die (innere) Auseinandersetzung hin gedeutet werden. Sie greift das rettungslose »Eingetauchtsein« in »das Wasser der Sintflut« auf. Wir müssen uns stellen; das Überleben muss bestanden, erkämpft sein, wollen wir nicht untergehen. In der aussichtslosen Situation (»der Wunsch, verschont zu bleiben, taugt nicht«) helfen nur noch Hoffnung und »die Bitte ... immer versehrter und immer heiler / stets von neuem / zu uns selbst / entlassen zu werden.«

Der Phase der Einzelarbeit folgt der **Austausch in der Gruppe**. Mögliche Fragen sind: »Wie verlief der erinnerte Entscheidungsprozess? Wie existentiell war ich / waren andere betroffen? Wie habe ich mich dabei verändert? Sind Verletzungen, ›Narben‹ geblieben? Beurteile ich die neue Situation als Gewinn oder als Niederlage?« *Wenn ein kontroverses Gespräch (Vertrautheit der Gruppe) möglich ist:* »Gibt es Widersprüche zu meinen Erfahrungen?«

Der biblische Text: Jakobs Kampf mit dem Fremden

Begegnung mit dem Text: Von einer Entscheidungssituation erzählt Genesis/1.Mose 32. – Den Handlungsrahmen (s.o.) erzählen, die eingebettete Geschichte in der *Übersetzung von Buber-Rosenzweig* vorlesen.

Austausch in der Gruppe: Erster Eindruck vom Text, Verständnisfragen; dann Widersprüche, Bestätigungen, Parallelen zwischen dem Text und den von mir erinnerten Kämpfen, danach

Textarbeit (einzeln oder zu zweit): Lesen Sie in dem vorgelegten Bibeltext nur den kursiv gedruckten Teil. Was fällt Ihnen auf? *(Eine eigenständige Geschichte ist in den Bibeltext eingearbeitet: die kanaanitische Flussgeistgeschichte.)* Die Teilnehmenden tauschen sich zu zweit aus und notieren ihre Beobachtungen.

Alternativ: Markieren Sie im gesamten Text die Personen, Orts- und Zeitangaben mit verschiedenen Farben. Wie viele Handlungen werden erkennbar?

Durch diese Übungen wird die Textstruktur deutlich und die Übertragung auf die eigenen Erfahrungen erleichtert.

Ziel der Textarbeit: Die exegetischen Beobachtungen helfen, zwei in allen Mythen auftauchende Motive zu erkennen: den Kampf mit Gott(es Wille) und die Auseinandersetzung mit dem ›Anderen‹ in mir, im Gegenüber[3] .

Das religiöse Thema: Kampf mit Gott

Textvergleich Exodus/2. Mose 4,24-26 und Genesis/1. Mose 32,23-33: Zweimal versucht Gott (JHWH) einen Führer Israels zu töten. In Exodus/2. Mose 4,24-26 ist es Mose auf dem Nachtlager. Auch hier ist das Leben in der Nacht und auf der Reise bedroht, der Angreifende und der Ergriffene werden auch hier nicht genannt.[4]

Austausch in der Gruppe: »Was mag Gott zu einem solchen Anschlag bewegen?« Fragen nach den dunklen Seiten, dem Nicht-Verstehbaren können gestellt, sollen aber nicht beantwortet werden.

Textanalyse *Dorothee Sölle, Jeder von uns kämpft mit Gott* (Materialien 3, Seite 92) – *Textstellen markieren, Beobachtungen zusammentragen*

Die Angegriffenen fragen nicht lange, sie wehren sich! Damit ermuntern sie uns, uns mit Gott auseinander zu setzen, ihn nicht in Ruhe zu lassen, mit ihm zu kämpfen. Sölle geht diesem Gedanken nach: Der Jakobskampf als beharrliche Gottsuche, bei dem wir »geschlagen ... verrenkt« werden. Gott wartet darauf, »gebraucht zu werden«, auf unsere »Dreistigkeit mehr zu verlangen«. Den »Segen« bekommt nur, wer »hungrig« bleibt – der bezwingt sogar Gott.

Ergänzung: Für die christlichen Mystiker gehören beide Gedanken zusammen: »Gott der ganz Andere, der Unverfügbare« ist gleichzeitig der innere Lehrer (magister interior); der »Ort« der Auseinandersetzung ist das Gewissen.

Kampf mit sich selbst

Bildbetrachtung: *Herbert Falken, Studie zum Jakobskampf* (siehe Folie 6)

Für den Priester und Maler Herbert Falken wurde der Jakobskampf zu einem inneren Geschehen, das ihn nicht mehr loslässt. Die Partner hocken aufeinander, die Konturen sind kaum auszumachen. Hier in der Dunkelheit der Existenz geschieht Gottesbegegnung, wird der Mensch sich seiner eigenen Berufung klar, erkennt er sich selbst.

Hilfen zum Verständnis gibt der Maler selbst: siehe Materialien 1, Seite 92.

Abschluss

Den Bibeltext nochmals hören.

Meditation: Wirft der Text ein neues Licht auf meine vergangenen (Erinnerungsreise), momentanen oder bevorstehenden Entscheidungssituationen? (Das bleibt bei mir!)

Schlussrunde: Blick auf die Ergebnisse der Bibelarbeit. Die erarbeiteten Materialien sollten vor Augen sein.

Evtl. Lied: »Ich lobe meinen Gott, der aus der Tiefe mich holt ...«[5]

AUTOR: HUBERT MARIA RIES, TRIER

---

3 Der Kampf mit dem »Gott des Zwillingsbruders« (s. Anm. 1) wird von vielen Psychologen als Kampf mit dem »ganz Anderen in mir« (alter ego), als innere Auseinandersetzung, gedeutet.

4 Die meisten Übersetzungen ergänzen hier wie in Exodus/1.Mose 32,27 verfälschend die Namen der Kämpfenden.

5 EG, Ausgaben Rheinland-Westfalen-Lippe u. Reformiert, Nr. 673. Alle Regionalteile sowie Stammteil des Evang. Gesangbuchs sind auf der CD-ROM: Evangelisches Gesangbuch elektronisch. Deutsche Bibelgesellschaft, Stuttgart 1999

Materialien

1 Herbert Falken: Jakobskampf

»Meine Studien zum biblischen Jakobskampf sind zunächst aus mir selbst erwachsen. Sie sind Ausdruck meiner psychischen Verfasstheit, der beiden oft gegensätzlichen ›Seelen in meiner Brust‹. Ich ringe mit meinem ›Über-Ich‹, aber auch mit meinem ›inneren Schweinehund‹. Darüber hinaus stehen meine ›Jakobskämpfe‹ auch für die Erfahrung mit einem DU, das ich nicht selbst sein kann, das ich oft nicht zu benennen, nicht zu erfassen und daher auch nicht in Besitz zu nehmen vermag. Ich bilde mir ein, manchmal mit Gott gerungen zu haben. Obwohl, wenn ich das so sage, es mir bereits falsch erscheint. Dieses Ringen mit dem unbenennbaren DU schlägt nicht selten in Zärtlichkeitsbedürfnis um. Aus dem Zweikampf wird eine ... Umarmung. Ich bilde mir ein, dass das, was ich hier schildere, jedem passieren kann.«

(in: Kunst und Kirche 1/1986, S. 18-20)

2 Hilde Domin, Bitte

Wir werden eingetaucht
und mit dem Wasser der Sintflut gewaschen,
wir werden durchnäßt
bis auf die Herzhaut

Der Wunsch nach Landschaft
diesseits der Tränengrenze
taugt nicht,
der Wunsch, den Blütenfrühling zu halten,
der Wunsch, verschont zu bleiben,
taugt nicht.

Es taugt die Bitte,
daß bei Sonnenaufgang die Taube
den Zweig vom Ölbaum bringe.
Daß die Frucht so bunt wie die Blüte sei,
daß noch die Blätter der Rose am Boden
eine leuchtende Krone bilden.

Und daß wir aus der Flut,
daß wir aus der Löwengrube und dem feurigen
Ofen
immer versehrter und immer heiler
stets von neuem
zu uns selbst
entlassen werden

(Hilde Domin: Gesammelte Gedichte. S. Fischer Verlag, Frankfurt: 1991)

3 Dorothee Sölle, Jeder von uns kämpft mit Gott *(Auszug)*

Jeder von uns kämpft mit Gott
laß uns dazu stehen
auch wenn wir geschlagen werden
und verrenkt
Jeder von uns kämpft um Gott
der darauf wartet
gebraucht zu werden
Auf uns wartet ein Kampf

Jeder von uns wird gesegnet
Laß uns daran glauben
auch wenn wir aufgeben wollen
Gib uns die Dreistigkeit mehr zu verlangen
Mach uns hungrig nach dir
lehr uns beten: ich laß dich nicht
das kann doch nicht alles sein
Auf uns wartet ein Segen

(Dorothee Sölle: Es muß doch mehr als alles geben, in: Nachdenken über Gott, Hamburg 1992)

Predigtgottesdienst mit dem zweitbesten Prediger der Welt

Gesetz und Gemeinschaft

Bibeltext: Deuteronomium/5. Mose 5,1–10,5 (evtl. in gekürzter Form)
Zielgruppe: die gottesdienstliche Gemeinde, bestehend aus Jugendlichen, Erwachsenen und älteren Menschen, aus engagierten Kirchenmitgliedern und Kirchendistanzierten
Ziel: Bibeltext im Zusammenhang hören
Hilfsmittel: vier Mikrophone verteilt in alle vier Ecken des Gottesdienstraumes
Mitwirkende: vier Sprecher/innen, die es verstehen, den Text als dramatische Rede vorzutragen
Anmerkung: Training erforderlich; Technikprobe unerlässlich

Hintergrund

Die Auffindung des Gesetzbuches, das wir mit einiger Wahrscheinlichkeit als das Deuteronomium, das 5. Buch Mose, identifizieren können, hat für große Furore in Israel gesorgt (vgl. 2. Könige 22 und 2. Chronik 34). Was ist passiert?

Der junge König Joschija (»Josia« bei Luther) hat den Tempel renovieren lassen. Dabei ist ein Buch gefunden worden. Es wird dem König vorgelesen, der daraufhin seine Kleider zerreißt, weil er es für beschlossene Sache hält, dass Gott das Volk sofort richten wird, und zwar wegen des generationenlangen Götzendienstes und Abfalls. Er erbittet einen Urteilsspruch JHWHs von der Prophetin Hulda. Ihm wird geantwortet, dass er selbst verschont wird. Sein Hören mit dem Herzen hat ihn gerettet. Dieses geheimnisvolle Buch, zumindest den Anfang, lesen wir vor. Es entpuppt sich als – **die Predigten des Mose**.

Inhalt

Es beginnt mit der Vergegenwärtigung der Sinai-Perikope und einer Wiederholung der Zehn Gebote (Kapitel 5). Darauf folgt das Schma' Ysrael, das »Höre Israel« (6,4-9), das »Glaubensbekenntnis« des alttestamentlichen Gottesvolkes; danach die Begründung, warum die folgenden Geschichten immer wieder erzählt und gehört werden sollen (6). Den Zuhörern wird vorgehalten, welche Konsequenzen eine Gemeinschaft mit den Heiden und ihren Götzenkulten haben wird, und welche Segnungen sie von Gott durch Bundestreue erwarten dürfen (7). Die Bewahrungswunder der Wüstenwanderung werden reflektiert (8) und das Thema der Gerechtigkeit allein aus Gnade klingt an (9,1-6). Auch der Sündenfall mit dem goldenen Stierbild wird nicht verschwiegen. Gottes Antwort auf das Gebet bildet den Abschluss.

Theologische Reflexion

Die an anderer Stelle prosaisch erzählten Geschichten werden hier zu einer neuen Gattung stilisiert, nämlich zum Vortrag, ja zu einer flammenden Rede. Es geht um Vergegenwärtigung: JHWH ist nicht nur der Gott der Väter, sondern auch der Kinder und Enkel. Wie er damals gewirkt hat und mitzog, so tut er es heute genauso. Wie er damals treu war, so ist er es heute auch noch und verlangt seinerseits von seinen Leuten Bundestreue. Der Bundesgedanke hat für das Gottesvolk in der Zeit des babylonischen Exils und bei der Rückkehr entscheidende Bedeutung bekommen, weil das aus vielen Sippen zusammengesetzte Volk dadurch als gemeinsamer »Vertragspartner« angesprochen war. Dadurch wird z. B. das Gebot der Gemeinschaft begründet. Gemeinschaftstreue bedeutet Segen, Untreue jedoch Fluch. Ein bis ins Neue Testament reichender theologischer Ansatz ist, dass Gerechtigkeit nicht auf Vorbedingungen baut, sondern aus Gnade geschenkt wird und dass ein Neuanfang möglich ist.

Methodische Überlegung

Es wird bewusst darauf verzichtet, den Zuhörenden alles mundgerecht zu servieren und alle Anstöße des Textes vorher aus dem Weg zu räumen. Das *theologische Ärgernis* soll nicht durch Beschwichtigungsversuche in der Auslegung verwässert werden.

Es ist aber Wert darauf zu legen, mit den Gottesdienstteilnehmer/innen das Erlebnis einer solchen zusammenhängenden Textlesung zu reflektieren. Die Botschaft »Feedback ist erwünscht« sollte kommuniziert werden. Das könnte in einem Gottesdienstnachgespräch geschehen oder in Kurzinterviews im Foyer bzw. beim Kirchenkaffee. Konfirmanden oder Teenager sind vielleicht bereit, mit Kassettenrekorder oder Videokamera Gottesdienstbesucher/innen zu befragen. Die Ergebnisse können in Bibelstunden, Hauskreisen oder weiteren Predigten reflektiert werden.

Durchführung

Die relativ lange Textpassage wird in kleinere Einheiten aufgeteilt, die jeweils von einer anderen Person vorgetragen werden. Die Sprechenden werden auf die (vier) Ecken des Saales/der Kirche verteilt. Das Wort soll aus allen Richtungen kommen. Die Kunst bei der Sache ist, den Effekt einer freien Rede zu erzielen. Dafür muss das Lesen und Deklamieren gut geübt werden. Es ist sinnvoll, Denkpausen einzubauen, z. B. durch Interludien oder Sprechpausen.

Es ist auch reizvoll, das Auge mit einzubeziehen, z. B. durch Overheadbilder oder Dias, die den Auszug und die Wüstenwanderung thematisieren.

Präludium/Musikalische Eröffnung
Begrüßung
Lied: Liebster Jesu, wir sind hier
(EG 161 = GL 520)
Gebet des Tages
kurze Anbetungszeit mit meditativen Liedern
(z. B. Taizé-Lieder)
Predigteinstieg (s. u.)
Wechsellesungen (s. u.; Lesezeit ca. 40 Minuten)
Gebet, Vaterunser
kurze Anbetungszeit mit meditativen Liedern
Lied zur Segensbitte
(z. B. Komm, Herr, segne uns, EG 170)
Segen
Postludium/Musikalischer Abschluss

Predigteinstieg

Ich habe für heute den zweitbesten Prediger der Welt angekündigt. – Das war natürlich ein Werbegag, das war ja allen klar. Fast allen jedenfalls ...

Wenn ich also für heute den zweitbesten Prediger der Welt angekündigt habe, muss ich natürlich zunächst sagen, wen ich als den besten ansehe. Das ist ganz einfach:

Der beste ist für mich Jesus Christus selber. Er ist der Meister. Das meine ich sowohl inhaltlich als auch rhetorisch. Er konnte sie alle fesseln, die Reichen und Hochwohlgeborenen, die Vertreter der jüdischen Gelehrsamkeit und die einfachen Leute, die Bauern und die Zöllner, die Alten wie die Heranwachsenden. Alle hingen sie an seinen Lippen. Heute noch wühlen seine Worte unser Herz auf.

Wer ist dann der zweitbeste Prediger? Es könnte Paulus sein, oder Petrus? Alle Apostel könnten es sein, die Evangelisten. Für mich jedoch ist es Mose, der Mann Gottes, zu dem Gott selber wie zu einem Freund gesprochen hat.

Wir haben einen Teil seiner Predigten schwarz auf weiß in unseren Bibeln. Wir lesen diese Texte wahrscheinlich selten. Hier und da wird eine Geschichte daraus verwendet, aber einer Predigt aus dem Mund des Mose zu lauschen, sich treffen zu lassen von dem Heiligen selber, der durch Mose redet, das tun wir selten. Dazu braucht es wohl einen besonderen Anlass. – Heute ist dieser Tag!

Wir lesen Ihnen, liebe Gemeinde, heute aus dem Buch Deuteronomium, dem fünften Buch der Tora, bei uns als das 5. Buch Mose bekannt, eine Predigt des Mose vor.

Dieses Buch beginnt mit einem Rückblick auf die Geschichte Israels. Es erzählt nicht einfach die Geschichte, sondern es ist eine wirkliche Predigt. Und zwar predigt Mose hier den Nachgeborenen, den jungen Leuten, denen, die die »Gnade der späten Geburt« hatten und nicht alle bei dem langen Zug durch die Wüste gestorben sind, denen, die jetzt am Rand des Gelobten Landes stehen, an der Grenze zu Israel. Ihnen ruft er die großen Taten Gottes ins Gedächtnis zurück und will erreichen, dass sie das Feuer des Berges förmlich sehen, den Hall des Donners hören, den Schrecken ihrer Väter spüren, dass sie zu der Liebe Gottes gerufen werden und antworten mit Treue, mit dem Bundesschluss.

Die Predigt als Wechsellesung

Deuteronomium 5,1–10,5 (in der Fassung der »Gute Nachricht«-Bibel)

5,1-7	1. Sprecher/in
5,8-10	2. Sprecher/in
5,11	3. Sprecher/in
5,12-15	4. Sprecher/in
5,16	3. Sprecher/in
5,17	1. Sprecher/in
5,18	2. Sprecher/in
5,19	1. Sprecher/in
5,20-21	2. Sprecher/in
5,22-33	3. Sprecher/in
6,1-9	4. Sprecher/in
6,10-19	1. Sprecher/in
6,20	2. Sprecher/in
6,21-25 wird gemeinsamem gelesen	alle Sprecher/innen lesen von Overheadfolie
Interludium	Klavier o. ä.
7,1-11	2. Sprecher/in
7,12-16	1. Sprecher/in
7,17-26	3. Sprecher/in
8,1-6	4. Sprecher/in
8,7-16	2. Sprecher/in
8,17-20	1. Sprecher/in
Interludium	Klavier o. ä.
9,1-6	4. Sprecher/in
9,7-10	2. Sprecher/in
9,11-21	3. Sprecher/in
9,22-29	4. Sprecher/in
10,1-5	1. Sprecher/in
Interludium	Klavier o. ä.

Autor: Ulf Ekkehard Pithan, Worms

Das Buch Tobit – ein heilsamer Weg für Männer

Bibeltext: Buch Tobit
Zielgruppe: Männergruppen und -kreise
Materialien: Arbeitsblätter mit Textkopien

Vorbemerkung

In einem ökumenischen Werkbuch über das Buch Tobit zu schreiben braucht eine Vorbemerkung. Das Buch gehört zu den so genannten Spätschriften des Alten Testaments, die nicht in der hebräischen Bibel überliefert sind, und ist daher in den protestantischen Bibelausgaben ohne Apokryphen nicht enthalten. Zudem erfreute es sich bei den Reformatoren keiner großen Hochachtung. Ulrich Zwingli verurteilte besonders das »Zäuselwerk« darin, das märchenhafte, magische und sinnliche Ritual, mit dem die Innereien eines Fisches verbrannt werden und damit ein Dämon in den hintersten Winkel Ägyptens verbannt wird. Heute verschwinden solche Vorbehalte immer mehr und wir entdecken die Weisheiten der Märchen genauso wieder wie die Sinnlichkeit von Ritualen. Allerdings tun das vor allem Frauen. Was mich am Buch Tobit fasziniert, ist, dass es hier Männer sind, die die sinnlichen Rituale pflegen und die heilsamen Kräfte darin entdecken.

Ich bin ein Mann Ende 30. Ich bin Theologe. Mein Zugang zu Religion läuft über den Kopf. Ich habe Sehnsucht nach spiritueller Erfahrung, aber ich habe bisher kaum Zugänge dazu gefunden. Das Buch Tobit weist mir als Mann einen Weg. Ich konzentriere mich deshalb innerhalb der Geschichte auf die Männerfiguren.

Das Buch Tobit – viele Geschichten

Das Buch Tobit ist eine **märchenhafte Geschichte**. Sie erzählt von einer Lebenskrise und einem heilsamen Weg aus der Krise heraus. Tobit gerät in Lebensgefahr, verliert sein Vermögen und sein Augenlicht. Er schickt seinen Sohn, Tobias, auf eine Reise, um Geld zu holen, das er früher für Notzeiten hinterlegt hat. Tobias findet einen Begleiter für die Reise, Rafael mit Namen, und besteht unterwegs gefährliche Abenteuer.

Er fängt einen Fisch, entnimmt ihm die Innereien und benutzt sie als wunderbare Heilmittel. Zunächst vertreibt er damit im Haus eines Verwandten, in dem die Reisenden einkehren, einen Dämon, der die sieben Ehemänner der Tochter des Hauses, Sara, jeweils in der Hochzeitsnacht getötet hatte. Dadurch gewinnt Tobias Sara zur Frau. Schließlich heilt er damit nach der Rückkehr zu Tobit auch dessen Blindheit. Und nachdem sich Rafael als von Gott gesandter Engel geoffenbart hat, leben alle glücklich miteinander bis ins hohe Alter.

Das Buch Tobit ist eine **Männergeschichte**. Sie handelt von einem Mann, der mit seiner Art zu leben in existentielle Schwierigkeiten gerät. Er richtet sein Leben an traditionellen Werten aus. Er setzt seine ganze Kraft für die Erfüllung dieser Werte ein – ohne Rücksicht auf die Folgen für sich und seine Familie. Als er spät nachts von seiner Arbeit nach Hause kommt und sich an der Hofmauer zum Ausruhen niederlegt, fällt ihm der Kot von Vögeln in die Augen und es bilden sich weiße Flecken, die ihn erblinden lassen. In der Folge droht die Beziehung zu seiner Frau zu scheitern. Tobit wird depressiv und wünscht sich sehnlichst den Tod. Die Geschichte erzählt dann davon, was für einen solchen Mann heilsam sein kann.

Das Buch Tobit ist eine **Vater-Sohn-Geschichte**. Sie erzählt von einem scheinbar übermächtigen Vater, neben dem der Sohn kaum in Erscheinung tritt. Sie erzählt, wie die Krankheit des Vaters eine Chance für den Sohn eröffnet, seinen eigenen Weg zu gehen. Tobias findet in Rafael, seinem Begleiter auf dem Weg, ein anderes Modell einer väterlichen Rolle: einen Mann, der seine Eigenständigkeit fördert und ihn neben sich wachsen lässt. Mit Hilfe dieses Begleiters entdeckt er seinen Mut, seine Sexualität und seine heilsamen Kräfte. Er kehrt zu seinem Vater zurück und die beiden Männer gestalten ihre Vater-Sohn-Beziehung neu.

Das Buch Tobit ist eine **spirituelle Geschichte**. An allen entscheidenden Wendepunkten des Erzählungsverlaufs finden sich lange Gebete. Die Handlung wird unterbrochen, die handelnden Personen nehmen sich Zeit und Raum, um den eigenen Horizont zu erweitern und auf eine andere Stimme zu lauschen. Tobit betet im Moment seiner größten Verzweiflung und Depression nach seiner Erblindung, und er betet wieder nach der Rückkehr seines Sohnes und seiner Heilung.

Das Buch Tobit ist eine **Weg-Geschichte**. Die heilsamen Veränderungen passieren durch innere und äußere Bewegungen. Der passive Sohn Tobias macht sich auf, einen Begleiter zu suchen, und findet ihn. Gemeinsam machen sie sich auf die weite Reise, um das Geld zu holen, und fangen unterwegs am Tigris den Fisch. Sie kehren auf ihrer Reise ein und treffen dort Sara, die sich ihnen anschließt und mitreist. Bei der Rückkehr kommen sowohl Tobias Mutter Hanna als auch sein Vater Tobit ihm entgegen.

Das Buch Tobit ist eine **»Bibelgeschichte«**. Sie erzählt, was den Kern der biblischen Botschaft ausmacht. Nach jüdischem Verständnis ist das Herzstück der Bibel die Tora. Der Begriff Tora wurde immer wieder in verschiedener – oftmals auch verfälschender – Bedeutung gebraucht. Die Tora war weder mit den fünf Büchern Mose identisch, noch wird ihre Bedeutung mit dem Wort »Gesetz« richtig wiedergegeben. Für mich ist die schönste Umschreibung von Tora der Ausdruck »Reiseführer ins Gelobte Land«. Die Tora beschreibt einen Weg, und sie motiviert dazu, ihn zu gehen. Das Buch Tobit nennt diesen Weg der Tora immer wieder den »Weg der Wahrheit und Gerechtigkeit«. Tobit geht diesen Weg. Der Weg der Wahrheit und Gerechtigkeit besteht für ihn darin, die Gebote Gottes im Alltag zu halten. Den Kern dieser Gebote sieht Tobit darin, »den Brüdern aus meinem Stamm zu helfen«. Ich glaube, es ist im Sinne der biblischen Botschaft, diesen Ausdruck weiterzuentwickeln und seine geschlechtsspezifischen und ethnischen Verengungen aufzubrechen. Damit erweist sich der Weg der Wahrheit und Gerechtigkeit darin, den Mitmenschen zu helfen.

Interpretationsansätze aus der Männerperspektive

Das Buch Tobit ist eine märchenhafte Geschichte. Märchen bieten uns existentielle Symbole an, die unseren eigenen Lebenserfahrungen Ausdruck verleihen. **Die Tobit-Geschichte ist reich an Symbolen.**

Das Begraben der Toten. Tobit erfüllt die traditionellen Gebote vor allem dadurch, dass er die Toten begräbt. Seine Aufmerksamkeit und Energie richtet sich auf Totes, nicht auf Lebendiges. Als er sogar während eines zu seinen Ehren gehaltenen Festes weggeht, um einen Toten zu begraben, nimmt sein Verhalten beinahe zwanghafte Züge an.

Ich denke, dass die Lebenserfahrung vieler Männer in diesem Symbol zum Ausdruck kommt. Unsere Aufmerksamkeit richtet sich weniger auf lebendige Beziehungen zwischen Menschen, sondern stärker auf Materielles oder Abstraktes, auf die Produktion von Waren, auf die Organisation von Arbeitsabläufen, auf Kapitalgewinne, auf Computerprogramme etc.

Das Erblinden durch die weißen Flecken in den Augen. Tobits Erblindung ist der sicht- und spürbarste Ausdruck seiner Lebenskrise. Krisen sind ein Teil unseres Lebens. Sie sind lebenswichtige Signale. Sie zeigen Veränderungsbedarf an. Meine bisherige Lebensform kommt an ihre Grenzen, ist zu eng geworden.

Die Krise ist eine Aufforderung, meine bisherige Lebensweise in den Blick zu nehmen, meinen Umgang mit mir selbst, meine Beziehungen, mein Handeln. Krisenvermeidung ist kontraproduktiv. Die Augen vor der Krise zu verschließen macht sie nur schlimmer. Die Frage, wo meine blinden Flecken sind, was ich nicht wahrhaben will, was ich übersehe und ausblende, ist der Beginn des Weges aus der Krise. Wir Männer neigen eher zur Krisenvermeidung und haben dafür unterschiedlichste Strategien entwickelt, von denen das Wegschauen und nicht Wahrhaben-Wollen sicherlich eine der verbreitetsten ist.

Tobits Sohn Tobias. Schon die Ähnlichkeit der Namen zeigt an, wie wenig er zunächst vom Vater unterschieden ist. Er fällt neben dem Vater kaum auf, hat wenig Raum, sich zu entfalten und ein eigenständiges Profil zu zeigen. Vielleicht steht der Sohn als Symbol für die Persönlichkeitsanteile Tobits, denen er wenig Raum lässt. Im Mittelpunkt seines Lebens steht, wie wir gesehen haben, »der Weg der Wahrheit und Gerechtigkeit«, die beinahe zwanghafte Pflicht, die Toten zu begraben. Wenig Raum dagegen bekommen zweckfreie Seiten des Lebens, Genuss, Spiel und Fest. Tobit lässt auch wenig Raum dafür, etwas Neues auszuprobieren, Fehler zu machen und so zu lernen. Er lebt beinahe ausschließlich ein Erwachsenen-Ich und lässt dem Kind-Ich, das es in jedem von uns gibt, keinen Raum. Entsprechend wenig Kontur hat Tobias zu Beginn der Geschichte. Er tritt zunächst nur als Empfänger der Befehle und Lebensweisheiten seines Vaters auf.

Wir Männer pflegen die Erinnerung an unsere eigene Kindheit kaum. Wir haben wenig

Zugang zu dem Kind, dem Jungen in uns und deswegen oft auch wenig Zugang als Vater zu unseren Söhnen (und Töchtern). Wir verbringen wenig Zeit mit ihnen, und wenn wir uns ihnen zeigen, dann oft als die Überlegenen, z. B., wenn es um Strafen geht oder als die perfekten Organisatoren von Wochenendausflügen. Ganz selten nur erleben sie uns in unseren schwachen und verletzlichen Seiten. Denn die verbergen wir, so gut es eben geht.

Modelle für Männergruppen

Ich möchte hier zwei Modelle für die Arbeit mit dem Buch Tobit in Männergruppen entfalten. Das Modell A geht vom Charakter des Buches als Weg-Geschichte aus. Das Modell B weist auf die Möglichkeit des Bibliodramas mit Szenen aus Tobit hin.

A. Unterwegs mit dem Buch Tobit

Gehen Sie mit der Männergruppe auf eine Wanderung. Vielleicht gibt es auch in Ihrer Nähe einen Pilgerweg. Gehen Sie gemeinsam diesen Weg (einen Tag lang oder eine Nacht hindurch) und geben Sie Impulse (siehe unten) für unterwegs mit. Meiner Erfahrung nach ergeben sich beim Laufen zwanglose Gespräche zu zweit oder zu dritt, mit wechselnden Partnern, eine Art sich auszutauschen, die von Männern mehr geschätzt wird als das Gespräch in einem Stuhlkreis. Bitten Sie die Männer, möglichst von sich selbst zu erzählen, Ich-Aussagen zu machen. Und »erlauben« Sie den Männern explizit, sich Gesprächspartner zu suchen, die ihnen sympathisch sind, und diese auch ohne schlechtes Gewissen zu wechseln.

Mögliche Impulse

Kopieren Sie den Text einer Szene aus der Geschichte und geben Sie ihr ein Thema. Es eignen sich z. B.:

- Tobits Erblindung (2,1-10): Stress; Anforderungen an Männer; Krisen und Krisenvermeidung
- Tobias, Tobit und Rafael (5,1-17): Vater und Sohn, Begegnungen unter Männern – Konkurrenz, Partnerschaft, Freundschaft
- Hinreise und Fischfang (6,1-9): Abenteuer, Erleben der eigenen Stärke, kostbare Funde
- Tobias und Sara (8,1-9): erste Liebe, Sexualität und die Dämonen dabei
- Tobits Heilung (11,1-15): heilsame Erfahrungen im eigenen Leben
- Tobits Klagegebet (3,2-6): Verzweiflung; Erfahrungen mit depressiven Stimmungen; das männliche Tabu zu klagen; Erfahrungen, wie hilfreich es sein kann zu klagen
- Tobits Gebet nach der Heilung (13,1-18): gute und schlechte Erfahrungen mit Religion und Spiritualität, danken und loben können

Ins Gespräch kommen

Laden Sie die Männer ein, sich vom Text an eigene vergleichbare Erfahrungen erinnern zu lassen und davon zu erzählen. Die meisten Männer haben den Eindruck, mit ihren Problemen allein zu sein bzw. der Einzige zu sein, der solche Probleme hat. Es ist oft ungeheuer entlastend zu erfahren, dass es anderen Männern genauso oder ähnlich geht. Diese Erfahrung lässt sich verstärken, wenn Sie bei einer Rast, etwa um ein Lagerfeuer herum, einladen, einige der Gesprächserfahrungen von unterwegs mit allen zu teilen.

B. Bibliodrama

Engagieren Sie einen ausgebildeten Bibliodrama-Leiter und spielen Sie mit der Gruppe eine oder mehrere Szenen. Empfehlenswert ist es, über einen längeren Zeitraum am Text dranbleiben zu können, z. B. mehrere Abende, ein Wochenende oder eine Woche lang. Engagieren Sie unbedingt einen ausgebildeten Leiter. Ich empfehle für dieses Thema einen Mann.

Bibliodrama ist viel mehr als das Nachspielen von Bibelszenen. Ich verzichte deswegen hier auch bewusst darauf, die Methode zu beschreiben. Ihre Anwendung setzt eine qualifizierte Ausbildung voraus. Bibliodrama bringt die Teilnehmenden mit ihrer Lebensgeschichte in eine tiefe Beziehung zum Text und löst in der Regel persönliche Prozesse aus, die professionell begleitet werden müssen. Dann entfalten der Text und die Methode ihre heilsamen Kräfte und tragen zum tieferen Verständnis des Textes und zur Entwicklung der eigenen Persönlichkeit, insbesondere der eigenen Spiritualität bei.

AUTOR: PETER ZÜRN, AARAU/SCHWEIZ

Ein neuer Zugang zu einer alten Figur

Die »beschädigte« Maria wiederentdecken

Bibeltext: Lukas 2,46-55
Zielgruppe: Frauenkreise und -gruppen, ökumenische Gesprächskreise, Hauskreise
Ziel: eine zentrale Figur des christlichen Glaubens wiederentdecken oder das Verhältnis zu Maria überdenken und sich eine eigene Position zu ihr aneignen
Materialien: für jede/n Teilnehmende/n einen Stift, Papier (Karteikarten), Pinnwand, »beschädigte Maria« (siehe Folie 7), Overheadprojektor, Bibel (NT)
Mitwirkende: Je nach Größe der Gesamtgruppe kann eine einzelne Person oder ein kleines Team die Veranstaltung, die etwa drei Stunden dauern kann, vorbereiten.

Einführung

Maria: Mutter Gottes, Himmelskönigin, Magd Gottes – viele Attribute hat die Kirchengeschichte Maria angeheftet, aber wo sind Anknüpfungspunkte für heutige Frauen (und Männer)? Was kann uns »die Muttergottes« bedeuten, welche Rolle kann sie für unseren Glauben spielen? Was sagt uns das Magnificat über sie?

Im Neuen Testament lesen wir nicht viel von ihr; sie begegnet uns vor allem in den Kindheitsgeschichten, später in Zusammenhängen, wo sich Jesus von ihr distanziert, und dann wieder bei seiner Passion, bei Kreuzigung und Auferstehung. Ihre konkrete Person interessiert die biblischen Schriftsteller nicht weiter, sie ist wichtig als Modell des Glaubens, als eine, die hilft, dass sich Gottes Verheißung erfüllt. (Stellen, an denen Maria im NT genannt wird: Matthäus 1,16ff.; 12,46-48; 13,55; Lukas 1,26-56; 2,1-52; 8,19ff.; Johannes 2,1-12; 19,25-27; Apostelgeschichte 1,14.)

In der Geschichte des Christentums haben Menschen immer bei der Mutter Jesu Trost und Zuflucht gesucht (im Bild der Schutzmantelmadonna wird das besonders sinnfällig), aber oft wurde dieses menschlich nahe Bild auch verdeckt von Versuchen, die Gläubigen, besonders Frauen, mit der Madonna in eine bestimmte Richtung zu »erziehen«. Ein bestimmtes Bild von Maria sollte den jeweils Herrschenden helfen, die Frauen klein und demütig zu halten und mit ihrer Zweitrangigkeit einverstanden sein zu lassen. Das hat wohl mit dazu geführt, dass Maria in der Spiritualität von Christinnen und Christen in den letzten Jahrzehnten an Bedeutung verloren hat – allerdings gibt es auch Ansätze zu einer neuen Sicht, auch im Aufgreifen der alten, trostreichen Traditionen.

Durchführung

*Ich nenne bei einigen Schritten **alternative methodische Möglichkeiten** – je nach Einschätzung der jeweiligen Gruppe, ihrer Vertrautheit miteinander und mit bestimmten Formen der (Bibel-) Arbeit wird die Leiterin entscheiden, was für diese konkreten Menschen »passt«.*

Einstieg

Assoziationen zu Maria aufschreiben
auf Karteikarten, die später an eine Pinnwand gehängt werden oder auf große Papierbogen an zwei, drei Stellen im Raum, je nach Art und Vorliebe der Gruppe:

- Maria ist für mich wie ...
- Wenn ich an Maria denke, dann ...
- Zu Maria fällt mir ein ...

Alternative (1):
Arbeit mit konkreten Bildern
Es gibt an vielen Orten, besonders natürlich in katholischen Kirchen und Klöstern, Postkarten und Bilder von Mariendarstellungen zu erwerben. Eine kleine Sammlung lässt sich leicht anlegen und ermöglicht folgende Methode:

Verschiedene Mariendarstellungen werden ausgelegt, stumm wählt jede/r sich eine aus, die ihm/ihr besonders gefällt oder missfällt, weil sie etwas Irritierendes, Anstößiges hat. Dann wird dieses Bild eine Weile schweigend betrachtet, evtl. unter Fragen wie:

- Was gefällt mir, was ärgert mich an dem Bild?
- Wie begegnet mir Maria hier?
- Kann ich mit dieser Darstellung von Maria etwas anfangen?

Alternative (2):
Gelenkte Erinnerung/Phantasiereise
(nur für Geübte)
Nach einer Entspannungsübung zur Einführung (aufrecht sitzen, Atem bewusst wahrnehmen ...) werden die Teilnehmenden dazu geführt, sich ein Marienbild vorzustellen (aus der Kindheit, aus einer späteren Lebensphase), das sie einmal gesehen haben und das sie besonders beeindruckt hat. Die Wahrnehmung wird sodann gelenkt auf die Farben der Darstellung, auf die Umgebung, auf Sinneseindrücke (warm/kalt, besonderer Geruch, hell/dunkel ...) und auf die Situation, in der ich sie gesehen habe, auf die Empfindungen dabei, auf Anziehendes, Irritierendes oder Abstoßendes, auf Menschen, die auch noch da waren, auf das, was sonst noch wichtig war. Nach dieser gelenkten Erinnerung versucht jede/r, das gerade Wahrgenommene in Worte zu fassen.

Welche dieser drei Möglichkeiten auch gewählt wurde, es folgt eine Phase des Austauschs:

Gespräch/Austausch

Marienbilder in unseren Köpfen
Wie haben wir Maria bisher wahrgenommen, erlebt?

- Welche Rolle spielt sie für uns?
- In welchen Bildern ist sie uns am nächsten?
- Welche Bilder machen uns Schwierigkeiten bzw. welche lehnen wir ab?

Je nach Gruppengröße und -beziehungen kann es sich empfehlen, dieses Gespräch in Kleingruppen von 3–4 Personen zu führen.

Bildbetrachtung

Eine beschädigte Madonna *(siehe Folie 7)*
Dieses Bild zeigt eine gotische Marienstatue aus dem 14. Jahrhundert, die vor einigen Jahren bei Umbauarbeiten in der Stiftskirche St. Arnual in Saarbrücken unter dem Schutt entdeckt wurde.

Das Bild wird betrachtet – zunächst schweigend, dann können behutsam ein paar **Impulse** dazu gegeben werden: *(Ausgewählt je nach Einschätzung, was die Gruppe ansprechen könnte, natürlich auch durch eigene Ideen zu ergänzen, mit zeitlichem Abstand zwischen den einzelnen Gedankenanstößen.)*

- Eine »beschädigte« Maria, die aber noch ihre ursprüngliche Schönheit erkennen lässt:
- Sie hat feine Gesichtszüge, Grübchen im Kinn, gewellte Haare, eine anmutige Haltung: eine schöne junge Frau!
- Sie war verborgen im Schutt, verschüttet, lange unsichtbar, aber doch anwesend.
- Sie hat ihren ursprünglichen Glanz verloren, ist vom Podest gestürzt, wurde gering geachtet ...
- ... und ist uns so jetzt vielleicht näher als die Königin des Himmels?
- Kenne ich Situationen im Leben, wo ich mich ähnlich gefühlt habe? Gibt es Erfahrungen, an die dieses Bild mich erinnert?

Danach kann ein kurzer Austausch in Zweiergruppen gut sein, um sich gegenseitig mitzuteilen, welche Ideen beim Betrachten des Bildes gekommen sind; und diese Erkenntnisse werden gegebenenfalls auch in die Gesamtgruppe eingebracht. Es ist aber auch möglich, nach dieser meditativen Phase zu schweigen und dann mit folgendem Schritt weiterzumachen:

Bibelgespräch

Die Maria des »Magnifikat«
Impuls: Eine Maria, die weiß, was es heißt, »gering geachtet« zu werden, begegnet uns bei Lukas: die Maria, die das Magnifikat singt:
Lukas 2,46-55 *(gemeinsame Lektüre)*

Das Lied der jungen Maria, die ihre Verwandte Elisabet besucht und von ihr als die Mutter des Herrn begrüßt wird, ist einer der Schlüsseltexte des christlichen Glaubens. Programmatisch und poetisch verkündet es, worauf es dem biblischen Gott ankommt: Heil für alle Menschen, Umkehr der ungerechten Machtverhältnisse, Aufwertung des Abgewerteten. Es verbindet auch das Erste und Zweite Testament auf augenfällige Weise miteinander: Wortgruppen, ja ganze Verse stammen aus der hebräischen Bibel.

Die Maria, die hier zu Wort kommt, ist keine entrückte himmlische Herrin und auch kein demütig-gefügiges Mädchen; hier begegnet uns eine junge Prophetin, eine kraftvolle Frau, die voller Hoffnung das Lied der Befreiung singt. Sie selbst hat auch schon erfahren, was es heißt, »erniedrigt« zu sein, das geht aus dem Text hervor. Kein Wunder, dass diese Maria auch in der Theologie der Befreiung eine besondere Rolle spielt, dass sich arme und benachteiligte Menschen an sie wenden und sich mit ihr identifizieren, von ihr Hilfe erflehen und erhoffen.

Nach dem gemeinsamen Lesen des Textes kann dieser thematisiert und mit dem bisher Besprochenen in Beziehung gebracht werden:

- Erhalten wir hier ein neues Bild von Maria?
- Wie passt es zu unserem bisherigen Bild?
- Wie steht der Text in Beziehung zu der beschädigten Statue im Schutt?
- Wer könnte heute dieses Lied singen?

Abschluss
Es wird gemeinsam das »Magnifikat« gesungen.

Zusätzlicher Hinweis:
Eine **alternative Vorgehensweise** mit einem etwas anderen thematischen Schwerpunkt, die **nach der Bildbetrachtung** möglich ist, sei noch erwähnt: **Heinrich Bölls Geschichte »Kerzen für Maria«** *(in: Heinrich Böll: Wanderer, kommst du nach Spa ... dtv, München 1967, S. 150–160; auch abgedruckt in dem Band von: Karl-Josef Kuschel (Hg): Und Maria trat aus ihren Bildern. Literarische Texte. Freiburg–Basel–Wien: Herder 1990, S. 130–144)* eignet sich sehr gut dazu, zu zeigen, wie gerade das Zerbrechliche, »Arme«, Schmucklose Kraft entfalten und in Menschen einen Wandlungsprozess in Gang bringen kann. Eine sehr katholische Geschichte, aber auch eine sehr menschliche... Wenn genügend Zeit zur Verfügung steht, lohnt es sich, den Text schriftlich vorzulegen und auf Details der Gestaltung zu achten (Schlüsselwörter, Kontraste, innere Entwicklung des Erzählers, Wendepunkte in der Handlung ...).

Ein gemeinsam gesungenes »Magnifikat« kann auch hier am Ende stehen.

Autorin: Anneli Baum-Resch

Weitere Informationen zum »Magnifikat« und Anregungen für die Arbeit mit diesem Text in: Anneli Baum-Resch: Das Magnifikat. Trier 1997 (erhältlich bei: Katechetisches Institut, Hinter dem Dom 1, D-54290 Trier)

Magnificat

Deutsche Übersetzung: Meine Seele preist den Herrn.
»Gesang aus Taizé« – Musik: J. Berthier; © Les Presses de Taizé

Magnificat

1. Meine Seele preist die Größe des Herrn / **B** /
   und mein Geist jubelt über Gott, meinen Retter. / **C-A**
2. Denn auf die Niedrigkeit seiner Magd hat er geschaut. / **B** /
   Siehe, von nun an preisen mich selig alle Geschlechter! / **C-A**
3. Denn der Mächtige hat Großes an mir getan, / **B** /
   und sein Name ist heilig. / **C-A**
4. Er erbarmt sich von Geschlecht zu Geschlecht / **B** /
   über alle, die ihn fürchten. / **C-A**
5. Er vollbringt mit seinem Arm machtvolle Taten: / **B** /
   er zerstreut, die im Herzen voll Hochmut sind; / **C-A**
6. er stürzt die Mächtigen vom Thron / **B** /
   und erhöht die Niedrigen. / **C-A**
7. Die Hungernden beschenkt er mit seinen Gaben / **B** /
   und lässt die Reichen leer ausgehn. / **C-A**
8. Er nimmt sich seines Knechtes Israel an / **B** /
   und denkt an sein Erbarmen, / **C-A**
9. das er unseren Vätern verheißen hat, / **B** /
   Abraham und seinen Nachkommen auf ewig. / **C-A**

Ein gutes Psalliermodell bietet Linus David, Steghofweg 1, 6005 Luzern
Text: Lukas 1,46b-55 (ökumenische Fassung) – Musik: Jacques Berthier.
© Les Presses de Taizé

Gruppenarbeit mit bibliodramatischen Elementen

Maria und Josef oder: Der Mann im Schatten der Frau

Bibeltexte: verschiedene Evangelientexte, bei den jeweiligen Arbeitseinheiten angegeben
Zielgruppe: Paare und andere interessierte Erwachsene, etwa 8 bis 16 Teilnehmende
Ziele: bei den jeweiligen Arbeitseinheiten angegeben
Materialien: Schreibsachen, Malstifte und große Papierbögen, Textblätter und anderes bei der jeweiligen Arbeitseinheit angegeben
Vorbereitung: Wer als Leiter/in mit bibliodramatischen Elementen arbeiten will, tut gut daran, selber schon einmal eine bibliodramatische Bibelarbeit miterlebt zu haben. Zur Vorbereitung gehört außerdem eine gründliche Beschäftigung mit dem biblischen Text, nicht nur in bibelwissenschaftlicher Sicht (durch eine kommentierte Textausgabe/Bibelkommentar), sondern auch durch das Notieren von Fragen, Bildern oder Erinnerungen, die dazu in den Sinn kommen.

Einführung

A. Vorbemerkungen zum Thema

Immer wieder hören wir von Paaren, in denen die Frau im Schatten eines berühmten Mannes steht. Der Mann ist Künstler, Staatsmann, Wissenschaftler oder Wirtschaftsführer. Er steht im Rampenlicht der Öffentlichkeit, ist bekannt, berühmt, wird ausgezeichnet, geehrt, und er sichert sich einen Patz in den Annalen der Geschichte. Oft steht im Hintergrund einer solchen Männerkarriere eine Frau, welche ihren Mann unterstützt und unsichtbare, unbezahlte Arbeit leistet, ohne die die Männerkarriere nicht möglich wäre. Oder sie arbeitet selber im künstlerischen, wissenschaftlichen oder in einem anderen Bereich. Ihr Schaffen findet aber kaum gesellschaftliche Resonanz, denn sie steht im Schatten ihres Mannes.

In der Bibel findet sich eine Paarbeziehung, in der es gerade umgekehrt ist: Maria und Josef. Hier steht ein Mann im Schatten der Frau. Josef verblasst als Figur neben seiner Frau Maria. In vielen Texten, in denen von Maria die Rede ist, wird er nicht erwähnt. Bei Markus ist von ihm gar nicht die Rede, Johannes erwähnt ihn nur kurz. Einzig in den Geburts- und Kindheitsgeschichten Jesu, die bei Lukas und Matthäus in zwei Varianten überliefert sind, wird er als Verlobter der Maria und als Adoptivvater des Kindes sichtbar. Wird ihm bei Lukas lediglich eine Statistenrolle zuteil, kommt er bei Matthäus als beschützender, aktiver Adoptivvater vor. Da die Lukastradition im Laufe der Kirchengeschichte größere Beachtung gefunden hat als die Weihnachtsgeschichte des Matthäus und weil die aufkeimende Marienverehrung in der frühen Kirche von den lukanischen Texten ausging, ist die Figur des Josef nicht nur im Schatten der Maria, sondern auch im Dunkel der Geschichte geblieben. Sich auf die Spurensuche nach ihm zu machen lohnt sich. Dabei gewinnt auch Maria neue Facetten und ein biblisches Paar erscheint in neuem Licht.

B. Methode

Bei dieser Spurensuche bedienen wir uns der Arbeitsweise des Bibliodramas. Im Bibliodrama werden biblische Texte durch Rollenspiele in Szene gesetzt und die Teilnehmenden identifizieren sich mit den biblischen Figuren und Situationen. Wir gehen gleichsam in den Text hinein, schlüpfen in die Rolle von Figuren, Gegenständen und anderem mehr. Dabei durchdringen sich unsere eigenen Erfahrungen mit den Erfahrungen, die im Text verdichtet sind. Im Rollenspiel sehen wir die Geschichte aus der Perspektive einer Textfigur und nehmen Aspekte des Textes, seiner Figuren, seiner Handlung und seiner Botschaft wahr, die uns bis dahin verborgen geblieben sind. Wir lernen dabei nicht nur den Text, sondern auch uns und unsere Alltagssituationen besser zu verstehen.

C. Voraussetzungen und Ablauf

Für die Arbeit mit bibliodramatischen Elementen ist ein Arbeitsraum notwendig, in dem ein ausreichend großer Sitzkreis gebildet werden kann und in dem eine *mindestens ebenso große Fläche* für das Rollenspiel zur Verfügung steht. Für die Arbeit in Kleingruppen leistet ein zweiter Raum wertvolle Dienste, da sich die Kleingruppen so weniger bei ihrer Arbeit stören.

Die hier beschriebene Bibelarbeit besteht aus drei Arbeitseinheiten, die für sich stehen und unabhängig voneinander durchgeführt werden können. Je nach Größe der Gruppe muss für die einzelne Arbeitseinheit mehr oder weniger Zeit berechnet werden. Es ist auch möglich, alle drei Einheiten im Rahmen einer Wochenend-Veranstaltung aufeinander aufbauend durchzuführen.

Jede Arbeitseinheit, vor allem wenn sie verteilt auf mehrere (Abend-)Termine stattfindet, beginnt mit Begrüßung, Information über die zeitliche und inhaltliche Struktur der Veranstaltung, Erklärung der Ziele und Methoden. Eine Runde, in der sich Leitung und die Teilnehmenden vorstellen und erzählen, warum sie hier sind, was sie erwarten und allenfalls befürchten, gehört ebenfalls dazu. Durch diese Einstimmung wird nicht nur eine erste Orientierung über Ablauf und Inhalte der Veranstaltung gegeben, die den Teilnehmenden zusteht, sondern es werden auch Ängste und Unsicherheiten abund Vertrauen aufgebaut. Diese Vorbereitung ist bei einer Bibelarbeit, die wie das Bibliodrama mit selbsterfahrungsorientierten Elementen arbeitet, unbedingte Voraussetzung dafür, dass eine offene, anregende und angstfreie Arbeitsatmosphäre entsteht, in der kreativ und persönlich gearbeitet werden kann. Auf die Gestaltung dieser Anfangsphase gehe ich bei der Durchführung nicht weiter ein. Diese einleitenden Bemerkungen sollen genügen, um auf deren Wichtigkeit hinzuweisen.

Praxisteil

Erste Arbeitseinheit: Maria

Bibeltexte: Texte zu Maria stehen bei Markus: 3,20-21; 3,31-35; bei Matthäus: 1,1-17; 1,18-25; 2,1-12; 2,13-15.19-23; 12,46-50; bei Lukas: 1,26-38; 1,39-56; 2,1-21; 2,22-40; 2,41-52; 4,16-30; 8,19-21; bei Johannes: 2,1-11; 19,25-27.
Ziele: Persönlich: sich die eigenen Bilder und Vorstellungen von Maria bewusst machen
Sachlich: die Marienbilder der vier Evangelisten erarbeiten
Materialien: Papierbögen, Farbmalstifte und Malkreide sowie Textkopien

Vorbereitung
Die Texte zu Maria aus den Evangelien kopieren und für jedes Evangelium auf einem DIN-A3-Blatt zusammenstellen. Je nach Größe der Gruppe von jedem dieser vier Textblätter so viele Kopien machen, dass genügend Exemplare für eine Kleingruppenarbeit zur Verfügung stehen.

Durchführung
Eröffnung: siehe oben bei C
Thematische Einstimmung: Mein Marienbild malen. Jede/r Teilnehmende soll zu folgenden drei Fragen etwas aufzeichnen/malen: Was weiß ich über Maria? Was für Bilder von Maria kenne ich? Welche Bedeutung hat Maria für mich und meinen Glauben?
Gespräch: Austausch in Zweier- oder Dreiergruppen. Die Kleingruppe ermöglicht ein intensives Gespräch, bietet Sicherheit und die Möglichkeit, auch Persönliches von sich zu erzählen, und trägt dazu bei, dass sich immer zwei oder drei Teilnehmende besser kennen lernen.
Plenum: Das, was in der Kleingruppe entdeckt wurde, was klar oder klarer geworden ist, kann anschließend in die Gesamtgruppe eingebracht werden. Dieses »Teilen« der individuellen Bilder und des Wissens über Maria erlebt die Gruppe in der Regel als bereichernd, anregend. Eventuell ist es nötig, darauf hinzuweisen, dass jede/r Teilnehmende frei entscheiden kann, was er/sie aus dem Kleingruppengespräch der Gruppe mitteilen will. Gruppendruck ist für jeden kreativen Prozess destruktiv und soll auf jeden Fall verhindert werden, z. B. indem die Leitung darauf aufmerksam macht.

Dann legen die Teilnehmenden die Bilder zur Seite. Diese werden am Schluss der Arbeitseinheit nochmals benötigt, um den Veränderungsprozess der Arbeit sichtbar zu machen.

Pause

Bibelarbeit: Marienbilder der vier Evangelisten
Kleingruppenarbeit: Die Textblätter nach Evangelisten getrennt in die vier Ecken des Arbeitsraumes verteilen. Die Teilnehmenden erhalten genügend Zeit, die Texte zu lesen und begeben sich zu dem Evangelisten, der sie am meisten interessiert. Wenn ein Evangelist keine Interessierten findet, wird mit seinen Texten nicht gearbeitet. Die Kleingruppen, die sich um die Textblätter je eines Evangelisten versammelt haben, verteilen sich im Arbeitsraum oder begeben sich in andere zur Verfügung stehende Räume. Die Kleingruppen haben nun die Aufgabe, das Marienbild des jeweiligen Evangelisten zu erarbeiten.

Das Ergebnis soll in eine lebendige Gruppen-Skulptur umgesetzt und in dieser Form ins Plenum zurückgebracht werden. In der Gruppen-Skulptur stellen die Teilnehmenden

z. B. verschiedene Facetten oder Persönlichkeitsmerkmale von Maria dar, indem jede/r Teilnehmer/in in die Rolle eines Persönlichkeitsmerkmals schlüpft. Die Skulptur kann starr und unbeweglich sein oder sich bewegen, Geräusche von sich geben oder gar sprechen.

Vorführung der Kleingruppenarbeit im Plenum und Gespräch darüber: Den Sitzkreis zu einem Halbkreis öffnen und einen Bühnenraum markieren, wo die Kleingruppen ihre Skulpturen präsentieren. Jede Darstellung wird anschließend in Form eines Zuschauenden- und eines Spielenden-Feedbacks besprochen. Die wichtigsten Ergebnisse zum Marienbild werden zusammenfassend und für alle sichtbar auf ein Plakat notiert.

Ziel dieser Methode:
Beim Feedback der Zuschauenden erhalten diese Gelegenheit, den Spielenden eine Rückmeldungen zu geben, was sie beim Spiel wahrgenommen haben, welche Bilder, Assoziationen, Erinnerungen oder Gefühle das Spiel bei ihnen hervorgerufen hat. Das Spielen selbst darf nicht bewertet werden, denn es geht hier nicht um richtige oder falsche Darstellung, um gutes oder schlechtes Spiel, sondern darum, dass altbekannte Texte neu wahrgenommen und gedeutet, dass Figuren lebendig und für den Alltag bedeutsam werden, dass sich unterschiedliche Sichtweisen bereichern, ergänzen und eine Fülle von Verstehensmöglichkeiten eröffnen.

Beim Feedback der Spielenden berichten diese von ihrem Gespräch in der Kleingruppe; sie erzählen, was sie im darstellenden Spiel in ihrer Rolle erlebt haben und ob bzw. wie dieses Spiel ihre Gesprächsergebnisse ergänzt, verändert oder in Frage gestellt hat.

In der Besprechung werden die spontane Spielhandlung und das Spiel-Erleben in Sprache gefasst und so im Bewusstsein verankert. Lern- und Wandlungsprozesse, neue Erkenntnisse und Einsichten werden dadurch sichtbar und begreifbar. Die Leitung hat die Aufgabe, das Gespräch zu strukturieren und kann Ergänzungen aus der eigenen Perspektive einbringen.

Abschluss im Plenum: Ziel ist es, sich Einsichten, Erkenntnisse oder neue Fragen, die im Laufe der Arbeitseinheit entstanden sind, bewusst zu machen und diese festzuhalten. Dazu holen die Teilnehmenden ihr Blatt zum eigenen Marienbild hervor und vergleichen die Ergebnisse aus der Kleingruppenarbeit mit den Bildern und Notizen, die sie sich in der Einstimmungsrunde gemacht haben. Folgende Fragen können diese Reflexion strukturieren:

- Mein Marienbild am Anfang dieser Bibelarbeit und jetzt – hat es sich verändert, bestätigt, erneuert, … oder ist es in Frage gestellt worden?
- Durch was hat sich mein Marienbild verändert, bestätigt, …?
- Was habe ich sonst noch entdeckt, gelernt, erlebt?

Jede/r Teilnehmende hat nun die Möglichkeit, etwas von den Erfahrungen und Entdeckungen, die sie/er seit Beginn gemacht hat, mitzuteilen. Diese individuellen Einsichten und Entdeckungen werden miteinander geteilt und die Erfahrungs- und Perspektivenvielfalt der Gruppe sichtbar gemacht.

Wenn die beiden folgenden Arbeitseinheiten an anderen Tagen folgen, ist dies zugleich eine Ergebnissicherung, die als Einstieg bei der nächsten Einheit eingesetzt werden kann.

Zweite Arbeitseinheit: Josef

Bibeltexte: Josef bei Matthäus: 1,16; 1,18-25; 2,13-15. 19-23; 13,53-58; bei Lukas: 1,26-27; 2,1-11; 2,25-33; 2,41-52; bei Johannes: 1,45
Ziele: Persönlich: Sich seine eigenen Bilder und Vorstellungen von Josef bewusst machen
Sachlich: Auf Spurensuche gehen nach Josef in den Evangelien
Materialien: wie bei der ersten Arbeitseinheit, jede/r Teilnehmende soll eine Wolldecke/Matte mitbringen

Vorbereitung
Je einen oder zwei Texte zu Josef auf ein DIN-A4-Blatt kopieren und vervielfältigen.

Durchführung
Eröffnung: siehe oben bei C
Thematische Einstimmung: Mein Josefbild erkunden. Dies geschieht in einer **Imaginationsübung** (Phantasiereise). Die Imaginationsübung führt dazu, sich innere Bilder von Josef, die jeder und jede in sich trägt, bewusst zu machen.

Zu Beginn der Imagination ist es wichtig, dass die Teilnehmenden sich entspannen. Danach führt die Kursleitung so durch die Übung, dass sie den Teilnehmenden genügend Zeit und Freiraum gibt, sich auf die Aufgaben einzulassen und den eigenen Bildern nachzugehen.

Die Teilnehmenden legen sich auf eine Wolldecke/Matte auf den Boden. Die Leitung führt mit folgenden oder ähnlichen Sätzen durch die Übung: »Atme einige Male tief ein und aus; lass dich bei jedem Ausatmen etwas tiefer in die Wolldecke einsinken. Nimm wahr, wie Beine, Becken, Brustkorb, Arme, Kopf angenehm entspannt und warm werden. Lass Bilder aus deinem Innern aufsteigen, Bilder von Maria und Josef; wende dich nun Josef zu: Welche Bilder von Josef siehst du? Ich lasse nun drei Minuten Zeit: Schau dir diese Szenen und Bilder an. – *Nach drei Minuten:* Verabschiede dich von deinen Bildern und komm langsam wieder in den Gruppenraum zurück. Bewege deine Beine und Arme, strecke und recke dich, öffne die Augen und setz dich langsam wieder auf.«

Austausch: Die Teilnehmenden versammeln sich im Plenum und berichten von ihren Szenen und Bildern, die sie zu Josef gesehen haben. Hilfreiche Fragen, welche die Rückmeldungen strukturieren können, sind: Was habe ich gesehen? Woher kommen diese Bilder: aus der Kindheit, aus der Kunst? Ist es möglich, Josef mit ein, zwei Worten oder einem Satz zu charakterisieren?

Die Leitung notiert Stichworte zu den Rückmeldungen auf ein großes Packpapier. Dieses wird am Schluss der Arbeitseinheit nochmals benötigt, um den Arbeits- und Erkenntnisprozess sichtbar zu machen.

Pause

Bibelarbeit: Josef in den Evangelien

Kleingruppenarbeit: Die Textblätter nach Texten getrennt an verschiedene Orten im Arbeitsraum hinlegen. Die Teilnehmenden erhalten ausreichend Zeit, im Raum von Text zu Text zu gehen, die Texte zu lesen und sich zu dem Text zu stellen, der sie am meisten interessiert. Wiederum gilt: Es wird mit den Texten gearbeitet, um die sich eine Kleingruppe geschart hat. Wenn jemand alleine bei einem Textblatt steht, hat diese Person die Möglichkeit, sich allein mit dem Text zu beschäftigen oder sich einer anderen Kleingruppe anzuschließen. Texte, die keine Interessierten anlocken, werden weggelegt. Die Kleingruppen verteilen sich im Arbeitsraum oder begeben sich in andere zur Verfügung stehende Räume. In jeder Kleingruppe werden die ausgewählten Texte gelesen und besprochen. Die Aufgabe besteht darin, das Josefsbild des jeweiligen Textes zu erarbeiten.

Fragen, die das Gespräch strukturieren, sind: Welche Rolle hat Josef in dem Text? Was tut er, wofür ist er zuständig? Wie wird er charakterisiert? Was geht in ihm wohl in der Situation, die im Text beschrieben ist, vor? Das Ergebnis der Kleingruppenarbeit wird als kurze Spielszene ins Plenum zurückgebracht. Die Szene kann textgetreu gespielt werden, sie kann den Text aber auch verfremden, aktualisieren und anderes mehr. Wichtig ist, dass dabei das jeweilige Josefbild zum Ausdruck kommt.

Vorführung der Kleingruppenarbeit im Plenum und Gespräch darüber: Wie in der ersten Arbeitseinheit, hier in Bezug auf Josef.

Abschluss im Plenum: Auswertung analog zur ersten Arbeitseinheit, hier aber in Bezug auf Josef: Jede/r Teilnehmende erinnert sich an das, was sie/er zum eigenen Josefsbild in der Einstimmungsrunde gesagt hat. Die Teilnehmenden erhalten genügend Zeit, um die Ergebnisse aus der Kleingruppenarbeit/Spielszene mit dem eigenen Josefsbild zu vergleichen.

Fragen, die diese Reflexion strukturieren, werden analog zur ersten Arbeitseinheit hier bezogen auf Josef, gestellt.

Dritte Arbeitseinheit: Josef und Maria

Bibeltexte: einen der folgenden Texte auswählen (durch das Vorbereitungsteam oder durch die Gruppe aufgrund der vorangegangenen Arbeitseinheiten): Matthäus 1,18-25 (jungfräuliche Empfängnis und Geburt Jesu); Matthäus 2,13-15.19-23 (Flucht nach Ägypten); Lukas 2,41-52 (der junge Jesus im Tempel).

Ziele: Persönlich: Das eigene Bild von Josef und Maria als (Ehe-)Paar reflektieren.
Sachlich: Biblische Leerstellen ausleuchten.

Materialien: Kopien der Bibeltexte

Durchführung

Eröffnung: siehe oben bei C.

Vorbereitung auf das textorientierte Rollenspiel: Bei den Evangelisten finden sich drei Texte zu Maria und Josef, die sich dazu eigenen, etwas über die Beziehung der beiden zu erfahren (siehe »Bibeltexte«). In allen Geschichten wird nur angedeutet, was für Maria und Josef die jeweilige Situation bedeutet. Was in ihnen vorgeht, wie sie die Geschehnisse erleben und deuten, weshalb sie in der Weise wie in der Geschichte beschrieben auf das Geschehen reagieren – das lassen die Evangelisten offen. Durch ein Rollenspiel können diese Leerstellen ausgeleuchtet und mit eigenen Phantasien und Erfahrungen gefüllt werden. Dadurch bekommen Maria und Josef Fleisch und Blut, werden lebendig und als Menschen spürbar. Eine Ausdrucksübung soll auf dieses Textspiel vorbereiten.

Wahrnehmungs- und Ausdrucksübung: Die Leitung bittet die Teilnehmenden, ihre Schuhe auszuziehen und im selbst bestimmten Tempo durch den Raum zu spazieren. Erste Aufgabe: Auf den Fußaußenkanten gehen und wahrnehmen, wie sich die Körperbewegung verändert;

die Teilnehmenden sollen nun laut assoziieren, was einem zu dieser Gangart in den Sinn kommt; dann wieder gemütlich im Raum herum spazieren. Zweite Aufgabe: dasselbe Vorgehen wiederholen, nun beim Gehen auf den Fußinnenkanten; drittens beim Gehen auf den Fersen und viertens beim Gehen auf den Fußspitzen.

Stellen sich bei dieser Übung aufgrund der Veränderung der Körperhaltung und -bewegung automatisch ganz bestimmte Stimmungen, Gefühle, Assoziationen ein, so geht es in der nächsten Übung darum, aufgrund einer vorgegebenen Stimmung, eines Gefühls eine dazu passende Körperhaltung oder Bewegung zu finden. Zu Beginn werden die Teilnehmenden wieder dazu angeleitet, gemütlich im Raum herumzuspazieren. Erste Aufgabe: Sich eine Situation vorstellen, die wütend macht, dann dieser Wut Ausdruck geben (Körperausdruck, verbaler Ausdruck); zunächst experimentiert jede/r für sich allein, dann begegnen sich die Teilnehmenden in ihrer Wutrolle. Regel: Körperkontakt ist verboten. Damit wird verhindert, dass jemand verletzt wird. Dann: Die Wut abschütteln und zu einer gemütlichen Gangart zurückkehren. Dieselbe Übung wird durchgeführt mit den drei anderen Grundgefühlen: Angst, Trauer und Freude.

Nach diesen beiden vierteiligen Übungen erhalten die Teilnehmenden Gelegenheit, etwas zu dem, was sie während der Übung erlebt haben oder was sie nun noch beschäftigt, mitzuteilen – je nach Gruppengröße in Kleingruppen oder in der Gesamtgruppe.

Pause

Bibelarbeit: Maria und Josef

Gruppenspiel zu einem Bibeltext: Ist die Textauswahl geklärt (siehe »Bibeltexte«), liest die Leitung die Geschichte vor und jede/r hört einfach zu. Bei einem zweiten Vorlesen (evtl. in einer etwas anderen Übersetzung) erhalten die Teilnehmenden die Aufgabe, genau hinzuhören, welche Rolle sie im Text besonders fasziniert oder anzieht. Die gewählten Rollen werden dann genannt und für alle gut lesbar auf ein Plakat notiert. Wenn eine Hauptrolle nicht besetzt ist, fragt die Leitung nach, ob nicht doch jemand Lust hätte, diese Rolle zu spielen. Meldet sich niemand, wird sie durch einen Gegenstand dargestellt oder bleibt als Leerstelle im Spiel präsent. Doppelt oder mehrfach gewählte Rollen können als »Rollengruppe« oder »Gruppenrolle« gespielt werden (indem z. B. einzelne Aspekte einer Rolle dargestellt werden). Will jemand nicht spielen, übernimmt er/sie die Rolle einer/eines Zuschauenden. Sind die Rollen verteilt, erhalten die Teilnehmenden fünf bis zehn Minuten Zeit, um sich in ihre Rolle einzufühlen, sich Utensilien zu besorgen, die für das Spiel benötigt werden, oder sich mit denjenigen zu besprechen, welche die gleiche Rolle spielen.

Dann grenzt die Leitung die Spielbühne vom Raum der Zuschauenden ab und bittet die Spielenden, wichtige Orte gegebenenfalls mit Gegenständen zu markieren. Spielende und Leitung einigen sich auf eine ungefähre Spielzeit. Die Leitung bittet nun alle Agierenden, sich auf der Bühne ihren Platz zu suchen. Haben alle ihren Platz gefunden, stellen sie sich vor, indem sie etwas zu ihrer Rolle sagen, z. B. wer sie sind, wo sie sich befinden, woher sie kommen, was soeben geschehen ist, ... Das Spiel ist zu Ende, wenn die Szene fertig gespielt ist oder die Leitung nach der vereinbarten Spielzeit das Spiel beendet.

Die **Auswertung** erfolgt analog zur ersten Arbeitseinheit als zweimaliges Feedback: der Zuschauenden und der Spielenden (siehe oben).

Abschluss im Plenum: In der Schlussrunde erhalten die Teilnehmenden die Möglichkeit, etwas von den Erkenntnissen, Einsichten, Erfahrungen und Entdeckungen, die sie im Laufe der Arbeitseinheit in Bezug auf sich, auf die Gruppe und auf den Text gemacht haben, mitzuteilen. Fragen, die dabei hilfreich sein können: Wie war mein Bild von Maria und Josef? Wie hat sich mein Bild dieses »hochheiligen Paares« (so genannt z. B. im Lied »Stille Nacht«) verändert? Wie hat sich mein Verständnis des ausgewählten Bibeltextes verändert, vertieft, erneuert, bestätigt? Was habe ich sonst noch entdeckt, gelernt, erlebt?

Wenn damit eine Wochenendveranstaltung oder eine Reihe von drei Abenden abgeschlossen wird, kann auch nochmals ein Rückblick auf die gesamte Einheit, eventuell mit Hilfe der vorangegangenen Ergebnissicherungen gehalten werden.

Autorin: Eleonore Naef, Freiburg/Schweiz

Bibelarbeit für eine Gemeindegruppe

Hanna – warten können

Bibeltext: Lukas 2,25-39
Zielgruppe: Erwachsene in einer Gemeindegruppe
Materialien: Schreibsachen, Papierbögen

Vorbemerkung

Können Sie warten? Wirklich warten – ohne sich abzulenken, ohne Dinge zu tun, die vergessen lassen, was erwartet wird. Warten, ohne zu verbittern und damit gar nicht mehr erwarten, dass sich die Sehnsucht erfüllen könnte. Warten, und es auch nach langer Zeit für möglich halten, dass ein Wunsch in Erfüllung geht. Warten, weil die Gewissheit im Herzen wohnt, dass es gut ist, wichtig und richtig, was erwartet wird.

Ich kenne wenig Menschen, die warten können. Mir fällt das Warten schwer. In der Zeit unserer Kinderlosigkeit hatte ich manchmal Angst zu verzweifeln an diesem Wartenmüssen, nichts ändern können. Ganz allmählich änderte sich mein Warten: Ich wartete immer noch, war immer noch traurig, wenn ich feststellen musste, dass es diesen Monat wieder nicht geklappt hat. Aber ich wartete bewusster; versuchte die Zeit des Wartens mit meinem Partner zu gestalten, bereit zu sein für die Erfüllung unseres großen Wunsches. Beschäftigt mit dem Warten, ist mir im Lukasevangelium Hanna begegnet.

Die Prophetin Hanna

Hanna, eine Prophetin, ein Sprachrohr Gottes, kam dazu, als Simeon den Propheten Jesaja zitierte und vom Licht sprach, das die Heiden erleuchten wird. So wurde Simeon von zwei Autoritäten bestätigt, eine als Zeuge aus der Vergangenheit – Jesaja –, eine in Person von Hanna. Sie war als Prophetin anwesend, von Gott zum Sprachrohr berufen. Auch Simeon konnte warten auf die Rettung Israels. Sein Blick war nicht von Verbitterung über das lange Warten verstellt, nach langem Warten konnte er das Heil sehen.

Nicht nur Erfreuliches wird vom Evangelisten Lukas aus seiner Rede niedergeschrieben. Bedrohliches liegt in seiner Botschaft an die Eltern Jesu, nachdem er sie gesegnet hat (V. 34-35), vom Fall und vom Aufstehen ist die Rede, vom Zeichen, dem widersprochen wird, vom Schwert, das durch Marias Seele dringen wird. Damit wird auch ein Stilmerkmal des Lukas sichtbar, der das Ende Jesu vor Augen hat, wenn er von den Anfängen, von der Kindheit Jesu berichtet.

Hannas Warten hört sich nach einsamem Warten an. So, als ob sie nicht viele Menschen um sich gehabt hätte, mit denen sie sich gegenseitig vergewissern konnte. Zumindest wird nichts von einer Gemeinschaft erzählt, die Hanna unterstützt hätte.

Von Hanna wissen wir, dass ihr erster Lebensentwurf zerbrochen ist, nach nur sieben Jahren Ehe wurde sie Witwe. Warten können auf den neuen Lebensentwurf gehört zu Hannas Lebenserfahrung. Meistens geht das nicht so schnell. Ein zerbrochener Lebensentwurf will akzeptiert und betrauert werden.

Ein neuer Lebensentwurf lässt sich nicht einfach machen, der entsteht nicht im Kopf oder am Schreibtisch. Der will ersehnt werden. Vor allem die Zeit dazwischen will, muss ausgehalten sein, diese offene Frage: Und was jetzt?

Wie viel Zeit es gebraucht hat, bis Hanna ihren neuen Lebensentwurf finden und annehmen konnte, steht leider nicht im biblischen Text. Sie war ständig im Tempel und diente Gott Tag und Nacht mit Fasten und Beten (V. 37). Das hört sich nicht nach der bloßen Erfüllung äußerer Rituale an, sondern nach einem inneren Weg. Damit konnte sie wach und in der Haltung des Wartens bleiben.

Beten hieß im Volk Israel auch, alte Texte, alte Gebete zu sprechen: Immer wieder hören und selber sagen, was Gott diesem Volk versprochen hat, was Gott schon für das Volk getan hat.

Hanna war so wach, dass sie in diesem Moment, in dem Simeon das Heil erkannte (V. 30), dazu kam. Und sie wird ihrer Aufgabe als Prophetin gerecht, und sprach zu allen, die auf die Erlösung Jerusalems warteten (V. 38) von dem, was sie sah. – Ob sie ausgelacht wurde? Für eine alte spinnende Phantastin gehalten wurde?

Egal, sie tat es. Die Zeit des Wartens war vorüber, die Erwartung hatte sich erfüllt.

Einübung in das Warten

Warten können wird leider nicht als Kunst angesehen, es gibt keine Orte, an denen es sich lernen lässt. Menschen wie Hanna (und Simeon) zeigen aber, dass die Zeit des wirklichen Wartens keine leere Zeit ist. Warten heißt nicht, unbeweglich stehen bleiben, sondern aufmerksam sein. Und dann, wenn die Sehnsucht erfüllt wurde, auch offen und laut, mit anderen die Freude zu teilen.

Eine Einübung dazu könnte ein **Pilgerweg** sein oder, wo das nicht möglich ist, eine **Bibelrunde**.

Folgender **Ablauf** ist möglich:

Beginn mit einer Übung des Zur-Ruhe-Kommens

Lektüre des Bibeltextes

Austausch über den Text, beginnend mit ersten Eindrücken ohne Diskussion, dann Verständnisfragen, dann den **Text in den Raum legen**, indem verschiedene symbolische Orte benannt und durch Papierbögen, auf die Teile des Textes und weitere Stichworte geschrieben sind, kenntlich gemacht werden.

Impuls: Stellen Sie sich eine Diagonale durch den Raum vor (oder, beim Pilgern auf einer Wiese, Lichtung o. ä.). Am Anfang der Diagonalen befindet sich der Ort der zerbrochenen Lebensentwürfe; in der Mitte der Ort des Wartens auf die Rettung Israels, der Ort, wo gebetet und gefastet wird; am Ende der Diagonalen, der Ort, wo das Heil gesehen wird, Versprechen erfüllt werden und darüber gesprochen wird.

Die Teilnehmenden werden nun eingeladen, alle Orte und den ganzen **Raum unter die Füße zu nehmen** und sich an dem Ort niederzulassen, der ihnen in diesem Moment nahe ist, dort fünf bis zehn Minuten zu meditieren und sich danach auszutauschen, was es mit diesem Ort und dem eigenen Warten auf sich hat.

Zum **Abschluss** kann ein gemeinsames Lied aus den alten Liedern der Kirche/der Gemeinde gesungen werden.

Autorin: Karin Klemm, Baden/Schweiz

Bibelarbeit für Frauengruppen und Gesprächskreise

König Jerobeams Frau

Bibeltext: 1. Könige 14,1-18
Zielgruppe: Frauengruppen, aber auch gemischte Gesprächskreise Erwachsener
Ziel: siehe unten
Materialien: Arbeitsblätter mit dem Bibeltext und den Auslegungen (siehe folgende Seiten)

Einführung

Exegetische Vorbemerkungen

Die kleine und weitestgehend unbekannte Episode aus 1. Könige steht an einer Schnittstelle der Geschichte Israels. In der Zeit nach dem Tod Salomos (931 oder 926 v. Chr.) war ein Machtkampf entstanden, aus dem zwei Herrschaftsbereiche mit jeweils eigenem Königtum hervorgingen: das Nordreich Israel, bestehend aus zehn Stämmen, und das Südreich Juda. Von nun an bis zum Babylonischen Exil wird die Geschichte Israels in den Königsbüchern (ab 1. Könige 12) als parallele Geschichte beider Reiche beschrieben. Das deuteronomistische Geschichtswerk hat in der Berichterstattung über die jeweiligen Könige eine Auswahl und Beurteilung vorgenommen und insofern ist diese Geschichtsdarstellung als Geschichts*deutung* zu lesen. Wichtigstes Kriterium für diese Geschichtsdeutung ist die Bundestreue jedes Regenten zu Gott (JHWH), dessen Gebote zu bewahren dem König obliegt. Das wird dadurch unterstrichen, dass die Königswürde sich allein der göttlichen Erwählung und Gnade verdankt.

Als ein solcher König wird Jerobeam vorgestellt. Berufen durch den Propheten Ahija (1. Könige 11,29-39) ist er der erste König des Nordreiches. Obwohl politisch und ökonomisch durchaus erfolgreich, fällt die deuteronomistische Bewertung seines Königtums negativ aus. Vor allem wegen der beiden Kultstätten in Bet-El und Dan, die er aufbauen ließ, und wegen der Stierbilder, die er dort zur Anbetung aufstellte. »Dies wurde Anlass zur Sünde« (1. Könige 12,30) und »wurde dem Haus Jerobeam als Sünde angerechnet« (1. Könige 13,34).

Die historisch-nüchterne Beschreibung wird an dieser Stelle unterbrochen und erweitert durch die anrührende Episode 1. Könige 14,1-18. In deren Mittelpunkt steht das Einzelschicksal der Frau Jerobeams und das ihres Sohnes. Ihr kommt, obwohl sie ohne Würdigung ihres Namens in das Blickfeld der patriarchalen Geschichtsschreibung tritt, ein großer und schwerer Auftrag zu: Den Ratschluss JHWHs zu verkünden, ihrem Mann und ihrem Volk das Gericht anzusagen, ohne aber davon selbst verschont zu bleiben.

Sie wird auf einen schweren Weg geschickt als Mittlerin zwischen ihrem Mann, dem König, und dem Propheten. Die Zukunft des Thronfolgers, ihres Sohnes, soll sie erkunden und gerät so in die Spannung zwischen politischem Kalkül, prophetischer Gerichtsrede und ihren eigenen Gefühlen und Interessen als Mutter. Als solche ist sie selbst auf der Suche nach einer Antwort. Diese erhält sie beim Propheten Ahija. Es ist ein Gerichtswort über ihr Königshaus, das für sie selbst zur bedrückenden Gewissheit wird: Ihr Sohn wird sterben, so wie das Königshaus Jerobeam aussterben wird.

Vorhaben und Ziel

Zunächst geht es darum, den Fokus auf diese namenlose Frau zu richten. Die deuteronomistische Überlieferung hat zuerst Interesse an ihrer Funktion als Künderin des Gerichts. Ihre Erfahrungen und Gefühle treten dahinter zurück. Und dennoch werden sie durch die existenzielle Eindeutigkeit und Unausweichlichkeit des Geschehens wie von selbst thematisiert. Person und Funktion können in der Geschichte Gottes mit den Menschen nicht getrennt betrachtet werden.

Unausgesprochen kommen hier menschliche Grunderfahrungen von Macht und Ohnmacht, Schrecken und Trauer zur Sprache. Die persönliche Geschichte hinter der überlieferten Geschichte gibt den Leserinnen und Lesern dieses Bibeltextes die Möglichkeit, die eigenen erlebten oder mitgebrachten, mitunter unausgesprochenen Erfahrungen (wieder)zuerkennen und auszudrücken. Ziel der Bibelarbeit soll es sein, eigene Erfahrungen in ein Wechselgespräch mit den Erfahrungen dieser suchenden Frau, aber auch der anderen Teilnehmenden zu bringen und daraus Einsichten für die eigene Lebensbewältigung zu gewinnen.

Durchführung

Ablauf

Methode: Einzelvers-Analyse im Zweiergespräch, danach szenische Lesung

1. Schritt: Lesen des gesamten Textes 1. Könige 14,1-18; kurzes Innehalten
2. Schritt: Lesen zu zweit versweise im Wechsel mit der jeweiligen Auslegung (siehe unten)
3. Schritt: Möglichkeiten für Rückfragen in der Gruppe
4. Schritt: Szenische Lesung mit zwei Stimmen,
jeweils ein Abschnitt im Wechsel mit der Stimme der Frau Jerobeams
5. Schritt: Gruppengespräch zu den Erfahrungen der Frau

Methodenvariation: Schreibgespräch

1. bis 3. Schritt beibehalten
4. Schritt: Jede/r kann Worte für die möglichen Gedanken/Selbstgespräche der Frau finden. Dazu wird ein vorbereitetes Blatt zur Verfügung gestellt, auf dem mit einigem Abstand zwischen den einzelnen Versen/Abschnitten der gesamte Text steht. In diese Zwischenräume schreiben die Teilnehmenden ihre Ideen – dazu wie oben vers- bzw. abschnittweise vorgehen.
5. Schritt: Austausch über die Ergebnisse

Auslegung

zur Vorgeschichte: Nach dem Ende der Königsherrschaften Davids und Salomos, für das Gesamtreich Israel ein goldenes Zeitalter, zerfiel das Land in zwei Teile: in das Nordreich, genannt Israel, und in das Südreich, Juda genannt. Das Nordreich war nicht bereit, Salomos Sohn Rehabeam als König anzuerkennen. Die Abgaben und Frondienste waren für seine Bürger unerträglich geworden. In diese Machtlücke springt nun Jerobeam, der einst erfolglos gegen Salomo geputscht hatte und deshalb nach Ägypten geflohen war. Jetzt, nach Salomos Tod, kehrt er zurück und wird vom Propheten Ahija von Schilo als Thronanwärter benannt. Schließlich wird er König des Nordreiches. Gott verheißt ihm durch den Mund des Propheten: »Ich will dir Israel anvertrauen und dir ein beständiges Haus bauen, wenn du auf meinen Wegen gehst und meine Gebote einhalten wirst.«
In der Geschichtsschreibung der Königsbücher wird Jerobeam negativ bewertet, weil er sich abwendet vom Kult in Jerusalem, zu dem er in politischer Spannung steht. Er lässt in Dan und Bet-El zwei eigene Heiligtümer in Form von Stierbildern errichten. Dieser Frevel ist, so die Königsbücher, der Grund, warum sein Königtum nicht von Dauer ist und seine Thronfolge ausgelöscht wird.

zu Vers 1: Diese Abkehr von JHWH, Jerobeams Zukunftslosigkeit, wird hier in anderer Form als in Kapitel 13 mit einer Geschichte thematisiert: Sein Sohn ist krank.

Stimme der Frau Jerobeams: Ach, Abija, mein Sohn – für alle hier ist er der Thronfolger, der Erstgeborene, auf dem die Hoffnungen des ganzen Hauses liegen. Aber er ist und bleibt vor allem mein Sohn; und ich mache mir große Sorgen um ihn. So lange ist er schon krank; wir haben die besten Berater und Heilkundigen des ganzen Landes aufgeboten. Aber es ist keine Besserung in Sicht.

zu Vers 2: Warum schickt Jerobeam seine Frau? Ist sie nicht verstrickt in Schuld? Sie wird über ihren Mann definiert, hat keinen eigenen Namen. Sie soll sich verkleiden, soll nicht erkannt werden; Jerobeam verleugnet seine Identität. Und warum schickt er sie zum Propheten Ahija? Dieser hat ihm einstmals das Königtum verheißen. Wenn er damals eine gute Botschaft hatte – vielleicht dann auch jetzt? Jerobeam verlangt eine Zusage für die Zukunft und verleugnet gleichzeitig seine Vergangenheit. Er hat nicht die Gebote Gottes befolgt, sondern anderen Götzen gedient. Er hat Schuldbewusstsein. Er vermutet wohl schon, dass die Krankheit seines Sohnes das Ende seiner Dynastie bedeutet.

Stimme der Frau Jerobeams: Ich soll jetzt fortgehen, weit weg zu einem fernen Propheten, aber ich würde viel lieber hier bleiben, am Krankenlager meines Sohnes. – Warum schickt mein Mann mich zu diesem Propheten und dann noch verkleidet? Was soll das bewirken? Sicher erhofft er sich Hilfe von ihm. Dieser Prophet hat ihm ja schon einmal geholfen, damals, als er König wurde. Nun will er eine Vorhersage von ihm, ohne sich aber selbst erkennen zu geben. Geht denn das? Kann man seinen Weg gewiesen bekommen, wenn man seine Spuren verwischt hat? – Wohlan, ich werde trotzdem gehen. Ich will es wagen und nichts unversucht lassen, ich will die Wahrheit wissen.

zu Vers 3: Brot und Honig sind Symbole für das gute Land, das Jerobeam genießen konnte. Es sind zehn Brote – Symbol für die zehn Stämme Israels, über die er herrscht. Eine andere Dimension schwingt noch mit, wenn zu der Frau gesagt wird »Geh zu ihm und bringe Süßes und Wohlschmeckendes mit«: Jerobeam spielt mit der Sinnlichkeit seiner Frau. Es scheint, als wollte er gute Stimmung erzeugen, Geschenke für eine gesicherte Zukunft machen.

Stimme der Frau Jerobeams: Irgendwie kommt es mir wie ein Handel vor, als könnte ich den Propheten mit diesen Geschenken hier umstimmen. Und wie mein Mann redet von dem Kind; es ist unser Sohn, ein eigener Mensch. Vielleicht, ich wage es kaum auszusprechen, geht es meinem Mann gar nicht um unser Kind, sondern vor allem um sich selbst, seine Herrschaft.

zu Vers 4: Jerobeams Frau macht sich auf den Weg. Von Tirza bis Schilo sind es ungefähr 25 Kilometer Gebirgsweg. Eine große Tagesreise, nicht ungefährlich.

Stimme der Frau Jerobeams: Es ist früh am Morgen und ich kann schon lange nicht mehr schlafen. Ich will mich nun aufmachen; bevor die Sonne hoch am Himmel steht, will ich schon auf dem Gebirge sein. Möge Gott mich behüten auf diesem Weg.

zu Vers 5: Gott spricht zu Ahija und stellt die Personalität wieder her: Er redet nicht von *dem Kind*, sondern von *ihrem Sohn*. Wir erfahren zugleich das Motiv der Frau für ihre Reise: die Sorge der Mutter.

Stimme der Frau Jerobeams: Ich wage kaum an die Tür zu klopfen; meine Glieder sind ganz schwer und meine Knie sind weich, ich kann mich kaum mehr auf den Füßen halten. Dieser ganze Aufzug mit fremder Kleidung und geschwärztem Gesicht nützt mir überhaupt nichts, weil ich meine innere Fassung nicht wahren kann. – Und wie soll ich anfangen, was soll ich nur sagen?

zu Vers 6: Ahija ist blind (V. 4b). Er sieht nicht und erkennt doch. Er nimmt sie wahr. Und er ist Seelsorger: Er erlaubt ihr, sie selbst zu sein. Er nimmt ihre Sprachlosigkeit auf. Er durchbricht den Kreislauf der Verstellung. Sie bekommt einen Raum, um ihre Gefühle, ihre Angst zuzulassen, zu formulieren. Und sie kann sich gar nicht verstellen. Wer sich verstellt, kann eine schlechte Nachricht nicht verkraften. Ahija nimmt sie ernst, behandelt sie als eigenständige Frau. Er macht ihr keine falschen Hoffnungen. Er vertröstet sie nicht.

Stimme der Frau Jerobeams: Jetzt ist es also offenkundig, dieser blinde Mann hat mich durchschaut. Und jetzt weiß er auch, warum ich wirklich hier bin. Zum Glück brauche ich mich jetzt nicht mehr zu verstellen.

zu den Versen 7-11: Ahija verlässt die Ebene der Seelsorge. Er redet jetzt als Prophet. Beides soll nicht vermengt werden. Durch die Botenformel (»so spricht der Herr« / »der Herr hat gesprochen«) am Anfang und am Ende wird deutlich, es ist Gottes Wort, das hier verkündet wird. Ahija kündigt Furchtbares an. Aber nicht als Fatum, als Schicksal, sondern als Folge der Taten Jerobeams. Es gibt einen Bund, der von Seiten Jerobeams gebrochen worden ist. Er ist für die Folgen seines Handelns verantwortlich. Das soll sie ihrem Mann Jerobeam sagen.

Stimme der Frau Jerobeams: Nichts wird mehr sein, wie es mal war. Es ist ein vernichtendes Urteil über meinen Mann, über unser Haus, ja unser ganzes Volk. Es ist, wie ich es mir gedacht habe: Es geht gar nicht um mein Kind, es geht um meinen Mann, um das Königtum und was er getan hat. Dieser Prophet spricht nicht nur über das, was vor uns liegt, sondern er blickt zurück auf alles, was war.

zu den Versen 12 und 13: Diesen Auftrag kann sie eigentlich nicht ausführen. Sie bringt den Tod ihres Sohnes. Sie kann nicht einmal mehr Abschied von ihm nehmen. Kann sie Gott bezwingen und das Urteil abwenden, indem sie nicht nach Hause geht? Zugleich wird im Kontext dieses unabwendbaren und vernichtenden Gerichtes deutlich: Ihrem Sohn wird ein würdiger Tod zugestanden, er erhält als Einziger ein würdiges Begräbnis.

Stimme der Frau Jerobeams: Oh, Gott, nichts kann ich mehr sagen jetzt, nichts denken, nichts fühlen, nicht einmal weinen. Ich weiß nur eins: Mein Kind wird sterben! Der Tod wird wie ein Schatten vor mir hergehen und wird ihn treffen, bevor ich nach Hause komme. Mit jedem Schritt von mir wird sein Herz langsamer schlagen. Mein Gott, wie kannst du das zulassen? Ach so, er soll ein Grab haben, weil er gut war, weil er ohne Sünde war, mein Sohn? Warum muss er dann überhaupt sterben? Warum ist dein Zorn, Gott, so groß, dass du in der Strafe alles niederwirfst, dass du den Sohn für den Vater strafst?

zu den Versen 14-16: Die Frau wird zur Künderin der prophetischen Botschaft. Sie soll dem Königshaus und ganz Israel die Zukunft ansagen. Sie verliert nicht nur ihren Sohn in der Geschichte, sie verliert auch ihren Mann. Sie erfährt nur Schlechtes über ihn. In ihrer Botschaft für die Zukunft gibt es nichts Positives.

Stimme der Frau Jerobeams: Aber, was ist, wenn ich nicht gehe, wenn ich einfach fortlaufe irgendwohin und meinen Fuß nie wieder auf die Schwelle meines Hauses setze? Wer, um Himmels willen, wird dann meinem Mann und dem ganzen Volk die Wahrheit verkünden; und wer bin ich, dass ich aus Gottes Plan davonlaufen kann?

zu Vers 17: Sie tritt über die Schwelle. Sie vollzieht einen Übergang. Die Zeit des Verhandelns ist vorbei. Sie stellt sich der Wahrheit. – Warum wird in der Geschichte das Sterben des Knaben gekoppelt mit ihrem Handeln? Bis heute ist zu beobachten: Wenn Kinder sterben, fühlen sich Eltern schuldig.

Stimme der Frau Jerobeams: Ich mache jetzt den letzten Schritt. Ich bin zu Hause und doch ist alles anders. Da ist die vertraute Schwelle, die Tür: Durch sie ist mein Sohn mir oft entgegengelaufen. Aber jetzt ist alles zu spät ...

zu Vers 18: Ganz Israel hält die Totenklage: ein Staatsbegräbnis. Trauer ist notwendig für die Hinterbliebenen.

Stimme der Frau Jerobeams: Ich hätte nie gedacht, dass so viele Menschen mir verbunden sein könnten. Mein Mann war mir am wenigsten ein Trost in diesen Tagen, aber viele fremde Menschen waren mir plötzlich nahe und haben mit mir die Trauer geteilt.

AUTORIN: CAROLA RITTER, BERLIN
(in Zusammenarbeit mit DR. CHRISTIANE MARKERT-WIZISLA, POTSDAM)

Bibelarbeit für Frauen zum Buch Rut

Die Frau in meinem Rücken

Bibeltext: Rut 1
Zielgruppe: Frauengruppen
Ziel: eigenen Erfahrungen der Unterstützung durch andere Frauen mit Hilfe der Rut-Novelle nachgehen
Materialien: Decken, Meditationsmusik, Textblatt

Vorbereitungen

Gestaltung einer Mitte im Raum: In der Mitte des Raumes steht eine brennende Kerze auf bunten Tüchern. Um sie herum liegen möglichst viele und möglichst unterschiedliche Fotos von Frauen. Wenn vorhanden, können zwei biblische (Frauen-)Figuren (EGLI®-Figuren), die sich umarmen, neben die Kerze gestellt werden.
Persönliches Ansprechen ermöglichen: Wenn die Frauen sich noch nicht kennen, ist es gut, Namensschilder vorzubereiten, z. B. in Form einer Blüte aus Tonpapier mit Sicherheitsnadel. (Achten Sie darauf, dass kein Kugelschreiber benutzt wird, sondern breite Filzstifte, damit man den Namen auch aus einiger Entfernung lesen kann.)
Gestalten und Vervielfältigen eines Textblattes: Das Blatt enthält eine Kopie von Rut 1, außerdem sind dort folgende Fragen notiert:

- Wie verteilen sich Aktivität und Passivität bei Rut und Noomi?
- Was ist der Grund für die Freundschaft der beiden Frauen? Wie lässt sie sich charakterisieren?
- Welche Bedeutung hat der Glaube für das Geschehen? Wo kommt Gott vor?

Durchführung

Begrüßung: Die Leiterin begrüßt die Frauen und verteilt gegebenenfalls die Namensschilder.

Lied: Zur Einstimmung eignet sich ein bekanntes Lied, z. B. das Magnificat (siehe Seite 102).

Einführung: Die Leiterin führt in das Thema und den Ablauf des Abends ein. Sie verweist auf die Frauenbilder in der Mitte und lädt die Frauen ein, sich daran zu erinnern, wie viele unterschiedliche Frauen ihnen auf ihrem Lebensweg begegnet sind. Diese Erfahrungen waren vielfach ambivalent: Vermutlich jede Frau hat Frauen erlebt, die ihr Steine in den Weg gelegt haben, und solche, die ihr den Rücken gestärkt haben. Darüber findet ein erstes Gespräch statt. Weil die Erinnerung an persönliche Begegnungen etwas Intimes ist, ist es hilfreich, wenn die Leiterin darauf hinweist, dass es in der Freiheit jeder Teilnehmerin liegt, Dinge in der Gruppe zu sagen oder auch nur den eigenen Gedanken nachzugehen.

Der Aspekt von Frauensolidarität soll im Mittelpunkt des Abends stehen: einerseits in Form der Erinnerung an eigene Erfahrungen der Teilnehmerinnen, andererseits in Form der Begegnung mit dem Text.

Im Buch Rut bietet uns die Bibel einen Text, der die Welt aus der Perspektive von Frauen betrachtet. Ein wichtiges Thema darin ist die gegenseitige Unterstützung von Frauen – hier im Verhältnis von Schwiegertochter zu Schwiegermutter. Dieser Text kann den Blick schärfen für Unterstützung, die Frauen auch heute von anderen Frauen bekommen können.

Körperarbeit: Noch im Sitzen nehmen die Frauen sich und ihren Körper wahr. Die Übung wird geführt, d. h. die Leiterin nennt die einzelnen Körperteile und macht so für die weitere Arbeit sensibel.

Dann stehen die Teilnehmerinnen auf und gehen ruhig im Raum herum. Dabei erinnern sie sich an andere Frauen, die in ihrem Leben wichtig waren, lassen innere Bilder entstehen und führen sich wichtige Situationen vor Augen. Danach nehmen sie bewusst die anderen Teilnehmerinnen wahr und suchen sich eine Partnerin aus für die folgenden Körperarbeit.

Dafür nehmen sie die mitgebrachten Decken, setzen sich Rücken an Rücken auf den Boden (notfalls auf zwei Hocker ohne Lehne). Eine Frau hat die Aufgabe, der anderen Halt zu geben, die andere bestimmt, wie viel Halt sie braucht, wünscht, sucht. Beide müssen festlegen, wer welche Rolle zu Beginn übernimmt.

Die Leiterin spricht jetzt leise Gedanken zum Thema »Eine Frau in meinem Rücken«: Wo habe ich Halt bekommen, wo hat er gefehlt. Sie macht Mut, unterschiedliche Bewegungen auszuprobieren: sich vorsichtig oder kraftvoll, viel oder wenig bewegen. Dann wechseln die Frauen ihre Rollen. Anschließend sprechen sie paarweise darüber, wie sie die Körperarbeit erlebt haben.

Meditationsmusik kann es einfacher machen, sich auf das eigene Erleben zu konzentrieren, sie gibt aber zugleich Tempo und Stimmung vor.

Textarbeit: Die Leiterin erzählt den Handlungszusammenhang des Buches Rut, liest dann Kapitel 1 vor. Anschließend erhalten die Teilnehmerinnen das vorbereitete Blatt mit dem Text und den Fragen. Falls noch Verständnisfragen sind, werden diese jetzt geklärt. Danach löst sich die Gesamtgruppe auf, jede sucht sich einen ihr angenehmen Platz im Raum.

Jede Teilnehmerin macht nun für sich Notizen zu den Fragen. (Alternative: Die Fragen werden in Kleingruppen von zwei oder drei Teilnehmerinnen besprochen.) Nach etwa 15–20 Minuten kommen alle wieder im Plenum zusammen und teilen sich ihre Ergebnisse mit.

Abschluss: Nach dem Gespräch ist Zeit für eine stille Einzelbesinnung. Sie wird begleitet von Fragen wie:

- Was fasziniert mich an Rut oder Noomi?
- Was kann ich von ihnen lernen?
- Wie möchte ich meine Beziehungen zu Frauen gestalten?

Als **Schlusslied** eignet sich ein Kanon wie »Lasst uns miteinander …« (EG Ausgabe Bayern/Thüringen Nr. 610, Ausgabe Rheinland/Westfalen/Lippe Nr. 645, Ausgabe Hessen-Nassau und Kurhessen-Waldeck Nr. 607, Ausgabe Niedersachsen/Bremen Nr. 563 u. a.[1])

AUTORIN: ELEONORE REUTER, BELM-ICKER

1 Alle Regionalteile sowie der Stammteil des Evangelischen Gesangbuchs finden sich auf der CD-ROM: Evangelisches Gesangbuch elektronisch. Deutsche Bibelgesellschaft, Stuttgart 1999.

Ein unvollständiges ABC

Wie die Bibel von Gott spricht

Idee: Das Bibel-ABC soll in kurzer und verständlicher Weise Einblicke in das biblische Gottesbild geben.
Zielgruppe: Veranstaltungsteilnehmerinnen und -teilnehmer bei verschiedenen Bibelaktionen

Einsatzmöglichkeiten

Das Bibel-ABC lässt sich vielfältig einsetzen: Große Buchstaben werden auf DIN-A3-Blätter oder Plakatkarton gemalt. Sie werden als Illustration für eine Ansprache zum biblischen Gottesbild (z. B. bei einer Ausstellungseröffnung, bei einem Bibelgottesdienst, bei einer Aktion) hochgehalten. Es ist auch möglich, die hier abgedruckten Texte zu kopieren und zu den großen Buchstaben aufzukleben und diese Plakate dann aufzuhängen. Zusätzlich können leere Plakate (mit anderen großen Buchstaben bemalt oder mit den bereits verwendeten) aufgehängt werden und die Besucher aufgefordert werden, diese mit ihren Ansichten über das biblische Gottesbild zu füllen.

Vorbemerkung

A wie Allmächtiger, G wie gütiger Gott, H wie Herr und V wie Vater – viele Gebete und Traditionen im Reden von Gott und zu Gott beschränken sich weitgehend auf dieses kleine ABC. Das biblische ABC ist viel reicher und vielfältiger – und kann hier nur angedeutet werden. Wichtig daran ist: Die vielen Gottesvorstellungen und -bilder ergänzen, bereichern und widersprechen sich gegenseitig, sodass keine allein das Ganze fasst. Deshalb auch das biblische Bilderverbot: Du sollst Gott nicht festlegen auf ein Bild, Gott entzieht sich aller Definition, ist größer als all unser Reden, Denken, Phantasieren, anders auch als unsere Hoffnungen und Wünsche. Nicht nur aus Platzgründen, sondern um der Sache willen bleibt dieses ABC unvollständig, offen und ergänzungsbedürftig.

Der Inhalt

Abraham: Immer wieder spricht die Bibel vom Gott Abrahams, Gott Isaaks, Gott Jakobs. Zu ergänzen wären Sara, Rebekka und Rahel. Gott begegnet Menschen als Gott ihrer Väter und Mütter. Meine Gotteserfahrung ist Teil einer Geschichte, fängt nicht mit mir an, sondern ist schon geprägt, auch belastet durch eine große Vergangenheit. *Exodus/2. Mose 3,15; 1. Könige 18,36.*

Durst: »Gott, du mein Gott, dich suche ich, meine Seele dürstet nach dir. Nach dir schmachtet mein Leib wie dürres, lechzendes Land ohne Wasser.« Dieser Psalmvers gibt zu verstehen, dass die Suche nach Gott für biblische Menschen keine Luxusbeschäftigung war, sondern überlebensnotwendig. Gott wird nicht als Lückenbüßer erfahren, sondern mit den tiefsten, auch materiellen Sehnsüchten und Nöten in Zusammenhang gebracht. *Psalm 63.*

Erstes Testament: In den letzten Jahren spricht die Theologie vermehrt vom Ersten statt vom Alten Testament. Sie deutet damit an, dass die Geschichte Gottes mit Israel grundlegend bleibt und keineswegs »veraltet« ist. Als unsachgemäß werden auch falsche Gegensätze zwischen dem »harten, zornigen« Gott des »Alten« und dem »gütigen, liebenden« Gott des »Neuen« Testaments zurückgewiesen. Schon das Erste Testament spricht einfühlsam und nachdrücklich von Gottes Zärtlichkeit; auch das Neue Testament weiß von Gottes Strenge und Anspruch.

Frau: Gott im Bild einer Frau. Eine in den letzten Jahren wiederentdeckte Dimension des Gottesbildes. »Sollte auch eine Frau ihr Kind vergessen – ich vergesse dich, Israel, nicht«, verheißt das Prophetenwort. Im hebräischen Wort für »Erbarmen« steckt die Wurzel »Mut-

Bausteine für Gottesdienst und Predigt

Mit der Bibel beten

Bibeltexte: Psalmen, besonders Psalm 22
Zielgruppe: jugendliche und erwachsene Gemeindemitglieder
Ziel: beispielhaft aufzeigen, welche Zugänge die Bibel zum Thema Gebet eröffnet
Mitwirkende: Möglich ist es, alleine oder zu zweit den Gottesdienst vorzubereiten, wünschenswert wäre aber eine Vorbereitungsgruppe mit vier bis fünf Personen.

Vorbemerkung

Das Thema Gebet lässt sich auf verschiedene Weise angehen: Gebetshaltungen, Gebetsinhalte, Gebetsorte und -zeiten ... Dieser Entwurf konzentriert sich auf die Grund-Frage: Warum beten? Anhand eines biblischen Beispiels wird aber auch der grundlegende Inhalt des Betens angesprochen. Dieser auf Hören und Nachdenken konzentrierte Ansatz (Überlegungen für eine Predigt) lässt sich aber gut erweitern. Dazu die folgenden Vorschläge, die der Vorbereitungsgruppe für weitere Ideen dienen sollen.

Liturgie

Die Liedvorschläge sind ausschließlich den Stammteilen der beiden Gesangbücher Gotteslob und Evangelisches Gesangbuch entnommen. Wo am Ort neue gemeinsame Lieder bekannt sind, sollen diese verwendet werden; ebenso, wenn es in den Regionalteilen der Gesangbücher Übereinstimmungen gibt.

Lied: Nun jauchzt dem Herren alle Welt (EG 288,1-5 = GL 474,1-5)

Eröffnung und Begrüßung *frei formuliert, Einführung ins Thema folgt später*

Gebet:
Gott, unser Gott, wir preisen deinen Namen und danken dir,
dass du uns hörst, wenn wir zu dir beten;
dass du uns deinen Heiligen Geist sendest, der uns lehrt, wie wir beten sollen;
dass du dich uns zuwendest, wenn wir zu dir rufen.
Wir bitten dich im Namen Jesu Christi:
Lass diesen Gottesdienst fruchtbar werden in uns und für unsere Gemeinde(n). Nimm an das Lob unserer Lieder und Gebete und erhöre uns, wenn wir nun in der Stille zu dir sprechen:

Stille

All unser Beten geschieht im Vertrauen auf Jesus Christus, deinen Sohn, der mit dir und dem Heiligen Geist lebt und regiert von Ewigkeit zu Ewigkeit. – Amen.

Psalm 91 *wird im Wechsel gebetet*
(wo möglich beginnend mit Antiphon »Der Herr ist nahe allen, die ihn rufen« GL 698,1)
Psalmtext EG 736 (Lutherübersetzung) oder GL 698,2 (Einheitsübersetzung)

Gemeinde nimmt Platz

Pantomimische Darstellung *verschiedener Gebetshaltungen*

Einführung: Der heutige Gottesdienst steht unter dem Thema: »Mit der Bibel beten«. Wir haben bereits mit einem Gebet aus der Bibel begonnen, mit Psalm 91. Wir wollen uns später der

inhaltlichen Frage, wie wir beten können, zuwenden. Zunächst einmal schauen wir uns äußerliche Formen an. Die körperliche Haltung bringt etwas zum Ausdruck und wirkt sich auch auf die innere Haltung aus.
Nach christlichem Verständnis gibt es keine vorgeschriebene Gebetshaltung. Wir können uns daher die verschiedenen Haltungen ganz unvoreingenommen anschauen:

Die Vorbereitungsgruppe zeigt, für alle gut sichtbar, Gebetshaltungen, falls bekannt auch aus anderen Religionen. Sie werden von einer Sprecherin/einem Sprecher anschließend erläutert. Wenn es die räumlichen Verhältnisse und der Charakter des Gottesdienstes zulassen, können die Anwesenden auch zum Mitmachen/Nachmachen aufgefordert werden. Zum Beispiel:

a) auf dem Boden kniend, den Kopf nach vorne gesenkt

Sprecher/in: Wir haben einen Ausdruck der tiefen Demut gesehen/erlebt, des Sich-Beugens vor einem, der mächtiger ist als ich, eine Haltung, die den Unterschied zwischen dem schwachen Menschen und dem allmächtigen Gott betont.

b) auf einem Stuhl sitzend, die Arme leicht ausgebreitet, Handinnenflächen nach oben gedreht (sich öffnende Blume)

Sprecher/in: Die entspannte, sich öffnende Sitzhaltung weist auf den empfangenden Charakter des Gebets hin. Der/die Betende bringt damit zum Ausdruck, dass sie/er sich öffnet für die göttliche Dimension, für die Antwort, die dem eigenen Beten folgt.

Insgesamt sollten vier bis fünf Gebetshaltungen vorgestellt werden. Abschluss mit dem

Lied: Laudate omnes gentes (EG 181,6)

Predigt (Vorschlag siehe Seite 123–124)

Lied: Ist Gott für mich, so trete gleich alles wider mich (nur EG 351,1-3+11-13) oder (wenn noch einmal an die Gottesferne und das Suchen von Menschen erinnert werden soll): Ich steh vor dir mit leeren Händen Herr (EG 382 = GL 621)

Für das **Fürbittengebet** *kann man während des Liedes Zettel (Karteikarten) verteilen, die die Gottesdienstbesucher ausfüllen können. Durch verschiedene Farben können sie kennzeichnen, welche der auf die Zettel geschriebenen Bitten und Gebete öffentlich ausgesprochen werden und welche in der Stille auf den Altar gelegt werden sollen. Die Karten werden während eines musikalischen Zwischenspiels ausgefüllt und beim nächsten Lied wieder eingesammelt.*

Einleitung zum Apostolischen Glaubensbekenntnis:
Jedes Gebet ist ein Bekenntnis zum Glauben an Gott. In Worte gefasst hat die Christenheit aber seit rund 1800 Jahren ihren Glauben mit dem Bekenntnis der Apostel:

Apostolisches Glaubensbekenntnis

Lied: Nun saget Dank und lobt den Herren (EG 294,1+4 = GL 269,1+4)

Fürbittengebet
Vaterunser

Lied: Ach bleib mit deiner Gnade bei uns, Herr Jesu Christ (EG 347,1-4)

Segen: Psalm 67,2-3+8

Überlegungen für eine Predigt zum Thema »Gebet«

Am Beispiel eines biblischen Gebetes – Psalm 22 – soll die Art und Weise, wie in der Bibel gebetet wird, vorgestellt werden. Dadurch sollen Menschen heute eine Hilfe bekommen, warum und wie sie beten sollen. Der Predigttext wird während der Predigt verlesen.

Beschreibung von (Spannungs-) Zuständen

Beten ist heute noch vertraulicher als eine Privatsache, es gehört zum Intimbereich. Darüber spricht man nicht. Vielleicht auch deshalb, weil viele Menschen unsicher sind, was und wozu sie überhaupt beten sollen. Weil man seine Zweifel hat, schweigt man lieber, als sich öffentlich zu blamieren.

Auf der anderen Seite ist Beten ein öffentlicher Ritus, er wird im Gottesdienst praktiziert; bei Beerdigungen, Taufen und Hochzeiten ist das Gebet unverzichtbar. Aber gibt es einen Bezug zum persönlichen Leben? Oder ist das öffentliche Beten für viele ein Ritus wie die Nationalhymne zum Beginn eines Länderspiels?

Beschreibung von Lösungswegen

Wie bei den meisten Fragen des Glaubens hilft für das Finden einer persönlichen Antwort zunächst einmal ein Blick in die Bibel. Sie enthält sowohl eine Auswahl an Gebeten für alle Lebenslagen als auch einige Aussagen über das Beten. Ihre Sprache ist vielen Menschen aber nicht verständlich. Warum Psalmen beten, das sind doch Worte aus einer ganz fernen Zeit, lautet der ernst zu nehmende Einwand.

Diesem Einwand kann man in einer Richtung mit dem Jesuswort stattgeben: »Wenn ihr betet, dann sollt ihr nicht plappern wie die Heiden, die meinen, sie werden nur erhört, wenn sie viele Worte machen.« (Matthäus 6,7f.). Diejenigen haben Recht, die skeptisch gegenüber vorgegebenen Gebetsformeln sind, wenn diese nur nachgeplappert werden. Jesu Aussage ist klar: Es kommt nicht auf viele Worte oder eine bestimmte Gebetsformel an.

Auf der anderen Seite hat Jesus selbst die überlieferten Psalmen gebetet. Am bekanntesten ist das Gebet, das Jesus in seiner letzten Stunde am Kreuz gebetet hat. Vielen, die die Predigt hören, wird es in seinem gesamten Text nicht bekannt sein, aber den Ausruf Jesu, wie er bei Markus und Matthäus überliefert ist, werden sie kennen: *Mein Gott, mein Gott, warum hast du mich verlassen?*

Diese letzten Worte Jesu am Kreuz sind der Anfang des 22. Psalms. Als frommer Jude betete Jesus mit den Worten der Psalmen. Und wenn man einen Psalm nicht vollständig beten konnte, dann zitierte man den Anfang. Man signalisierte damit, dass man den ganzen Psalm beten will. Jesu letzte Worte am Kreuz waren also ein Beten des Psalm 22.

Der relativ lange **Psalm 22 wird** nun als Einschnitt in der Predigt **gelesen**, und zwar zweimal: erst in einer modernen Übersetzung als Gesamtwerk vorgelesen und dann – evtl. nach einem kurzen Orgelzwischenspiel – nochmals **abschnittweise**, wie er im katholischen Gesangbuch »Gotteslob« (Nr. 715–717) aufgeteilt ist, miteinander gesprochen: **die Verse 1-12; 13-22; 23-32.**

Biblisches Beten – unser Beten

In den ersten Abschnitt, in die Klage, können viele Menschen einstimmen: Sie neigen dazu, dem Negativen viel Raum zu geben: der Klage über alles Übel dieser Welt, der Klage über die eigene Gesundheit, der Klage über Einsamkeit und zu wenig Liebe. Das ist zunächst nicht negativ zu werten, denn Klagen hat, das zeigt die Bibel in diesem Psalm wie auch an anderen Stellen, seinen Platz im Leben. Aber das Klagen kann andererseits den Blick versperren auf das, was der Glaube eigentlich will und kann: den Weg zeigen in eine gelingende Zukunft.

Deshalb bleibt der Psalm nicht beim Klagen stehen. Vielmehr wendet der Betende sich zurück an den Beginn des eigenen Lebens: »Du bist mein Gott von meiner Mutter Schoß an«, heißt es bei Luther. Aber nicht nur das eigene individuelle Dasein wird erinnert, sondern der Betende denkt auch an die Glaubensgeschichte des Volkes Gottes: »Du aber bist heilig, du thronst über den Lobgesängen Israels. Unsere Väter hofften auf dich; und da sie hofften, halfst du ihnen heraus.« (V. 4-5)

Die Erinnerung an die Geschichte mit Gott ist der Grund des Betens. Wer betet weiß, dass es eine gemeinsame Geschichte mit Gott gibt, eine Geschichte des Volkes, der Gemeinschaft der Glaubenden, und eine Geschichte des Einzelnen, seine Lebensgeschichte. Der Rückblick auf gemachte Erfahrungen ist eine wichtige Grundlage dafür, dass ich mich an Gott wende.

Die Rückbesinnung ist Grundlage für den Lobpreis. Das Lob vermittelt aber nicht nur Glaubensgewissheit aus der Erinnerung, der Geschichte, sondern das Lob hat noch eine ganz andere Dimension: das Gnädig-Stimmen Gottes. Das Alte Testament gebraucht nämlich für

»beten« Worte, die Bedeutungen haben wie »jemanden gnädig stimmen«, »seine Seele, sein Herz vor Gott ausschütten«, »sich tief beugen«. Damit wird deutlich, dass die Begegnung mit dem großen allmächtigen Gott keine Begegnung auf gleicher Augenhöhe ist. Der/die Betende macht (sich) klar, dass er/sie sich an einen wendet, der mächtiger ist als er/sie selbst. Dies ist ein heute schwer zu vermittelnder Gedanke, der aber in vielen Psalmen ein Rolle spielt. Nicht nur in den Psalmen übrigens. Es wäre falsch, hier einen Gegensatz zwischen AT und NT konstruieren zu wollen. Auch das Vaterunser macht es gleich zu Beginn klar: Dein Wille geschehe, im Himmel wie auf Erden. Das ist ebenfalls eine tiefe Verbeugung vor dem Allmächtigen und eine notwendige Erinnerung: Das Versprechen Jesu, dass unsere Bitten erfüllt werden, bezieht sich nicht darauf, dass alles so wird, wie *wir* es wollen.

Das Problem Gebetserhörung

Damit haben viele Menschen ihr Problem: Wenn das Beten etwas nützen würde, sagen sie und meinen: Wenn meine Wünsche doch in Erfüllung gingen. Deshalb ist daran zu erinnern, wie es Jesus selbst ergangen ist. Er betete auf seinem Leidensweg: »Mein Vater, alles ist dir möglich. Nimm diesen Kelch von mir. Doch nicht, was ich will, sondern was du willst geschehe.« (Markus 14,36 par) Der Kelch wurde nicht von ihm genommen, er musste den Weg zu Ende gehen, der ihm von Gott bestimmt war.

Die Verheißung, dass Gott unsere Bitten erhört, bedeutet somit nicht, dass jede Bitte sogleich erfüllt wird, sondern vielmehr, dass Gottes Wille den/die Betenden zum letztlich Guten führt. Das kann hier und jetzt geschehen, aber auch in einer nicht erwarteten Weise oder in späterer Zeit.

Psalm 22 macht keine Versprechungen. Der letzte Teil des Psalms malt zwar ein Bild von der Zukunft, aber das Bild kommt vom Betenden. Er verspricht Gott, wie es sein wird, wenn er aus der Bedrohung errettet wird: Dann »will ich deinen Namen meinen Brüdern verkünden, inmitten der Gemeinde dich preisen« (V. 23). Der Betende malt Gott gegenüber aus, wie es sein wird, wenn er seine Gelübde erfüllt. Und er spricht sein Vertrauen aus, dass Gott nicht nur für ihn selbst zum Heil wird, sondern »alle Enden der Welt« werden umkehren »und sich bekehren zum Herrn« (V. 28). Hier weitet sich die Perspektive vom eigenen Schicksal zur Gesamtheit derer, die Gott anbeten werden.

Beten als befreiende Besinnung

Die Besinnung auf die Gesamtheit ist ein weiteres Kennzeichen biblischen Betens. Sie eröffnet neue Horizonte. Denn das Gebet soll den/die Betenden frei machen. Dazu gehört einerseits, dass jede/r Gott situationsbezogen und spontan ihr/sein Herz ausschütten darf. Dazu gehört andererseits, dass wir, die Betenden, uns besinnen auf das, wofür wir Gott danken können (Erinnerung), und auf das, was Gott uns als Zukunft verheißt (Hoffnung). Grundlage der christlichen Hoffnung ist sein Heilswille, der in Jesus Christus allen Menschen begegnet. Grundlage der Hoffnung des Psalmisten ist die Geschichte Gottes mit seinem auserwählten Volk.

Die Besinnung auf diese Grundlage schafft Zuversicht und festen Glauben, die Grundstimmung biblischen Betens. Damit ist jedes Beten An(ge)denken der Glaubensbotschaft, d.h. Erinnerung, Andacht. Diese Andacht hat befreiende Wirkung, weil sie wegführt von momentanen Verengungen des Denkens und Fühlens. Die Grundstimmung des Psalms wird positiv, der Betende hat nicht mehr nur das Bild vor Augen, wie er seine Gelübde erfüllen wird, sondern ab V. 27 sind alle Gott suchenden und schließlich sogar alle Enden der Erde im Blick.

Die Besinnung auf die Grundlage des Glaubens wird auch in einem Liedgebet deutlich: »Hab ich das Haupt zum Freunde und bin geliebt bei Gott, was kann mir tun der Feinde und Widersacher Rott'?«, hat Paul Gerhard unmittelbar nach Ende des 30-jährigen Krieges gedichtet. Obwohl sie mehr als genug Erfahrungen mit Krieg und Verwüstung, mit Not und Krankheiten gemacht hatten, haben die Menschen jener Zeit sein Lied aufgenommen und gesungen und es überliefert über die Jahrhunderte hinweg. Wer in der Glaubensgewissheit lebt, die Paul Gerhard in seinem Lied »Ist Gott für mich, so trete gleich alles wider mich« (Evangelisches Gesangbuch Nr. 351) zum Ausdruck bringt, kann unerschrocken in die Zukunft schauen. (Als »typisch protestantisches« Lied auf der Grundlage von Römer 8 ist Paul Gerhards Dichtung nicht in die Reihe der ökumenischen Lieder aufgenommen. Es kann aber, auch wenn die Melodie unbekannt ist, vom Text her durchaus auch einer katholischen Gemeinde vorgetragen werden. Unabhängig von der Gemeinde empfiehlt es sich, dies nur in Auszügen zu tun, da das Lied 13 Strophen umfasst und sonst das eigentliche Thema der Predigt verdrängt würde.)

Autor: Jürgen Simon, Reutlingen

Täuschung und Angst – eine Psychologie der Sünde

Bibeltexte: Römer 7,7-24; Genesis/1. Mose 20,3-17
Zielgruppe: Erwachsenengruppen mit gewissen biblischen Vorkenntnissen
Ziele: sich mit einem der zentralen christlichen Begriffe (Sünde) auseinander setzen und Verständnis für einen Grundgedanken der paulinischen Theologie (Freiheit) entwickeln
Materialien: Informationstexte und Arbeitsblätter (siehe Seiten 127-128), Bibeln, Pinnwand, Stifte und Papier

Vorbemerkung

Die Arbeitsmethoden bleiben im Wesentlichen den Leiterinnen/Leitern der jeweiligen Gruppen aufgrund ihrer eigenen Erfahrungen überlassen. Bei größeren Gruppen muss die Textarbeit in Kleingruppen erfolgen. Das Thema sollte auf zwei Abende oder einen Nachmittag und Abend mit ausreichender Pause aufgeteilt werden. Als Einstieg und Schluss sollte jeweils eine entspannende Phase stehen.

Die erste Arbeitseinheit beginnt mit einer Einführung zum Thema »Sünde«, bei der die Teilnehmenden ihr Verständnis von Sünde oder ihre Probleme damit einbringen. Das sollte allerdings nicht zu lange dauern; die Arbeit mit dem Arbeitsblatt 1 in Kleingruppen sollte rasch beginnen, und es sollte genügend Zeit dafür zur Verfügung stehen. Die Teilnehmenden müssen darauf hingewiesen werden, dass die Aufgabe schwer ist und es nicht um fertige Lösungen geht, sondern Bruchstücke zusammengetragen werden und Fragen gesammelt werden können. Danach sind die Teilnehmenden in einer Plenumsrunde wach für einen Impuls (Informationstext 1 laut vorlesen und als Kopie verteilen). Diesem folgt dann eine Diskussion, in die auch die Ergebnisse aus den Kleingruppen einmünden. Resultate dieser Diskussion werden für die zweite Arbeitseinheit schriftlich festgehalten.

Die zweite Arbeitseinheit geht nach dem gleichen Prinzip vor; hier steht das Thema »Angst« im Vordergrund. Auch diesmal wird in Kleingruppen gearbeitet, jetzt mit dem Arbeitsblatt 2. Der Impuls (Informationstext 2 laut vorlesen und als Kopie verteilen) wird im Plenum diskutiert, es schließt sich ein Rückblick auf die erste Arbeitseinheit an. Beide Teile werden am Ende zusammengefasst.

Informationstext 1

Die Täuschung: Römer 7,7-13
Paulus hat sich, nachdem er Christ geworden war, intensiv mit seiner jüdischen Herkunft auseinander gesetzt. Er kommt zu einer grundsätzlichen Kritik des Denkens in Geboten, weil sie auf eigenartige Weise täuschen: Das Gesetz wird vom Menschen nämlich im Zustand der Angst (Sünde) gehört. Die Angst deutet das *Gebot als Argument gegen die Liebe Gottes.*

Der Mensch ist in seiner Sicht des Gesetzes sehr grundsätzlich, er liest: »Du sollst überhaupt nicht begehren!« – wo doch Exodus/2. Mose 20,3-17 nur einige Weisen des Begehrens verboten hatte! Das begrenzte Verbot wird als Nein Gottes zum Menschen insgesamt gedeutet. Der Buchstabe des Gesetzes gibt der Angst einen Ansatzpunkt, sie hängt sich an ihn und zerstört das Vertrauen zu Gott (den Glauben). Das ist dieselbe Logik wie in Genesis/1. Mose 3, wo die Schlange fragt: »Stimmt es, dass ihr von keinem Baum des Gartens essen dürft?« – wo Gott nur einen Baum verboten hatte. Der eigentliche gute Sinn des Gesetzes, das Leben zu schützen, geht verloren, so die Argumentation in Römer 7,7-13.

Der von Angst erfüllte Mensch hört das begrenzte Verbot als umfassendes Nein zu seinen triebhaften Bedürfnissen. Das kann der Mensch nicht akzeptieren, weil er »Ja« zu sich sagen muss, um existieren zu können. So kommt es zu einem Teufelskreis. Das als vernichtend verstandene Gesetz schließt so etwas wie ein »Bündnis« mit dem leidenschaftlichen Lebenswillen des Menschen, der sich mit aller Gewalt vom Gesetz befreien will. Ein *Bündnis:* Die beiden »Gesetze« verstärken sich gegenseitig, gerade weil sie sich absolut Feind sind. Je drückender das Gesetz, desto gewaltsamer und gröber die Befreiungsversuche; je gewaltsamer die Ausbruchsversuche, desto schärfer findet das Gesetz Gründe zur Verurteilung. Opfer dieses Bündnisses ist das Ich, das durch den Krieg immer tiefer gespalten wird und immer weniger fähig zu lieben. Geängstigtes Es und spaltend verurteilendes Über-Ich zerreiben das Ich. Die Folge ist der Tod des Ich: Der Mensch verzweifelt an den offenbar unauflösbaren Widersprüchen seiner Existenz. Das Gesetz wird in den Worten der Schlange wie auch in Römer 7 zu einem Trampolin, auf dem die Verzweiflung (Sünde) immer höher wächst. Das ist die Täuschung durch das Denken in Geboten: Nicht das Gute, sondern die Verzweiflung wird gefördert.

Informationstext 2

Woher kommt die Angst? Der Widerstand des Anderen: Römer 7,14-25

Wie kommt es, dass der Mensch Angst hat? Warum zieht der Mensch sich zusammen, um sich vor dem Leben zu schützen? Die Antwort beginnt bei dem, was ein Mensch zuinnerst will, beim Gesetz der Freiheit: Es will das Gute, die Liebe – Neues entdecken, Beziehungen, schöpferische Veränderung der Welt. So wie jeder Mensch in seinem Innersten sich nach Liebe und Frieden sehnt, Hass und Streit verabscheut. Aber: Was am Ende beim eigenen Handeln herauskommt, ist immer wieder nicht das Gute, das ursprünglich gewollt wurde, sondern etwas Übles, das dem Guten widerspricht. Offenbar ist im menschlichen Handeln noch ein anderes Gesetz am Werk, ein geheimnisvoller Widerstand: das Gesetz des Fleisches, wie Paulus dies nennt. Das Gesetz der Freiheit will die Welt verändern und muss sich dazu auf die Welt einlassen. Die Welt aber ist nicht nur Gegenstand des Gestaltetwerdens. Sie hat ihre eigene Bewegung. Die Freiheit stößt an die Trägheit der Materie, die stets das Leiden meidet und den Weg des geringsten Widerstandes sucht. *Die Freiheit stößt an das unbegreifliche Anderssein jedes Anderen,* die, den oder das ein Mensch braucht, um etwas Gewolltes tun zu können. Der gute Wille stößt auf Widerstand im eigenen Körper und in den Gefühlen, in der Atmosphäre und Sprache einer Familie, einer Schulklasse, eines Berufs, eines Paares; anderer Menschen, die einen eigenen Willen haben; er stößt auf Gesetze des Staates und des Marktes. Alle Instrumente, derer ich mich bedienen muss, um die Welt zu verändern, sind mit Mechanismen überfrachtet, die nicht den Zielen der Freiheit folgen. Indem die Freiheit sich auf die Mittel einlässt, benutzen die Mittel die Freiheit, und dann kommt etwas ganz anderes beim Tun heraus, als ursprünglich beabsichtigt war. Der Mensch befindet sich in dem tragischen Zustand, nicht zum Ausdruck bringen zu können, was er wirklich will, so dass seine Vorhaben dem Tode verfallen sind.

Das aber erträgt das Gesetz der Freiheit nicht. Das Ich fühlt sich einsam, ungewollt, zweifelt an seiner Daseinsberechtigung, schämt sich zu Tode ob der missratenen Ergebnisse: Das Ich wird von Angst gepackt. Und daraus folgt schließlich: Der Mensch gibt sich auf. Er beugt sich und gibt sein ursprüngliches Wollen auf. Er verzweifelt im Innersten seines Herzens, etwas wird dunkel in ihm.

Das ist der Dreischritt einer biblischen Psychologie der Sünde: Leid (Tragik) – Angst (Erbsünde) – Verzweiflung (Tatsünde). So wie es Kain, den unbegreiflich Abgelehnten, ganz heiß überläuft und er seinen Bruder totschlägt, eine Tat der Verzweiflung, gespeist von der Angst (Genesis/1. Mose 4,1-17).

Gibt es einen Ausweg? Der Gekreuzigte hat ihn eröffnet. Er wusste das Leid der Materie, das Sterben am unbegreiflich Anderen anzunehmen. Gerade so konnte sein ursprünglicher Willensimpuls, eine Welt der Liebe, in der Welt Gestalt gewinnen. Römer 8 geht auf diese Befreiung durch Christus ein.

Christen sind solche, die dem Erstgeborenen folgen, das Leid an der Materie annehmen, es durchstehen und am ursprünglichsten eigenen Willensimpuls festhalten. Christsein heißt die Geduld aufbringen, den Personen und Mitteln, die für ein Vorhaben nötig sind, gerecht zu werden. Es schließt die Bereitschaft ein, sich durch Widerstände reinigen zu lassen: von lieben Vorstellungen, vom eigenen Ich und von (unbewusst) gewaltsamen Methoden. »Wer wird mich diesem Todesleib entreißen?« Der Todesschrei 7,24 wiederholt den Todesschrei Jesu. Wer den äußersten Schmerz der Auseinandersetzung mit der uns beherrschenden, stumm und träge machenden Verzweiflung nicht scheut, kann erfahren, dass jenseits solch inneren Todes eine neue, tiefere Freiheit es ermöglicht, die Herzensanliegen zu verwirklichen.

»Auferstehung« bedeutet bei Paulus auch, dass Menschen auftreten, die ihren ursprünglichen Liebeswillen zu verwirklichen imstande sind trotz aller Widerstände und Angst. Gleich nach der Beschreibung des Kampfes mit der Sünde spricht Paulus im achten Kapitel des Römerbriefs vom Offenbarwerden der Kinder Gottes. Die Umsetzung des Guten kann aufgrund der neu gewonnenen Freiheit gelingen. Das ist für Paulus Zeugnis der Auferstehung und Kennzeichen der Kinder Gottes.

Autor: Dr. Thomas Philipp, Bern

Arbeitsblätter

ARBEITSBLATT 1

Römer 7,7-13: Die Sünde als täuschende Macht
Worin besteht die Täuschung? Eine Knobelaufgabe ...

Paulus ist der Herkunft nach Jude. Das Gesetz spielt in der jüdischen Religion eine bedeutende Rolle: die Zehn Gebote und um sie herum eine Vielzahl von Weisungen, die das rechte Verhalten vor Gott weisen.

Nachdem er Christ geworden ist, kommt Paulus zu einer grundsätzlichen Kritik des religiösen Gesetzes. Er meint, dass jedes Gebot den Menschen auf eine eigenartige Weise täusche.

Finden Sie heraus, worin genau die Täuschung besteht!

Besondere Aufmerksamkeit verdient, wie die Schlange in Genesis/1. Mose 3,1 das Verbot aus 2,16-17 wiedergibt. Ähnlich verhält es sich nämlich zwischen Römer 7,7 und Exodus/2. Mose 20,13-17 ...

Als kleine Hilfe ist eine freie Übersetzung unseres Römerbriefabschnitts abgedruckt.

7 Heißt das nun, dass das (von Gott gegebene) Gesetz selbst Sünde ist? Das kann nicht sein. Aber trotzdem ist es so, dass ich ohne das Gesetz die Angst vor Gott nicht kennen gelernt hätte. Und auch mein Begehren wäre mir nicht weiter aufgefallen, hätte das Gesetz nicht gesagt: ›Du darfst nicht begehren!‹
8 Aber als die Angst, Gott wolle mich vernichten, durch das Gesetz einen Angriffspunkt bekam, zwang sie mich dazu, umso heftiger zu begehren.

Solange ich kein Gesetz gekannt hatte, hatte die Angst vor Gott nämlich keinen Angriffspunkt.
9 Anfangs lebte ich ohne Gesetz; erst als das Gebot kam, wurde die Angst lebendig.
10 Mein Selbstwertgefühl dagegen starb; ich musste erfahren, dass das Gebot, das doch zum Leben gegeben wurde, mich innerlich tötete.
11 Nachdem die Angst vor Gott durch das Gebot einen Angriffspunkt bekommen hatte, täuschte und tötete sie mich gerade durch das Gebot.

12 Gesetz und Gebot sind in sich heilig, gerecht und gut.
13 Sollte mir dann etwa das Gute den Tod gebracht haben? Das kann nicht sein. Vielmehr bewirkte die Angst durch das Gute den Tod in mir, und zwar damit sie als Verzweiflung zum Vorschein komme. Durch das Gebot sollte die Angst als aussichtslose Verzweiflung sichtbar werden.

ARBEITSBLATT 2

Römer 7,14-24: Verlust des Guten auf dem Weg der Umsetzung

Paulus spricht in unserem Abschnitt von einem Menschen, der bereits Christ geworden ist. Dieser Mensch hat verstanden, dass Gott ihn liebt, dass er darum keine Angst haben muss, nicht angenommen zu sein. Ein Mensch, der sich auch darüber klar geworden ist, dass die angemessene Antwort auf die Liebe Gottes die Liebe zu sich selbst und zu den Mitmenschen ist. Alles in bester Ordnung, sollte man meinen. Doch nun folgt eine Überraschung.
Dieser Mensch versucht, im Alltag die Liebe zu leben, und stößt dabei auf einen eigenartigen Gegensatz in sich selbst. In vier Hinsichten beschreibt Paulus den Gegensatz.

Die linke Spalte der unten stehenden Tabelle ist schon ausgefüllt. Ihre Aufgabe: Ergänzen Sie die rechte! Zur Hilfe wieder eine freie Übersetzung.

14 Wir wissen ja, dass das Gesetz vom Geist der Freiheit bestimmt ist. Ich aber bin Materie, ein Leib-
wesen, das heißt: der Angst unterworfen. 15 Daran liegt es, dass ich mein Handeln nicht be-
greife, dass nicht das bei meinem Handeln herauskommt, was ich will, sondern was ich hasse.
16 Wenn ich mir aber eingestehen muss, dass ich nicht das tue, was ich will, so gestehe ich
gleichzeitig dem Gesetz zu, dass es gut ist.

17 In meinem Handeln werde nicht ich wirksam, sondern die in mir wohnende Angst. 18 Ich bin mir
bewusst, dass in mir, das heißt in meinem Leib, nichts Gutes wohnt, weil ich das Gute zwar will,
es aber nicht verwirklichen kann. 19 Bei meinem Handeln kommt einfach nicht das Gute heraus,
das ich will, sondern das Üble, das ich nicht will. 20 Wenn ich aber gerade das bewirke, was ich
nicht will, so bewirke nicht ich das, sondern die Angst, die in mir wohnt.

21 Ich stoße also auf den Mechanismus: Wenn ich das Gute tun will, kommt trotzdem das Üble heraus.
22 Innerlich kann ich mich mit Freude mit dem Gesetz identifizieren, 23 aber in meinem Leib
sehe ich einen Mechanismus am Werk, der Krieg führt mit meinem inneren Wollen und mich
zum Gefangenen der Angst macht, die in meinem Leib wohnt. 24 Es ist zum Verzweifeln! Wer
wird mich diesem Todesleib entreißen!

Die Fremdheit des eigenen Ich

	Ich	»mein Untermieter«
Wer handelt?	Ich: Innenseite, »der innere Mensch« (V. 22)	
Ort der Körpererfahrung	Kopf (»Vernunft«, V. 23)	
Art der Aktivität	das Rechte tun *wollen* (V. 21)	
Ziel des Tuns	Liebe	

Von was für einer Art von Erfahrung spricht Paulus? Finden Sie ein Beispiel!
Versuchen Sie, in einem Satz zusammenzufassen, welche Erfahrung das Wort Sünde bei Paulus meint!

»Die sieben Todsünden« von Otto Dix

Tödliche Laster und neue Tugenden

Bibeltexte: Paulusbriefe, besonders Römer 7–8, Galater 5,1.19-23, 1. Korinther 6,9-11
Zielgruppe: Kunstinteressierte: Kirchenmitglieder und Kirchendistanzierte, Menschen, die nach einem neuen Verständnis der Begriffe »Sünde«, »Laster«, »Tugend« suchen
Materialien: Bild von Otto Dix (siehe Folie 8), Overheadprojektor, Leinwand

Vorbemerkung

Die Bildbetrachtung kann im Rahmen einer Veranstaltung, einer Bibelwoche oder eines Gottesdienstes stattfinden. Sie bedarf einer längeren Einführung in das Thema »Todsünde«. Sie kann auch dazu genutzt werden, eine Bibelarbeit zu einem der genannten Paulusbriefe abzuschließen. Daher wird im folgenden Text kein bestimmter Rahmen vorgegeben, sondern er dient der Vorbereitung der Person(en), die die jeweilige Veranstaltung durchführen.

Neues Testament: Distanzierung von den alten Lastern, von der Macht des »Fleisches« ist Zeichen der Gotteskindschaft

Wir finden in den Paulusbriefen an mehreren Stellen Aufzählungen von menschlichen Verhaltensweisen – negativer wie positiver Art. Entweder werden die Verfehlungen des »alten Adam« und die »Früchte des Geistes« des neugeborenen Menschen, des Menschen »in Christus«, einander gegenübergestellt (z. B. Galater 5,19-23) oder als so genannte Lasterkataloge negativ aufgezählt (z. B. 1. Korinther 6,9-11). Sie lehnen sich in ihrer Form teilweise an die Aufzählungen antiker Philosophen an, welche ebenfalls das menschliche Verhalten bewerteten und ihren Schülern Empfehlungen gaben für das, was im Leben zu meiden und was einzuüben sei. Hier ging es meist darum, ein selbstbestimmtes Leben zu führen, möglichst ungerührt von äußeren Abhängigkeiten, dem »stoischen Ideal« gemäß.

In der Bibel hingegen wird der Mensch in seiner Beziehung zu Gott gesehen, in seiner Entscheidung für oder gegen den Willen Gottes und den »Weg des Lebens«. Und er wird in seiner Zugehörigkeit zum Volk Gottes gesehen, das im Alten Bund seine »Verfassung« erhielt mit den zwei Tafeln der Zehn Gebote, die Mose übergeben wurden. Dieses Volk Gottes wird im Neuen Bund durch Christus zu einer weltweiten Gemeinschaft, die vom Apostel Paulus als »Leib Christi« auf Erden beschrieben wird (Römer 12,3ff., 1. Korinther 12,12ff.). Die Zugehörigkeit bestimmt sich nicht mehr durch ethnische Volkszugehörigkeit, sondern durch Umkehr und Taufe gehören die Christusgläubigen ihm als ihrem Haupte an. Und so ist auch das leibliche Leben jedes Christen gewissermaßen Christi eigenes Leben in Zeit und Welt. »Ich lebe, doch nun nicht ich, sondern Christus lebt in mir.« (Galater 2,20)

In dieser Zeit und Welt gibt es aber noch einen heftigen Kampf zwischen Gott und den widergöttlichen Mächten, zwischen dem Guten und dem Bösen. So mahnt Paulus: »Stellt euch nicht dieser Welt gleich« (Römer 12,2). Er meint damit: Wir leben durch Christus schon in Gottes Machtbereich, in einer neuen Weltzeit, sind erlöst von der Herrschaft des Bösen, die uns in der »alten«, unerlösten Welt knechtete. Wir dürfen nicht wieder zurückfallen in die Macht des »Fleisches« (besonders ausführlich entfaltet in Galater 5). »Geist« und »Fleisch« sind dabei Bezeichnungen, die wir nicht aus heutigem Allgemeinverständnis heraus auslegen dürfen. Sie sind gleichsam Chiffren, die in einem weiten Sinne das Leben in Christus dem Leben unter den »Götzen dieser Welt« entgegenstellen.

Paulus kann den Gegensatz auch beschreiben in der Gegenüberstellung eines Lebens in Freiheit, zu der uns Christus befreit hat (Galater 5,1), zu einem Leben in der Knechtschaft, unter den Zwängen des »Fleisches«, wie er das in Röm 7–8 ausführt. Mit dem Wort »Fleisch« meint er sowohl das Aufbegehren der Welt gegen Gott wie die Vergeblichkeit und Hinfälligkeit von »allem Fleisch«, wie es schon in Jesaja 40,6-8 beschrieben wurde. Und mit »Geist« meint er die befreiende und bewegende Macht Gottes, die auch unseren Leib und unser leibliches Leben ergreift und erneuert.

Paulus kann den Gegensatz auch so beschreiben: Wir *waren Sklaven*, Versklavte ohne eigenes Recht, nun *sind* wir *Kinder Gottes* geworden, denen alles gehört. Denn für sie gilt: »alles ist euer; ihr aber seid Christi; Christus aber ist Gottes« (1. Korinther 3,22-23). So sind Christen von aller moralinsauren Enge befreit, um die »Freiheit eines Christenmenschen« (Martin Luther) zu leben, als freie Töchter und Söhne Gottes: »Wir sind seines Geschlechts. ... göttlichen Geschlechts« (Apostelgeschichte 17,28-29).

Die sieben Todsünden: Spiegelungen der paulinischen Lasterkataloge in der christlichen Morallehre und der Kunst

Die Bibel stellt alles auf das Verhältnis zu Gott ab. So wird bei Paulus immer wieder gewarnt, nicht dem Irrtum anheim zu fallen, dass angesichts der Erlösung durch Christus das irdischleibliche Leben unwichtig sei. Es wird gewarnt, in die Begierden des »Fleisches« zurückzufallen, denn sie gehören in die Welt des Todes. Das Wort Todsünde stammt aber nicht von Paulus, sondern erst im 1. Johannesbrief wird von »Sünden zum Tode« gesprochen (1. Johannes 5,16-17). Hiermit ist gemeint eine beim Jüngsten Gericht nicht vergebbare Sünde, weil sie eine Abkehr von Christus bedeutet, eine Sünde also, die zum ewigen Tode führt. Aus diesem Wort ist die spätere Lehre von den »Todsünden« entstanden. Diese seien nicht vergebbar in der Beichte und die kirchliche Fürbitte für solche Sünder sei vergeblich – sie seien wie tot zu betrachten, lautete die kirchliche Lehrmeinung. Und man meinte auch, dass solches selbst von Gott nicht vergeben würde.

In unterschiedlicher Weise wurden diese Sünden im Laufe der Kirchengeschichte festgelegt – anfangs fielen nur Götzendienst, Unzucht und Mord darunter. Aber bald hat sich die symbolische Siebenzahl eingebürgert entsprechend der Siebenzahl der Tugenden und der Sakramente. Jetzt wird das antike Kampfthema zentral. In älteren Schriften und ihren Illustrationen wird von einem Kampf der Tugenden gegen die Laster gesprochen und dieser »Seelenkampf« (»Psychomachie«) wird gerne wie ein Gladiatorenkampf dargestellt. Auch hat man einen »Tugendbaum« und einen »Lasterbaum« gegeneinander gestellt. An den Westportalen der großen Kirchen, wie z. B. an Notre-Dame in Paris (1210), hat man dies Gegenüber in allegorischen Reliefs den Kirchenbesuchern zur Warnung vor Augen gestellt, später verwendete man Bilder aus dem Alltag dafür. Die Kunstgeschichte blieb aber durch die Jahrhunderte weitgehend bei den klassischen Sündenthemen der (katholischen) Kirche oder legte im protestantischen Bereich das Thema beiseite.

Zu Otto Dix und seinem Bild »Die sieben Todsünden«

In Aufsehen erregender Weise hat Otto Dix im 20. Jahrhundert das Motiv neu aufgegriffen, das inzwischen fast schon vergessen war. Denn es war von der Reformation aufgrund ihres ganz anderen Gnadenverständnisses abgelehnt worden und auch in der katholischen Theologie an den Rand gerückt.

Die Theologie des 20. Jahrhunderts kann Sünde nur als personales Verfehlen der Gottes-Beziehung und der Mitmensch-Beziehung verstehen, nicht mehr als Verlust eines »Gnaden-Standes«. Aber sie sieht auch die überindividuelle Verführung zum Bösen aufgrund gesellschaftlicher Strukturen, Mächte und Ereignisse, denen der Einzelne sich unterworfen sieht, und führt so auf überraschende Weise neu an biblische Einsichten heran. Die Todsünden werden nun verstanden als die Versuchungen der real existierenden Gesellschaft; ihre Analyse ist eine Form der Gesellschaftskritik, ihre Überwindung politisch-gesellschaftliche Aufgabe.

Otto Dix hatte sich nach dem Ersten Weltkrieg nicht gescheut, die Katastrophe in Gestalt der Kriegsopfer und Kriegskrüppel, aber auch im Blick auf Kriegsgewinnler und Bordelle darzustellen. Er ist der Meister der veristischen Menschendarstellung. Dies führte nach der NS-Machtergreifung bereits im April 1933 zu seiner Entlassung als Professor an der Dresdener Akademie, da seine Bilder »den sittlichen Wiederaufbau« gefährdeten. Ebenso schäbig war seine Entlassung als Mitglied der Preußischen Akademie der Künste im Mai. Während man bereits im Sommer 1933 seine Bilder in einer Ausstellung an den Pranger stellte, malte er »Die sieben Todsünden«. Erstmals ausstellen konnte er die Tafel, die er immer in Privatbesitz behalten hatte, 1938 in der neutralen Schweiz in Zürich. »Ohne Zweifel reflektierte Otto Dix in den grotesken Verkörperungen der Todsünden die vernichtenden Kräfte des Nationalsozialismus, dessen Opfer er im Entstehungsjahr des Gemäldes selbst geworden war«, so Jutta Dresch 1991, deren Analyse ich folge.[1]

1 Jutta Dresch's Analyse ist abgedruckt in: »Die sieben Todsünden der Menschheit«, Herrenalber Protokolle Nr. 86, Bad Herrenalb ^{2}1994

Es existiert eine Vorzeichnung in originaler Größe (179 x 120,5 cm, Galerie der Stadt Stuttgart), in der Dix die einzelnen Figuren bezeichnet: »Neid – Klein/Zorn – Teufel/Völlerei – Maul/Unzucht – Weib/Geiz – Alte/Trägheit – Tod/Hoffahrt – großer Kopf«.

Jutta Dresch beschreibt das Bild so: »Vor einer wüstenhaften Landschaft und der Ruine eines Gebäudes bewegen sich die sieben Todsünden in der Bilddiagonalen nach links vorne. Der Geiz in der Person einer tief gebeugten, hexenhaften Alten führt den Zug an. Auf seinem Rücken hockt der Neid in Gestalt eines maskierten Gnoms. Das schwarze Bärtchen seiner Maske kennzeichnet ihn als Hitler. Dahinter tanzt die Trägheit des Herzens im Kostüm des Knochenmannes. Ihn begleitet die Wollust, die durch eine Prostituierte verkörpert wird. Links hinter der Trägheit erscheint der Zorn in tierähnlicher Gestalt. Die karnevalistischen Figuren des Hochmuts und der Völlerei bilden den Schluss des Zuges. Die Hoffahrt trägt eine große Kopfmaske, im Kostüm der Gefräßigkeit steckt ein feistes Kind. An der Ruine steht das Nietzsche-Zitat: ›Die Wüste wächst. Weh dem, der Wüsten birgt.‹«

Dieter Schmidt sah darin »die entfesselten Begierden des Faschismus mit Hitler als Neid im Mittelpunkt«. Dies gilt ohne Zweifel auch unter Berücksichtigung der Tatsache, dass der Hitlerschnurrbart von Dix selber erst nachträglich, ca. 1950, zusätzlich aufgetragen wurde.

Nicht nur die gesellschaftliche Deutung des alten Motivs der sieben Todsünden ist somit hier gegeben, sondern auch eine neue »Hierarchie« der Sünden, indem der Neid – also eine »soziale« Un-Tugend – als das zentrale Laster gilt.

Die Gegenwartsfrage: Was sind Laster oder Tugenden?

Die Gegenwart erkennt die Hauptverfehlungen des menschlichen Lebensziels in anderen »Sünden« als frühere Zeiten. Diese Änderungen sind aber auch früher immer wieder geschehen. Ist etwa nicht heute die »Habgier« eine alles beherrschende »Untugend«? So stellt der Gegenwartskünstler Matthias Koeppel Korruption und Filz (in seinem Bild gleichen Titels) in einer Wohlstandsgesellschaft bloß.

Aber es gibt noch andere Veränderungen im Verständnis der Laster. Für ein Menschenbild, das die »Selbstverwirklichung« über alles stellt, kann alles, was unter dem Gesichtspunkt der Gottes- und Nächstenliebe »Sünde« ist, zum Hemmschuh werden. Umgekehrt wird dann die Verwirklichung der einst kirchlich verurteilten Laster zur »Tugend« der Selbstverwirklichung. »Man gönnt sich ja sonst nichts«, lautet die Rechtfertigung.

Dass so aber der Ruin des Einzelnen wie die Zerstörung von Familie und Gesellschaft und schließlich die Erschöpfung der endlichen Ressourcen der Natur drohen, ist bereits eine Erfahrung unserer Tage. Die alte Weisheit »nichts zu viel« führt zur neuen Einsicht in die Notwendigkeit des Maßhaltens, in die Nützlichkeit von »Enthaltung«, ja von Askese und Fasten zu bestimmten Zeiten für Leib und Seele. Und die tendenziell grenzenlose Ausbeutung im sozialen Miteinander wie in ökologischer Hinsicht droht zur Erschöpfung des Freiheitsspielraums zu führen, den man vermeintlich wahrnimmt, und lässt alte Tabus als Gottesgebot und Menschheitsweisheit wieder ernst nehmen.

Autor: Manfred Richter, Berlin

Eine Wundererzählung neu wahrnehmen

Mit einem Taubstummen das Leben suchen

Bibeltext: Markus 7,31-37
Zielgruppe: bei Entwurf A: Kinder, Jugendliche
bei Entwurf B: Erwachsene
Ziele: siehe beim jeweiligen Entwurf
Mitwirkende: siehe beim jeweiligen Entwurf

Annäherung an das Thema

Mit der Einladung oder zu Beginn der Bibelarbeit sollten folgende Punkte thematisiert werden:

Mögliche Einwände:
- Warum soll ich mit einem Taubstummen das Leben suchen?
- Ich bin nicht taub, ich kann doch hören! – Und reden auch (vielleicht sogar zu viel).
- Soll ich auf Lebensfülle verzichten und mit Einschränkungen leben? – Das kommt für mich eigentlich nicht in Frage.

Zweifel an diesen Einwänden:
- Sollte vielleicht noch etwas anderes als eine körperliche Krankheit gemeint sein?
- Höre ich wirklich alles – und höre ich überhaupt hin, wenn geredet wird?
- Bin ich vor allem taub für das, was mir nicht passt, wenn ich meine Ohren auf Durchzug stelle?
- Hört mir überhaupt jemand zu, wenn ich rede? – Haben da nicht die anderen auch taube Ohren?

Perspektiven für die Annäherung an die Geschichte aus dem Markusevangelium:
Sollte ich mich mit dem, der nicht hören und nur Unverständliches stammeln kann, vielleicht doch auf den Weg machen? Da entstehen Hoffnungen,
- aus der gesellschaftlichen Isolation herauszukommen,
- anerkannt zu werden,
- Gesprächspartner zu finden, mit denen man reden kann, weil sie zuhören,
- selbst offene Ohren und eine gelöste Zunge zu bekommen und andere wahrzunehmen,
- jemandem zu begegnen, der wirklich heilen kann, ohne Hilfe bloß zu versprechen.

Wahrnehmung der biblischen Erzählung Mk 7,31-37

Anmerkungen zum Text

Der biblische Text von der Heilung eines Taubstummen durch Jesus wird nach einer in der Gemeinde bekannten Übersetzung gelesen. Was im Text unverständlich ist, soll erfragt werden und von der Leitung möglichst kurz und präzise beantwortet werden. Einige Anmerkungen zu einzelnen Textstellen:

31: Landschaftskunde: Tyrus am Mittelmeer ist ebenso nichtjüdisches Gebiet wie das Gebiet der Zehn Städte (Dekapolis) östlich des Jordans und des Sees Gennesaret. Sidon liegt noch nördlicher am Mittelmeer. Eine Reiseroute von Tyrus über Sidon nach Galiläa ist daher nicht sehr wahrscheinlich, auf jeden Fall aber ein großer Umweg.

33: Wie der Heilungsvorgang genau erfolgt, lässt sich über das Beschriebene hinaus nicht genauer sagen.

36: Zum Schweigegebot über die Heilung: Der Evangelist Markus begleitet das Tun Jesu mit dem Schweigegebot, weil Jesus bis zu seinem Kreuzestod als der im Judentum erwartete Messias unerkannt bleiben soll (Messiasgeheimnis). Der Leser des Evangeliums weiß, dass Jesus seit seiner Taufe der Gottessohn ist (1,11), – und dass ein römischer Hauptmann am Kreuz Jesu bekennt: »Wahrlich, dieser Mensch ist Gottes Sohn gewesen!« (15,39)

37: Wenn Menschen außer sich geraten, dann ist das nicht nur Ausdruck der Freude, sondern auch des Erschreckens. Eine überraschende Tat löst beides aus, erschütternde Furcht und staunenden Jubel. Als »Wunder« wird sie vom Evangelisten positiv gewertet und in das überlieferte Glaubens- und Weltanschauungsgut eingeordnet. Hier geschieht es in der Art eines israelitisch-jüdischen Lobliedes auf den Schöpfergott: Bibelleser erinnern sich an den ersten Schöpfungsbericht Genesis/1. Mose 1,31: »Und siehe, es war sehr gut.« Oder an Psalmen, die Gottes Schöpfung preisen: »Du hast sie alle weise geordnet« (Ps 104,24; 119,39). Und die Propheten erwarteten die Wiederherstellung der Schöpfungsordnung mit einer Welt ohne Krankheit (Jes 35,5-6). Die Heilungstaten Jesu sind für die Glaubenden Zeichen der »neuen Schöpfung«, deswegen wird Jesus wie der Schöpfergott selbst gelobt: »Er hat alles wohl gemacht« (Markus 7,37).

Probleme, die die Geschichte heutigen Lesern zumutet

Die Heilung des Taubstummen ist eine klassische Wundergeschichte, in der Jesus völlig in der Rolle eines antiken Wundertäters dargestellt wird. Dabei geht es »handfest« zu: Jesus legt die Finger in die Ohren des Tauben und berührt mit seinem Speichel die Zunge des Stummen. Die Kräfte zum Heilen empfängt er durch den Blick nach oben und das betende Seufzen, das Hilfe aus einer anderen Welt erbittet. Dann der für viele unverständliche, aramäisch klingende Ruf, der so viel wie »Öffne dich« bedeutet: Er verändert den Kranken, öffnet das Gehör, löst die Zunge, der Taubstumme wird auf einmal gesund. Plötzlich wird er aus seiner Isolation befreit, und alles, was Gesunde vernehmen, stürmt nun auf ihn ein: Geräusche, Vogelzwitschern, Lärm, aber auch Worte und Musik. War er vorher ausgeschlossen aus seiner Umwelt, so ist er jetzt mittendrin im vollen Leben. Was ist mit ihm geschehen?

Jesus hat den Taubstummen wahrgenommen, ernst genommen, für sich genommen – weg von der Menge – und auf diese Weise beund geachtet. Er ist nicht mehr angewiesen auf Almosen und Mitleid, die demütigend sein können. Jesus hat seine Menschenwürde wiederhergestellt: Für Menschen, die an Gott glauben, ist das die Ebenbildlichkeit des Gottes, der alles, was er schafft, »gut macht«.

Muss man heute an ein Wunder, das sich geschichtlich ereignet hat, glauben, um mit dieser Geschichte etwas anzufangen? Beim genauen Hinsehen gibt es überraschende Feststellungen: In der ganzen Erzählung ist von Glaube und Gott nicht ausdrücklich die Rede. Es wird auch nicht berichtet, dass die umstehenden Zeugen oder der Geheilte gläubig wurden. Nicht zufällig spielt die Geschichte im nichtjüdischen Land, in dem der Glaube an Gott, besonders an Israels Schöpfergott, unbekannt war. Sie gilt daher Christen als Beispiel dafür, wie Ungläubige mit Jesus Christus bekannt werden können: Allein das Beispiel soll wirken, soll zum Nachdenken anregen und zu eigenen Erfahrungen verhelfen! Heute bietet diese Geschichte eine besondere Nähe zur Situation im eigenen Land, in der vielen Menschen der Glaube an Gott und an Jesus Christus fraglich, ja unbekannt geworden ist.

Für naturwissenschaftlich denkende Menschen muss die Erzählung keine Zumutung sein, auch wenn man sich eine physische Heilung auf die dargestellte Weise kaum erklären kann. Die Zeit von Wundertätern und Medizinmännern dieser Art ist vorbei, doch gibt es ein Wissen um heilende Spucke oder um Hände, die heilende Kräfte übertragen. Diese Kräfte wirken auch psychisch. Die Wunder, auf die diese Erzählung achten lehrt, ereignen sich, wenn gestörte Beziehungen zwischen Menschen wiederhergestellt werden, wenn Menschen sich versöhnen, weil sie wieder aufeinander hören und miteinander reden!

Christen wollen mit dieser Geschichte von ihrem eigenen Glauben an Jesus erzählen: Menschen können sich erlösen lassen aus einem heillosen Leben, können geheilt werden aus ausweglosen Situationen, können umgewandelt werden zu einem neuen Leben! In der »religionslosen Sprache« des Bibeltextes kann man den Weg dazu an Jesus lernen: Wer sollte nicht seufzen über Ungerechtigkeiten, Unfrieden und Krieg und sich aus der Lähmung der Zunge mit Schreien des Protestes befreien? Wer sollte nicht nach oben, in den Himmel blicken, um anzuzeigen, dass unsere Welt mehr ist, als was wir ansehen und anfassen können? Auch der »aufgeklärte Mensch« sollte den Zusammenhang von Körper, Seele und Geist ernst nehmen.

Gestaltung der Bibelarbeit

Entwurf A

Zielgruppe: Schulkinder, Jugendliche
Ziel: Symbolgehalte der Erzählung spielerisch und meditativ erschließen
Mitwirkende: wenn möglich Lehrer oder andere Sachverständige aus einer Gehörlosenschule mit Kenntnis der Gebärdensprache; alle aus der Gruppe

Spielerische und meditative Erschließung

Je nach Gruppengröße kann in Kleingruppen parallel gespielt werden. Zur Einführung kann die Gruppe sich aus der Gehörlosenschule und Gehörlosenarbeit erzählen lassen. Ein Gespräch kann am Ende oder zwischen einzelnen Abschnitten stehen.

(a) Sich in die Lage von Taub-Stummen hineinversetzen: Ohren schließen (mit Ohropax verschließen) und dabei Musik spielen lassen.
(b) Sich verständigen lernen durch Zeichen- und Gestensprache, auf diese Weise eigene Gefühle ausdrücken, durch »Körpersprache« Signale geben.
(c) Sprachlich nicht reagieren, wenn ich gefragt, angeschrien werde, die Ohren auf Durchzug stellen (Szenen aus dem Familien- und Schulalltag können hier einfließen).
(d) Sprichwörter suchen und darstellen: Es verschlägt einem die Sprache, einem fehlen die Worte – vor Erregung, Trauer, Schmerz. Keine Worte finden vor Freude.
(e) Stille-Übungen, Phantasiereisen in eine Welt ohne Töne, Schweigen als Hilfe, stille Zeit, Abschalten des Lärms, Ruhe finden.
(f) Das rechte Wort zur rechten Zeit verlangt auch, das Schweigen zu brechen. Dann ist Reden geboten. Meditation und Stille-Training müssen beendet, abgeschlossen werden.
(g) Lieder zur Thematik aneignen: z. B. den Kanon »Schweige und höre« (EG Ausgabe Nordelbien Nr. 614[1])
(h) Wann ist Reden Silber und Schweigen Gold? Wann sollen Menschen von Jesus schweigen, wann von ihm reden (V. 36 des Bibeltextes)? Gespräch über Situationen, in denen vom Glauben die Rede sein sollte oder besser nicht.
(i) Was Hände und Finger alles tun können: grüßen, anfassen, schlagen, Schattenfiguren machen, helfen, beten, segnen … . Welche Wirkungen haben die Gesten jeweils? Ausprobieren, vorführen, darüber reden.

Entwurf B

Zielgruppe: Erwachsene
Ziel: Symbolgehalte der Erzählung mit den Mitteln des Bibliodramas entdecken, eigene Stummheiten entdecken, Dimensionen biblischer Wundererzählungen wahrnehmen
Mitwirkende: alle Mitglieder der Gruppe

Methoden zur Erschließung des Textes

(a) Bibliodrama: Den Text in verschiedene Rollen und Perspektiven aufteilen, die eigene Rolle finden und als Szene mit anderen spielen. Unbesetzte Rollen können durch Gegenstände symbolisiert werden. Danach das Spiel auswerten, die eigenen Rollenentscheidung und die Spielerfahrungen mitteilen. Die im Spiel erlebten Perspektiven für das eigene Leben aufspüren. Nach den Wahrheiten des Bibeltextes suchen und mit den eigenen Wirklichkeitserfahrungen in Beziehung setzen.
(b) Zugang über die Kunst: Die Welt der Stummen aus Literatur und Film wahrnehmen,

- z. B. Lesen von Bertolt Brecht »Mutter Courage«, die Rolle der stummen Katrin.
- z. B. der Spielfilm »Schweigende Lippen« (USA 1948): Ein taubstummes Mädchen lernt durch einen Arzt, sich in Gebärdensprache zu verständigen; kann sich aber nicht gegen die Vergewaltigung durch einen anderen Mann des Ortes wehren. Der Konflikt ist mit der Geburt des Kindes und der Ausgrenzungspolitik des Ortes gegen die Fremden – den Arzt und die Familie des Mädchens – programmiert.

(c) Literarische und künstlerische Verfremdungen des Bibeltextes vornehmen: z. B. Wilhelm Willms: »als jesus den stummen heilte« (siehe folgende Seite). Dazu eigene Gegen-Texte schreiben; Geschichten, die anders verlaufen sind, können erzählt werden.
(d) Zum Vergleich das Phänomen Zunge/Sprache an anderen Stellen im NT untersuchen: »Zungenrede«/Lallen und vernünftiges, artikuliertes Sprechen in 1. Korinther 14; »Zungen« als Sprachen der Verständigung zu Pfingsten (Apostelgeschichte 2). Oder: »Wes das Herz voll ist, des geht der Mund über« (Matthäus 12,34) und »dass die Menschen Rechenschaft geben müssen am Tage des Gerichtes von jedem nichtsnutzigen Wort, das sie geredet haben« (Matthäus 12,36).
(e) bis (i) aus Entwurf A kann auch für die Zielgruppe Erwachsene umgesetzt werden.

Wird der Entwurf in einer festen Gemeindegruppe umgesetzt, so können sich im Anschluss an die Bibelarbeit folgende Fragen ergeben:

- Welche gemeindliche oder kommunale Aktion ist möglich, um die Situation von taubstummen oder gehörlosen Menschen zu verbessern? Wie geht es taubstummen Kindern und Jugendlichen in ihren Familien, in den Sonder- und Spezialschulen der Umgebung?
- Welche Meditations- und Stille-Angebote bestehen in unserer Kirchengemeinde, welche können noch eingerichtet werden?

Autor: Prof. Dr. Raimund Hoenen, Halle-Wittenberg

1 Alle Regionalteile sowie der Stammteil des Evangelischen Gesangbuchs finden sich auf der CD-ROM: Evangelisches Gesangbuch elektronisch. Deutsche Bibelgesellschaft, Stuttgart 1999.

Wilhelm Willms: als jesus den stummen heilte …

als jesus
den stummen heilte
ja … was da?
da ist er ganz nahe herangegangen
an diesen stummen menschen
hat ihn umarmt
hat sich nicht distanziert verhalten
ist nicht wie ein psychotherapeut
nicht wie ein medizinmann
nicht wie ein seelsorger
mit vollmacht vom amt
aufgetreten
wie ein mensch
ist es ganz nahe herangegangen
und hat mit dem finger
speichel aus seinem mund genommen
und den speichel
dem stummen auf die zunge gestrichen
ganz konkret
furchtbar konkret
bah … speichel!
wo bleibt da die hygiene
das gesundheitsamt muss einschreiten
aber was ist bei verliebten »bah …«
und diese ungeheure menschliche nähe
diese nicht gespielte zuneigung
löste und erlöste den stummen
das ist erlösung!!
wenn so einer kommt –
da tat der stumme seinen mund auf
das alle vorher war vielleicht
wortlos zugegangen
wie liebesspiele wortlos vor sich gehen
und jetzt spricht auch jesus mit ihm
dem nicht mehr stummen
und sie verstehen sich
und von da an
wagte der stumme
wieder mit menschen zu sprechen
weil er einem menschen begegnet war
denn
sprechen ist ein wagnis
wenn es nicht bloßes plappern sein soll
nichtssagendes plappern
wirkliches sprechen
ist ein wagnis
dieser stumme
wagte wieder den mund aufzutun
weil er einem menschen gegenüber hatte
dem er sich öffnen konnte
ohne gedemütigt zu werden
deshalb wagte er wieder
den mund aufzutun
…

aus: W. Willms, der geerdete himmel, S. 5 (Auszug).
© Verlag Butzon & Bercker, Kevelaer [7]1986

Esel führen auf Gottes Spuren

»Mach dich auf den Weg und such die Eselinnen!«

Bibeltexte: Numeri/4. Mose 22,21-35; Genesis/1. Mose 36,24; 1. Samuel 9,1–10,16; Lukas 19,28-40par
Zielgruppe: Erwachsene mit Bibel-Grundkenntnissen und/oder Interesse am Thema Tiere
Materialien: Overheadprojektor und Folien (Kopiervorlagen dazu Seite 137-138)

Inhalt

Esel 1: Das 1. Buch Samuel (Kap. 9–10) erzählt von Saul, der auszog, die zwei entlaufenen Eselinnen seines Vaters zu suchen – und das Königtum fand. Auf der Suche nach den Tieren nämlich befragte Saul den Seher Samuel, und dieser verriet ihm, dass die Eselinnen gefunden seien, aber die eigentliche Suche Israels nach einem König anstünde. Und er salbt, vorerst heimlich, Saul. Gerne tat dies Samuel freilich nicht, denn er fürchtete die neue Institution eines Königtums: Der König werde die besten der jungen Männer, die Frauen – und die besten Rinder und Esel – für sich arbeiten lassen (1. Sam 8,10-18).

Esel 2: Heinrich Heine erzählt in seinen Memoiren einen Schülerwitz über die exotische Sprachwelt der Tiere: »... der eine frug den andern: ›Wie unterscheidet sich das Zebra von dem Esel des Barlaam, Sohn Beors?‹ Die Antwort lautete: ›Der eine spricht zebräisch und der andere sprach hebräisch.‹« Tatsächlich sprechen in der Bibel nur zwei Tiere: Bileams Eselin und die Schlange in der Paradies-Geschichte.

In dem Menschen unverständlichen Lauten jedoch spricht auch das Getier und singt Gott Lob. In einer Haggada, einer jüdischen Lehr-Erzählung, tritt David voller Stolz vor Gott hin und fragt, ob es jemanden gebe, der Gott mehr Hymnen gesungen habe als er, David. Die Antwort kommt von unerwarteter Seite. Ein Frosch tritt auf und sagt: »Bilde dir nur nichts ein auf deine Psalmen! Wir Frösche preisen Gott noch viel mehr. Aus unzähligen Tümpeln und Teichen hallt unser Lob Gottes wider!« (zit. nach *Ezra BenGershôm: Der Esel des Propheten. Eine Kulturgeschichte des jüdischen Humors. Wissenschaftliche Buchgesellschaft, Darmstadt 2000*)

Wer in der Erwachsenenbildung mit der Bibel arbeitet, macht hie und da die Erfahrung, dass die Suche weniger gefragt ist als das Finden. Teilnehmende formulieren dann etwa so: »Aber diese Stelle muss doch psychologisch gedeutet werden!« – oder nennen eine andere Methode. Die Vorstellung, dass es keine abschließende Deutung gibt, macht vielen Mühe. Aber gerade die Interpretationsvielfalt macht die Bibellektüre spannend und immer wieder neu, lockt die Lesenden immer wieder auf neue Fährten.

Esel 3: Augustinus hatte sich gefragt, welche Tiere nicht in Noachs Arche waren. Seine Antwort sei noch nicht verraten. Wie aber Saul seine Eselinnen suchte und das Königtum fand, so stieß auch ein anderer, diesmal ohne gezielte Suche, auf Überraschendes. Genesis/1.Mose 36 scheint eines jener langweiligen Kapitel der Bibel: eine endlose Auflistung der Nachkommen Esaus. Allein: Im Unscheinbaren findet sich Unerwartetes. In Genesis/1.Mose 36,24 wird zu einem gewissen Ana gesagt, er sei Entdecker – aber wovon? Spannend ist hier ein Vergleich unterschiedlicher Bibelübersetzungen (könnte eine Aufgabe für die Textarbeit sein). Die Einheitsübersetzung nennt das, was Ana in der Wüste gefunden hat, »Wasser«; Luther übersetzt »warme Quellen«; die Übersetzung »Hoffnung für alle« weiß sogar von einer »heißen Quelle«. Und wann machte Ana diese Entdeckung? Beim Hüten der Esel seines Vaters!

Was diesen Ana anbelangt, schimpft Luther, er sei ein böser Schalk gewesen, der Ross und Esel zusammengelassen habe. Und jetzt dämmert auch Augustins Antwort auf, welches Tier nicht in Noachs Arche war: das Maultier, das durch Pferd und Esel gezeugt wird.

Für Schülerinnen und Schüler ist die Bibel oft bedeutungslos, weil sie der Naturwissenschaft widerspreche. Altbekannte Antwort: Die Bibel will kein Lehrbuch für Biologie sein. Bedeutet: Stellen wir die falschen Fragen, können die Antworten nur unbefriedigend sein. Bleiben wir bei den redenden Tieren, so transportieren Tierfabeln Wahrheiten in märchenhafter Sprache. Muss deshalb die Aussage schon unglaubwürdig sein? Sicher nicht.

Nochmals Esel 2: Gleichwohl hat sich etwa die jüdische Tradition mit dem sprechenden Esel Bileams befasst. In den Auslegungen des Midrasch liest sich das so: Im allerletzten Moment der Schöpfung, am Vorabend des ersten Sabbats, sind eine gute Hand voll Dinge oder Zeichen erschaffen worden, darunter eben auch die Sprache von Bileams Eselin, die von den Naturwissenschaften abweichen. Im Vorhinein also sind in der Schöpfung die Ausnahmen der Regeln mit eingebaut. (ausführlich dargestellt in: *Yehuda T. Radday: Ein Stück Tora. Zum Lernen des Wochenabschnitts. Arbeitsmappe. Aarau und Frankfurt a. M. 1994*)

Bileam samt Eselin sind ein beliebtes Motiv in der Kunstgeschichte. Bildbetrachtungen können dabei unterschiedliche Akzentuierungen aufzeigen.

Spielen wir einen Versuch durch mit zwei Stichen aus zwei berühmten Bilder-Bibeln.

Gustave Doré, Die Heilige Schrift

Julius Schnorr von Carolsfeld, Die Bibel in Bildern

(Bilder nachfolgend)

Bei Doré sind »Ross und Reiter« von hinten, bei Schnorr von Carolsfeld klassisch im Profil dargestellt. Die hörenden Eselinnenohren akzentuiert vor allem Carolsfeld, während bei Doré alles Licht auf das Schwert des Engels fällt. So wie der Bibeltext nicht einlinig auslegbar ist, zeigen die Darstellungen der Künstler unterschiedliche, aber gleichwohl berechtigte Blickweisen.

Esel 4: So wie im Alten Testament die Eselin ausspricht, was der Mensch nicht weiß, wird Jesus beim Einzug in Jerusalem (auf eben jenem Grautier!) sagen, dass die Steine verkünden werden, wenn den Jüngern die Sprache verboten wird (Lukas 19,40).

Autor: Thomas Markus Meier, Bern

Bileam und seine Eselin

aus: Die Bibel, mit Bildern von Schnorr von Carolsfeld, Stuttgart 1898

Bileam und seine Eselin

aus: Die Bibel, illustriert mit Bildern von Gustav Doré, Stuttgart o. J. (1889)

Von der Gipsfigur zurück zu den tierisch starken Engeln

Engel sind ganz anders

Bibeltexte: Jesaja 6,1-3; Numeri/4. Mose 22,21-35 u. a.
Zielgruppe: Jugendliche und Erwachsene mit Lust am kreativen Gestalten
Materialien: Papierrolle, Klebstoff/Leim, dicke Farbstifte, Malutensilien, alte Zeitschriften, Overheadprojektor und Folien (Kopiervorlagen dazu Seite 142)

Einleitung zum Thema

Ein biblisch-orientalisches Erbe unserer Kultur, das in den letzten Jahren ein großes Comeback erlebt hat, sind die Engel. Wer aber weiß schon, was sie von ihren Ursprüngen her sind? Gemeinhin werden Engel als Mittlergestalten zwischen Himmel und Erde, zwischen Gott und Mensch angesehen. Unvoreingenommener betrachtet sind Engel zunächst einmal eine Mischung aus Mensch und Tier. Verfolgt man die Geschichte der Engel zurück zu ihren Anfängen, lässt sich feststellen, dass die tierische Seite der Engel immer mehr zugunsten ihrer menschlichen zurückgedrängt worden ist.

Who is who?

a) Die Serafim

Der Prophet Jesaja sah in seiner Gottesvision Jahwe umgeben von geflügelten Schlangen. Nichts anderes bedeutet nämlich das hier verwendete und bekannte Wort Serafim, das anderswo in der Bibel selbstverständlich mit »Schlangen« übersetzt wird (vgl. Numeri/4. Mose 21,6.8; Jesaja 14,29).

Die Schlange war besonders in Ägypten ein allgegenwärtiges Schutzsymbol. Die Spei-Kobra, in Ägypten Uräus genannt, findet sich in Angriffshaltung mit gespreizter Halshaut an der Stirne von Gottheiten. Ihr Schutzcharakter konnte durch Kombination mit Flügeln unterstrichen werden. In dieser Gestalt erfreute sich das Schutzzeichen auch im angrenzenden Palästina/Israel großer Beliebtheit, besonders auf Beamtensiegeln (Abb. 2, vgl. Abb. 3, Seite 142). Schlangen stellte man sich offenbar auch in der heiligen Sphäre des Gottes JHWH vor.

Neu in Jesajas Vision ist der Umstand, dass sich die Serafim durch zusätzliche Flügelpaare ihrerseits vor Gottes Glanz schützen müssen. Damit wird in für Israel typischer Weise die göttliche Erhabenheit über alle – und sei es eine mythologische – Kreatur betont.

b) Die Kerubim

Die andere aus dem Alten Testament bekannte »Engelsgattung«, die Kerubim, sind geflügelte Wesen mit Löwenleib und Menschenkopf, in Ägypten Sphinx genannt. Dergestalt Stärke, Behändigkeit und Intelligenz kombinierend, könnten sie einem Fantasy-Comic entsprungen sein. Die altorientalischen Mythen waren von vielen Wesen dieser Art bevölkert. Im Salomonischen Tempel bildeten Kerubim den Thron Gottes (1. Könige 6,23-28; vgl. Abb. 4 Seite 142).

Die Engel werden vermenschlicht

Noch das Markusevangelium ist sich der Nähe von Tieren und göttlichen Schutzmächten bewusst, wenn es von Jesus heißt: »Er lebte mit den wilden Tieren und die Engel Gottes versorgten ihn.« (Markus 1,13b) Doch mit dem Siegeszug der griechischen Philosophie, die den Menschen himmelhoch über die übrige Kreatur stellte, ging auch im Orient das Bewusstsein für die Gottesnähe der Tiere allmählich verloren. Das Göttliche war bald nur noch in Gestalt des Menschensohnes und seiner Mutter fassbar. Entsprechend menschlich stellte man sich fortan auch die Engel vor. Die Flügel der dem Himmel besonders nahen Vögel durften allerdings bleiben. Dass Tiere in Gestalt von Ochs und Esel der Krippe Jesu am nächsten waren, wussten nur noch der Volksglaube und apokryphe Evangelien. Der »ernsthaften« Theologie war das eher peinlich.

Der eine Gott und die Engel

Gestalten wie der Wüstendämon Asasel in der Mitte der Tora (Levitikus/3. Mose 16,8.10), dem das Volk Israel seine Sünden schickt, oder Satan im Buch Ijob, der mit seiner Behauptung, dass es auf Erden keine echte Gottesfurcht gebe, Gott zu einer Wette reizt, mögen befremden angesichts der biblischen Lehre, die die Einheit und Einzigkeit Gottes so unermüdlich betont. Doch gerade der Eingottglaube war das Einflugloch für die vielen Wesen, die im Frühjudentum plötzlich in inflationärer Weise den Himmel zu bevölkern beginnen. Mit der Abschaffung der Göttervielfalt begann die Ära der Engel und Dämonen. Als Boten, Wächter, Beschützer, Ankläger, Sünden-Anzettler und -Verschlucker usw. übernehmen sie viele Funktionen der für machtlos erklärten Götter.

Phantasielose Engeltradition

Von den vielen Engelswesen hat in der Volksfrömmigkeit meist nur der persönliche Schutzengel – eine mehr oder weniger asexuelle, weiße Menschengestalt mit Flügeln – überlebt. An der Verdrängung des tierischen Anteils der Engel hat auch der moderne, sich oft kirchenkritisch gebende Engelsboom kaum etwas geändert. Die berühmten Engel der Bildhauerin Niki de St. Phalle (1930–2002) etwa sind zwar fleischlicher und sexuell eindeutiger geworden als die traditionell christlichen, aber keineswegs tierischer. Nur allzu deutlich lassen sich hinter den meisten mit Flügeln versehenen Wesen in Gips, auf Karten oder in Kinderbüchern überhöhte Tugenden und pädagogische Ideale ausmachen. Von der heiligen, durch ihre Andersartigkeit für den Menschen unheimlichen, aber auch faszinierenden Sphäre Gottes ist in diesen Gestaltungen kaum noch etwas zu erahnen. Angesichts dieser Situation bieten sich zwei verschiedene Auswege an.

Das andere Geschlecht: Phantasievoller Umgang mit der Tradition

Der eine Ausweg ist der kreativ-erneuernde Umgang mit der Tradition. Der asexuelle oder – positiv ausgedrückt – Geschlechter überschreitende Charakter der christlichen Engel hat die Künstlerin Rosemarie Trockel dazu bewogen, das 1994 auf dem Klaus-Mann-Platz in Frankfurt a.M. eingeweihte Mahnmahl zum Gedenken an die im Nationalsozialismus verfolgten und ermordeten Homosexuellen mit einem Engel zu gestalten, dem der Kopf abgeschlagen und zurechtgerückt wurde (Abb. 1, Seite 141). Der deutsche Sexualforscher Martin Dannecker sagte dazu bei der Einweihung: »Die geschlechtliche Ambiguität der Engel ... sollte als Mahnung an die Kultur verstanden werden, den polaren Gegensatz zwischen Weiblichkeit und Männlichkeit aufzulösen, damit die immer auch vorhandene Identifikation mit dem Geschlecht, dem man nicht angehört, sich mit der Identifikation mit dem Geschlecht, dem man angehört, verbinden kann.«

Workshop zum Thema »Tierisch starke Engel«

1. Befestigen Sie an einer Mauer oder Wand ein langes, mindestens ein Meter breites Papierband.

2. Kleben oder zeichnen Sie darauf einen Kerub und einen Seraf, jeweils mit Untertitel, evtl. mit einem Schriftzitat, kleben sie die Zeichnung von Max Rüedi auf und weitere Zeichnungen, Postkarten, Fotos usw., die den tierischen Anteil der Engel verdeutlichen, sodass eine zum Weitermalen einladende und anregende Gestaltungsfläche entsteht. Schreiben Sie darauf deutlich lesbar außer dem Text von Kurt Marti (siehe unten) auch folgende, nach Gutdünken auch noch andere Texte:
   »Die ältesten Engel sind geflügelte Schlangen, Löwen oder Stiere.«
   »Er lebte mit den ...Tieren ..., und die Engel Gottes versorgten ihn. (Markus 1,13)«
   »Die Eselin sah den Engel ... (Numeri/4.Mose 22,23.25.27)«
   »Pflanzen – Tiere – Menschen – Engel – Gott ... Wo der Geist weht, purzeln menschliche Hierarchien durcheinander.«
   »Denn Tiere sind:
   krabbelnde, kriechende,
   schwimmende, fliegende Phantasien
   der geselligen Gottheit.«
   (Kurt Marti).
   »Gestalten Sie Ihren eigenen, tierisch starken Engel!«

3. Legen Sie Malutensilien und evtl. auch Collagenmaterial (alte Zeitschriften, Zeitungen, Scheren und Leim oder übermalbare Klebstreifen) bereit.
   Erweiterung/Alternative bei vielen Teilnehmenden: Gestalten Sie in Gruppen mit mehreren großen Papierbändern (siehe 1.) Engelsgalerien mit Abbildungen von Engeln, die Ihrer Meinung nach die Andersartigkeit des Göttlichen zum Ausdruck bringen. Lassen Sie sich von den so entstehenden Galerien zu Diskussionen anregen. Leitfrage: Was kennzeichnet das Heilige?

4. Teilen Sie mit, wo und wann später zur Thematik der tierisch starken Engel gemeinsam diskutiert werden kann und wo später die tierisch starke Engelwand (die Engelsgalerien) zu sehen sein wird.

5. Abschließende Diskussionsrunde zum Thema: Eröffnen Sie mit Jesaja 6,1-3, wobei Sie das hebräische Fremdwort Serafim oder (eingedeutscht) Serafe in 6,2, in manchen Übersetzungen auch schon zu »Engel« geglättet, durch das auch sonst dafür verwendete Wort »Schlangen« ersetzen. Im Folgenden kann auf Zeichnungen und Texte an der Wand der tierisch starken Engel reagiert werden. Folgende Fragen können im Verlauf der Diskussion aufgeworfen werden:
   - Warum wird die Umgebung Gottes durch Tiere gekennzeichnet und beschützt?
   - Inwiefern kennzeichnen auch heute noch Tiere das Heilige, das Andersartige?
   - Welche Tiere vergegenwärtigen für Sie dies am meisten?

Weitere Arbeitsanregungen zum Thema

- Meditieren und diskutieren Sie die unten abgebildete Engelsfigur von Rosmarie Trockel im Zusammenhang mit ihrem historischen Hintergrund.
- Welche Tiere vergegenwärtigen für Sie am meisten das Göttliche, das Heilige? Malen Sie sie als Engel!

AUTOR: THOMAS STAUBLI, FREIBURG/SCHWEIZ

Weitere Informationen zum Thema unter www.bible-orient-museum.ch

Abb. 1: Rosmarie Trockel, Frankfurter Mahnmal
Foto: Erik Natter © Buchhandlung Oscar Wilde, D-60313 Frankfurt a. M.

Abb. 2 Judäische Stempelsiegelamulette mit vierflügliger Kobra (Saraf) und Namensinschrift, 8. Jh. v. Chr. Die Serafim, die Jesaja bei seiner Gottesvision im Tempel gesehen hat, waren geflügelte Schlangen!

Abb. aus: Bibel heute Nr. 112, Abb. 1a-c, Kath. Bibelwerk e. V., Stuttgart 1992

Abb. 3: Illustration aus der Froschauer-Bibel von 1531 zu Jesaja 6: Statt Schlangenleiber haben die Serafim Menschenköpfe. Die christliche Tradition hat die Schlange wegen ihrer negativ gedeuteten Rolle in der Schöpfungsgeschichte verdrängt oder verteufelt.

Abb. aus: Keel/Staubli: »Im Schatten Deiner Flügel« – Tiere in der Bibel und im Alten Orient, Universitätsverlag Freiburg, Freiburg (CH) 2001, Abb. 60.

Abb. 4: Rechts: Syrisches Elfenbein mit Keruben, die einen Lebensbaum flankieren und bewachen (vgl. Genesis/1. Mose 3,24). Links: Relief aus der Levante mit Gottheit auf einem Kerubenthron. Ganz ähnlich kann man sich den Kerubenthron Jahwes im Tempel von Jerusalem vorstellen.

Abb. aus: Bibel heute Nr. 112, Kath. Bibelwerk e. V., Stuttgart 1992

Bibel-Schnupperkurs zum Kennenlernen

Ein Buch wird (wieder) entdeckt

Konzeption

Zielgruppe:
Das Modell »Schnupperkurs« ist für Gemeinden und Gruppen konzipiert, die noch keine bzw. nur wenig Erfahrung mit Bibelarbeit haben und sich auch noch nicht darüber im Klaren sind, wie viele und welche Aufwendungen sie für eine bessere Bibelkenntnis aufbringen möchten. Er setzt bei den Teilnehmenden also keine besonderen biblischen oder theologischen Kenntnisse voraus, wohl aber die Motivation, etwas über die Bibel erfahren zu wollen, sei es auf der Wissensebene, sei es mehr auf der Erfahrungsebene. Angesprochen sind also aufgeschlossene, suchende Menschen, die nur wenig oder gar nichts von der Bibel wissen, die vielleicht nur negative Vorerfahrungen mitbringen, oder solche, die zwar im Gottesdienst die biblischen Lesungen hören, sich damit aber nicht zufrieden geben, sondern sich gerne näher mit der Entstehung der Bibel und ihrer Botschaft beschäftigen wollen.

Ziele:
Entsprechend der Zielgruppe soll zunächst die *Aufbereitung bisheriger Erfahrungen* aus dem Religionsunterricht oder der Predigt geschehen. Doch verfolgt die Reihe vor allem das zukunftsorientierte Ziel, Interesse für eine intensive Beschäftigung mit der Bibel zu wecken, indem sie zeigt, dass die Bibelarbeit entscheidende und bedeutsame Impulse für das gegenwärtige konkrete Leben des Einzelnen und der Gemeinde geben kann. Die Teilnehmenden sollen erfahren, dass ihnen Gottes Wort in der Bibel auch heute als lebendiges und wirksames Wort begegnen kann.

Darüber hinaus will der Kurs auch ein *Grundwissen hinsichtlich der Entstehung der Bibel* und anderes Wissenswertes über die Bibel vermitteln. Daher gehört die konkrete Arbeit mit einem Bibeltext, bei der solche Fragen zur Sprache kommen können, notwendigerweise dazu.

Ein weiteres Anliegen ist das *Kennenlernen* von und das Vertrautwerden mit *verschiedenen Methoden*, wobei den erlebnisorientierten Zugängen besondere Bedeutung beigemessen wird. Die Methoden umfassen also die beiden wichtigen und einander ergänzenden Aspekte einer ganzheitlichen Bibelarbeit: die analytische Arbeit am Text und die erlebnis- oder erfahrungsorientierten Zugänge.

Schließlich soll der Kurs die Teilnehmenden *motivieren* und ermutigen, *mit der Bibel weiterzugehen*, ihr Leben künftig noch stärker am Wort Gottes auszurichten. Konkret bedeutet das, dass aus dem »Schnupper«-Kurs eine fortgehende Beschäftigung mit der Bibel in Form eines Bibelkreises entstehen sollte. Als Anregung dient ein problemorientierter Teil, bei dem die Teilnehmenden Antworten auf Fragen bekommen sollen, die sie schon immer bewegten.

Dieses Grundkonzept soll an *vier Abenden* (jeweils ca. 2 Stunden) entfaltet und verwirklicht werden, wobei jeder Abend durch seine besondere Gewichtung unterschiedliche Arten des Zugangs eröffnet:

1. Abend:
Erster Zugang zum Bibeltext – Aufarbeitung bisheriger Erfahrungen
2. Abend:
Wissenswertes über die Bibel – Arbeit am Text
3. Abend:
Erleben des Bibeltextes – erlebnisorientierte Zugänge
4. Abend:
Schwierigkeiten mit Bibeltexten – problemorientierter Zugang.

Es ist auch möglich, einen intensiven Einstieg mit einem Ganztagesseminar zu wählen, der die Abende 1–3 umfasst, und danach einen Auswertungs- und Weiterdenk-Abend anzuschließen (4. Abend).

Durchführung

Ein »Buch mit sieben Siegeln« oder »Quelle des Lebens«? (1. Abend)

Ziele:
Die Teilnehmenden sollen bisherige Erfahrungen – Frust oder Freude – zum Ausdruck bringen können (oft ist »Dampfablassen« nötig), gleichsam eine Bestandsaufnahme machen, die Ausgangspunkt für neue behutsame Schritte werden kann. Wenn mit Hilfe des Bibeltextes

ein erster Schritt auf die Bibel zu gelingt, wäre ein Idealziel erreicht.

Inhalte:
Bisherige Vorerfahrungen der Teilnehmenden mit der Bibel, Konfrontation dieser Erfahrungen mit Erfahrungen, die in einem Bibeltext geschildert werden, z. B. in 2. Könige 22.

Methoden:
Der Zugang vollzieht sich in drei methodischen Schritten:

- Vom Leben ausgehen, d. h. hier: Austausch eigener Erfahrungen mit der Bibel, visualisiert auf Papier und durch eine symbolische Handlung.
- Vom Text ausgehen: Arbeit mit einem konkreten Text mit Hilfe vorgegebener Fragen.
- Zurück zum Leben: Vertiefung des Erkannten durch persönliche Besinnung oder Imaginationsübung (»Phantasiereise«).

Bibelarbeit zu 2. Könige 22

Raumgestaltung
Auf einen Tisch oder auf den Boden in der Mitte des Raumes wird ein Tuch gelegt, darauf eine große geschlossene Bibel, eventuell kann eine Kerze dazugestellt werden. An einer anderen Stelle werden einige Bibeln für die Teilnehmenden bereitgelegt, die ihre eigene vergessen haben. Schon vor Beginn werden im Raum Plakate aufgehängt oder Zettel ausgelegt, auf denen einige Aussprüche zur Bibel stehen. So können die Teilnehmenden sie schon beim Eintreffen wahrnehmen und sich einstimmen.

Einige Beispiele: Was ist die Bibel?

- Antwort eines Schülers: »... dick, schwarz und heilig.«
- Eine Teilnehmerin: »Sie reden dauernd von der Bibel. – Wir haben zu Hause nur ein Neues Testament – ist das das Gleiche?«
- Ein Kreis von Akademikern: »Was wir heute brauchen, ist nicht die Bibel, sondern ein handfester Katechismus.«
- Ein junges Mädchen: »Da kommt doch die Sache mit dem Weihnachtsmann drin vor.«
- Eine Hausfrau: »Im Neuen Testament sind vier Evangelien. Eins wäre doch klarer gewesen...«
- Ein älterer Katholik: »Als Laie darf man die Bibel nicht lesen, denn der Laie versteht sie nicht richtig.«

Begrüßung und Einführung
Nach der Begrüßung wird kurz der Verlauf erläutert.

Danach kann das Lied »Herr gib uns Mut zum Hören« (GL 521 = EG Ausgabe Bayern/Thüringen 588 und Ausgabe Rheinland/Westfalen/Lippe 605[1]) gesungen werden.

Austausch eigener Erfahrungen mit der Bibel
Die Teilnehmenden werden gebeten, in kleinen Gruppen (max. 6 Personen), ausgehend von den auf Plakaten/Zetteln festgehaltenen Aussprüchen zur Bibel ihre eigene Erfahrung (oder Nichterfahrung) mit der Bibel zur Sprache zu bringen. Es ist nicht erforderlich, dies gleich ausführlich zu tun. Wenn es sich ergibt, können einzelne (markante) Aussprüche, die während des Gesprächs fallen, ebenfalls auf Zetteln festgehalten und den schon ausgelegten/aufgehängten beigefügt werden, sodass die Gesamtgruppe Anteil erhält. Wichtig ist, dass alle zu Wort kommen (20–30 Minuten).

Anschließend legt der/die Leiter/in kleine, farbige, aus Tonpapier ausgeschnittene Pfeile auf das Tuch, die von den Rändern des Tuches auf die Bibel zeigen. Dazu stellt er/sie die Frage an die Gesamtgruppe: Wo begegnete Ihnen die Bibel bisher?

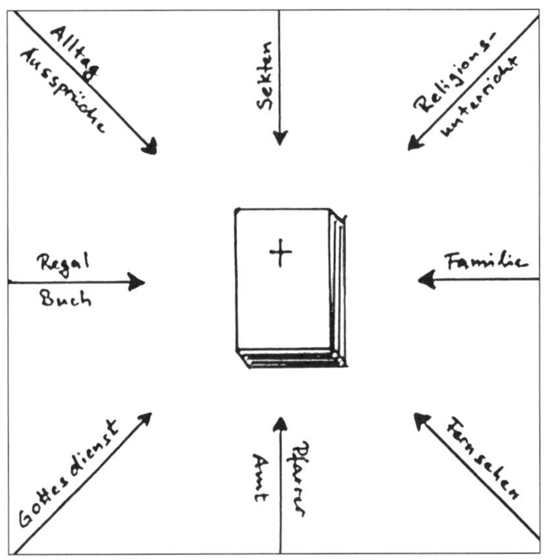

Auf kleinen Kärtchen werden die genannten Bereiche festgehalten und zu den Pfeilen gelegt.

Während des Gesprächs wird die Frage eine Rolle spielen, ob in der jeweiligen Situation bzw. Erfahrung ein Zugang zur Bibel möglich war, ob und gegebenenfalls wer dabei Hilfe leistete oder ob der Zugang eher blockiert wurde. Im

1 Alle Regionalteile sowie der Stammteil des Evangelischen Gesangbuchs finden sich auf der CD-ROM: Evangelisches Gesangbuch elektronisch. Deutsche Bibelgesellschaft, Stuttgart 1999.

letzteren Fall verbindet sich damit die Frage: Wodurch oder durch wen wurde nach Ihrer Erkenntnis der Zugang versperrt?

Während die Teilnehmer berichten, können sie entsprechend ihrer eigenen Erfahrung ihre geöffnete (für positives Erleben) oder geschlossene Bibel (für negatives Erleben) um die große Bibel in der Mitte herumlegen. Die geschlossenen Bibeln können als Barriere rund um die Bibel aufgestellt werden (falls keine Bibel zur Hand, bereitgelegte Steine für »Wall« um die Bibel nehmen).

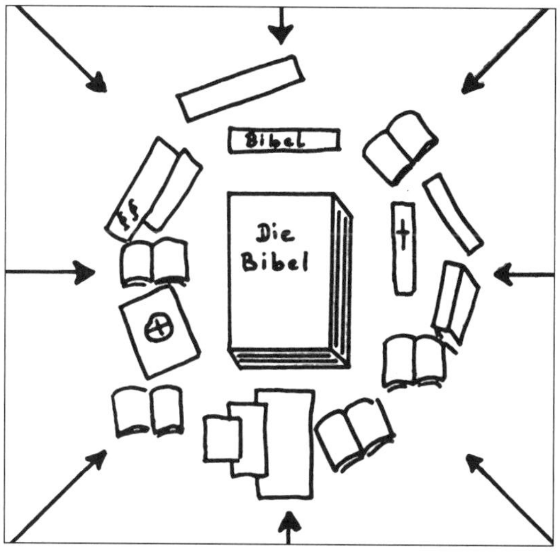

Als Barrieren werden sicher genannt: schwer verständliche Texte, Menschen, die die Botschaft verkünden und nicht leben, Aggressionen gegenüber moralischen Appellen, die Fremdheit vieler Texte (»lange ist's her«, »weltfremd«), Missbrauch der Bibel für »schlagende« Argumente, innerkirchlich und im Streit mit Sekten. Vermutlich entsteht ein ansehnlicher Wall trotz etlicher geöffneter Bibeln.

Barrieren könnten auch aus anderen, konkurrierenden Bereichen und Alltagserfahrungen entstehen. Für sie können zusätzlich Gegenstände als Symbole, wie z. B. Uhr, Geldbeutel, Ball, aus Papier geschnittener Fernseher oder Walkman, hinzugelegt werden.

Von daher ergibt sich ganz natürlich die Frage: Wie kann all das abgetragen werden, was uns von der Bibel trennt? Vor allem: Wie kann sich uns die Bibel dann trotzdem (er)öffnen? (Darin drückt sich der vielfach unbewusste Wunsch vieler Teilnehmender aus, sonst wären sie nicht gekommen.)

Antworten »schlummern« oft schon in uns und wollen gleichsam geweckt und ans Licht gehoben werden durch unsere Fragen. Deshalb werden die Teilnehmenden gebeten, selbst nach Lösungsvorschlägen zu suchen und sich dabei durch ihre Phantasie kreativ leiten zu lassen. Da dies meist schwer fällt, ist es gut, eine kurze Zeit der Besinnung einzuräumen. Dadurch wird auch verhindert, dass vorschnell Generalrezepte verteilt werden. Wer einen Vorschlag einbringt, kann eine aufgestellte Bibel umlegen und öffnen ...

Wenn keine neuen Vorschläge mehr genannt werden, wird die Frage auch an die Bibel gestellt. Vielleicht kann sie selber uns mitteilen, wie Barrieren verschwinden können.

Impulse aus der Bibel

Der Text 2. Könige 22 wird reihum gelesen oder von einigen Teilnehmenden mit verteilten Rollen gelesen (Erzähler, Hohepriester, Staatsschreiber, König, ...). Zum historischen Hintergrund des Königs Joschija (640–609 v. Chr.) kann die Parallelstelle 2. Chronik 34 herangezogen werden.

Danach werden die Teilnehmenden eingeladen, zu zweit oder zu dritt (bei wenig Zeit: im Plenum) anhand folgender Fragen einiger Beobachtungen am Text zu machen:

- Welches Wort/welcher Satz betrifft mich besonders?
- Wodurch ist der Zugang zum biblischen Buch verschüttet?
- Auf welche Weise wird ein Zugang zum biblischen Buch geschaffen und wodurch öffnet sich sein Sinn, »eröffnet« es sich?

Die Beobachtungen/Antworten zu den beiden letzten Fragen werden ins Plenum eingebracht und können durch den/die Leiter/in ergänzt werden.

Zur Vorbereitung können Kommentare oder Literatur zur praktischen Bibelarbeit herangezogen werden. Hier seien einige kurze Hinweise gegeben und mögliche Akzente gesetzt:

Das »Gesetzbuch« ist gleichsam eingemauert bzw. im wörtlichen Sinn »verschütt' gegangen« oder verstellt. Anlass für die Entdeckung des Buches (sehr wahrscheinlich Teile des heutigen Deuteronomiums/des 5. Buchs Mose) sind Baumaßnahmen am »Haus des Herrn« und Entrümpelungen von allen möglichen Kultgegenständen, die den Weg zu Gott verstellen. Genauer: Als das im Rahmen des Kultes angehäufte Geld für Arbeiter »ausgeschüttet« wird, wird das Buch entdeckt. Durch diese soziale Maßnahme »in Treu und Glauben« wird der biblische Text freigelegt. (Parallelen lassen sich leicht finden, z. B. in Lateinamerika, wo durch soziales Engagement von Christen andere zum Nachfragen kamen und die Bibel entdeckten.)

Die Bibel, das Wort Gottes, öffnet sich dem Joschija durch seine Bereitschaft, ganz aufmerksam in die Botschaft hineinzuhören. Das können wir seiner Reaktion entnehmen (Zerreißen der Kleider), Joschija ist bereit, sein Leben – und das der Gesellschaft – mit all seinen Defiziten und Fehlentwicklungen mit den Glaubens-Erfahrungen, die in dem Buch niedergeschrieben sind, zu konfrontieren.

Aufgrund des geschilderten Ereignisses kommt er von sich aus zu der Deutung, dass es übel um ihn und die Gesellschaft stehen müsse. (So kommen auch manche von uns durch eine nur moralische Auslegung ausschließlich zu solchem Verständnis.) Das ist sicher eine wichtige Einsicht, aber es ist eine begrenzte Sicht, bei der man nicht stehen bleiben sollte. Dies stellt sich bald heraus. Joschija begnügt sich nämlich nicht damit, sondern lässt zu einem Menschen schicken, der für Gottes Botschaft offen ist: zur Prophetin Hulda. Sie vermag eine differenziertere Deutung zu geben und eine ermutigende Perspektive für den König zu eröffnen.

Vertiefung durch Imagination (»Phantasiereise«) – Persönliche Besinnung
Der/die Leiter/in gibt in aller Ruhe einige Impulse: Die Teilnehmenden werden aufgefordert, sich so hinzusetzen, dass sie ganz entspannt sein und sich aufmerksam nach innen richten können. Dazu hilft ein Bewusstwerden des Körpers (bei den Füßen beginnend bis zum Kopf); danach versuchen die Teilnehmenden, die Augen gleichsam nach innen zu wenden. Ganz langsam werden Impulse gegeben:

Sie versetzen sich in den Tempel zur Zeit des Joschija und sehen auf das Gerümpel oder anderes, was Ihnen selbst das Buch/die Bibel verdeckt (genügend Zeit lassen), und beginnen dann, es/sie im Geist freizugraben. Wie ist meine Situation, in die hinein das Buch sprechen und mich betreffen will? Fällt mir ein Wort oder ein Satz aus der Bibel oder sonstwoher ein? (Zeit lassen!). Sich langsam wieder aus der Vorstellung lösen und bewegen.

Den Teilnehmenden wird empfohlen, den Erfahrungen, die die Bibel verschütten, bis zum nächsten Mal weiter nachzugehen und sie jemandem zu erzählen und so mit dem Wegräumen zu beginnen.

Schluss
Vom begonnenen Lied (GL 521 = EG Ausgabe Bayern/Thüringen 588 und Ausgabe Rheinland/Westfalen/Lippe 605) kann Strophe 2 gesungen werden.

Texte von damals als Texte für heute (2. Abend)

Lernziele:
Manchen Christen ist es wenig bewusst, dass die Bibel Glaubenserzeugnisse von mehr als 1000 Jahren widerspiegelt und daher Botschaft von Gott ist, die in die konkrete Situation von Menschen spricht. Sie ist also keine Sammlung von zeitlosen Wahrheiten, deren Bedeutung durch alle Zeiten gleich verständlich bliebe. Daher ist es nützlich und notwendig, wenigstens einige knappe Informationen zur Entstehungs- und Überlieferungsgeschichte der Bibel (hier vor allem des Neuen Testaments) zu geben. Die Bibel soll dadurch als Sammlung vielfältiger Glaubenserfahrungen und theologischer Deutungen in das Blickfeld der Teilnehmenden kommen und zugleich bei ihnen Verständnis dafür wecken, dass es auch heute unterschiedliche Zeugnisse des einen Glaubens geben kann, die einander ergänzen können.

Inhalte:
Im Mittelpunkt des Abends stehen die beiden Fragen: Wie entstand die Bibel, besonders das Neue Testament? Und: Wie können Texte aus vergangener Zeit neu lebendig werden? Daher werden an diesem Abend Informationen über die Entstehungs- und Überlieferungsgeschichte der Bibel gegeben. An einem Beispieltext können die Teilnehmenden erkennen, wie neutestamentliche Gemeinden die Jesusbotschaft für ihre veränderte Situation aktualisiert haben.

Methoden:
Diavortrag, Textarbeit (synoptischer Vergleich), Rundgespräch in der Gruppe, Aktualisierung des Bibeltextes (sprachliche Umformung oder Schreibgespräch).

Entstehung und Überlieferung der Bibel

Begrüßung und Lied
Der Kanon »Gottes Wort ist wie Licht«[2] wird einige Male einstimmig gesungen, anschließend zweistimmig im Kanon.

Einführung
Am zweiten Abend soll die Bibel (speziell das Neue Testament) mit ihrer Geschichte zur Sprache kommen. Gottes Botschaft spricht immer konkret in das Leben der Menschen hinein. Mit der Veränderung der Situation ändern sich auch das Verständnis und die Deutung.

2 EG, Ausgabe Rheinland-Westfalen-Lippe und Reformiert, Nr. 591, EG, Ausgabe Hessen-Nassau und Kurhessen-Waldeck, Nr. 572. Alle Regionalteile auf CD-ROM: siehe Anmerkung 1 auf Seite 144

Um eine willkürliche Deutung der Botschaft auszuschließen, gilt es, immer wieder den ursprünglichen »Sitz im Leben« der Texte zu suchen und sich von dorther Impulse geben zu lassen. Die Teilnehmenden sind daher eingeladen, diesen Zusammenhängen nachzuspüren und dabei selbst Beobachtungen am Text zu machen.

Die Entstehungsgeschichte der Bibel

Die Teilnehmenden tauschen sich im Rundgespräch in der Gruppe darüber aus, was sie über die Entstehung der Bibel wissen. Die Bibel ist nicht vom Himmel gefallen.

In einem Diavortrag (maximal 30 Minuten) gibt der/die Leiter/in einen kurzen Überblick. Es empfiehlt sich, den Überblick wegen der kurzen Zeit und der beschränkten Aufnahmefähigkeit auf das Neue Testament zu beschränken. Den Teilnehmenden wird die Möglichkeit zur Rückfrage gegeben.

Entsprechende Materialien können bei den evangelischen und katholischen Medienzentralen ausgeliehen werden, z. B.: Medienmappe *»Wie entstand das Neue Testament?« (desgleichen: »Wie entstand das Alte Testament?«)* oder: *»Die Bibel – überliefert und gelebt. Ein Medienpaket«, hrsg. vom Katechetischen Institut der evangelisch-reformierten Landeskirche Zürich und der katholischen kirchlichen AV-Medienstelle Zürich. Theologischer Verlag Zürich 1987.*

Informationen, die in den Vortrag eingearbeitet werden können, finden sich in konzentrierter Form z. B. auch in: *U. Struppe/W. Kirchschläger: Einführung in das Alte und Neue Testament. Verlag Kath. Bibelwerk, Stuttgart 1998.*

Der Überlieferungsprozess im Neuen Testament – Überblick durch den/die Leiter/in

Im Folgenden werden einige wichtige Punkte genannt, die bei diesem Überblick berücksichtigt werden sollten. Für die Frage nach der Entstehung des Neuen Testaments (insbesondere der Evangelien) sind zwei Wurzeln zu beachten:

- die Verkündigung Jesu (der »irdische Jesus«)
- die Auferweckung Jesu (eng verbunden mit seinem Leiden und Sterben).

Für das Werden des Neuen Testaments ist die Auferweckung sogar noch bedeutsamer, denn: ohne Auferweckung kein christlicher Glaube, kein christliches Zeugnis, keine christliche Gemeinde, kein Neues Testament (vgl. 1. Korinther 15,14!). Daher sind die ältesten Zeugnisse »Auferstehungsbekenntnisse«. Alles andere ist deren Entfaltung.

Diese ältesten Glaubenszeugnisse und Bekenntnisse finden wir vor allem in den Paulusbriefen, in 1. Korinther ist das so genannte »Urcredo« überliefert, das eine Zusammenfassung des grundlegenden Bekenntnisses der frühen Kirche ist, nämlich das Bekenntnis zum Heilstod und zur Auferweckung Jesu (1. Korinther 15,3-5). Da Paulus selbst es schon – wohl kurz nach seiner Berufung – »empfangen« hat, reicht es in die Anfangszeit der Kirche zurück (zwischen 30 und 40).

Das Auferstehungsbekenntnis forderte fast notwendig die Frage nach der Person des Auferstandenen heraus. Wer war dieser, den Gott auferweckt hatte, und warum hat er ihn auferweckt? Worin bestand seine Botschaft und seine Autorität? So ergab sich die Notwendigkeit der Rückfrage nach dem irdischen Jesus und seiner Verkündigung.

Diese Rückfrage ergab sich aber noch aus anderen Gründen, die in der Lebenspraxis der Gemeinden ihren »Sitz im Leben« haben. Sie praktizieren in verschiedenen wichtigen Sachfragen bzw. Inhalten, aufgrund anderer Lebenssituationen (»Sitz im Leben«) ein anderes Lebensmodell als ihre jüdischen Mitbürger, z. B.

- in der Sabbatfrage (vgl. Markus 2 u. 6);
- bei rituellen und kultischen Vorschriften (vgl. Reinheitsvorschrift Markus 7);
- bei ethischen Normen (vgl. z. B. Ehescheidung bei Matthäus 5,31-32 par Lukas 16,18);
- in missionarischer Verkündigung, Liturgie, Apologetik in der Auseinandersetzung mit dem Judentum.

Die Gemeinde lebt aus der Botschaft Jesu, bevor sie den Glauben in schriftlichen Zeugnissen formuliert. Dabei wird sie von bestimmten Lebensinteressen geleitet und von konkreten Situationen beeinflusst.

Nicht in erster Linie historisches Interesse (möglichst lückenlose Aufbewahrung der Jesusüberlieferung) prägt ihre Verkündigung, sondern der Erwartungshorizont der Gemeinde. Das bedeutet: Es wird nicht einfach alles (mögliche) weitergegeben, sondern das, was für das konkrete Leben der Gemeinde Bedeutung hat. Wenn sich die

Lebenssituation der Christen (d. h. der »Sitz im Leben«) ändert, ändert sich auch die Form der Verkündigung. Die Tradition wird neu aktualisiert. So ergeben sich z. B. neue Fragestellungen, formuliert aufgrund des Nachlassens der Naherwartung, der Stellung zum römischen Staat, der inzwischen ansehnlichen Wahl von Christen, des Zurücktretens apokalyptischer Begrifflichkeit, der gnostischen Umwelt usw. So kommt es zu neuen theologischen Deutungen, die als Wirken des Geistes Jesu erfahren werden. Meist gibt es auch hier nicht nur eine Lösung, sondern mehrere (wie sich gleich in der anschließenden Textarbeit zeigen wird).

Anschließend kann der Überlieferungsprozess nochmals in einem graphischen Überblick (siehe Seite 153) zusammengefasst werden.

Literaturhinweis: Felix Porsch: Kleine Theologie des NT. Verlag Kath. Bibelwerk, Stuttgart 1995

Der Umgang mit Überlieferungen im Neuen Testament – Bibelarbeit zum Gleichnis vom verlorenen Schaf (Matthäus 18,10-14 par Lukas 15,3-7)
Es werden Textblätter ausgeteilt (siehe Seite 154 oben).

Die Fassung aus Matthäus und Lukas wird von je einem/r Teilnehmer/in gelesen. Dann werden die Teilnehmenden gebeten, zu zweit selbst Beobachtungen am Text zu machen.

Mit Farben wird dabei Folgendes markiert:

- gleich lautender Wortlaut bei Matthäus und Lukas
- Leitmotive (Wörter, die wiederholt werden)
- Kontraste (Gegensätze)
- unterschiedliche Schlussfolgerungen bei Matthäus und Lukas.

An die Arbeit in der Kleingruppe schließt sich der Austausch im Plenum an. Der Vergleich der beiden Texte zeigt, dass sie im Wesentlichen übereinstimmen. (Matthäus spricht allerdings vom »verirrten« Schaf, das der Hirt »sucht«, Lukas vom »verlorenen«, dem der Hirt »nachgeht«.) Leitmotiv ist bei beiden die Freude des Hirten über das Finden des verirrten/verlorenen Schafes.

Starke Unterschiede zeigen sich dagegen in den jeweiligen Schlusssätzen. Während Matthäus aus dem Gleichnis folgert, dass es nicht der Wille des Vaters sei, »dass eines von diesen Kleinen verloren geht«, betont Lukas die Umkehr des Sünders, von der im Gleichnis selbst keine Rede war. Es macht gerade die zentrale Botschaft des Gleichnisses aus, dass der Hirt dem verlorenen Schaf *nachgeht*, bis er es findet (ohne dass das Schaf zuvor umgekehrt wäre!). Das entspricht der Verkündigung Jesu, der gekommen ist, »um zu suchen und zu retten, was verloren ist« (Lukas 19,10). Durch den Schlusssatz des Lukas – eine Art Anwendung für die Gemeinde – erhält das Gleichnis einen anderen Akzent; es wird zum moralischen Appell.

Solche Akzentverschiebung muss ihren Grund haben. Mit dieser Betonung der Notwendigkeit der Umkehr, die sich auch sonst bei Lukas findet (vgl. neben 15,10 bes. 24,17!), will er wohl seine Gemeinde davor warnen, sich in ihrem »Gefundensein« allzu sicher zu fühlen.

Matthäus ordnet sein Gleichnis in seine »Gemeinderede« (Kap. 18) ein. In ihr gibt Jesus den Jüngern – die als Repräsentanten der Gemeinde gesehen werden müssen – verschiedene Verhaltensregeln für das Miteinander in der Gemeinde. Sie betreffen u. a. Rangstreitigkeiten, Verführungen zum Abfall vom Glauben, Ärgernis geben, Verhalten gegenüber Verirrten und dem sündigen Bruder, gemeinsames Gebet, Versöhnlichkeit und Vergebung. Bei ihm heißen die Christen »die Kleinen«, insbesondere die Außenseiter, die Benachteiligten, die nicht zur Elite Gehörenden und jene, die leicht Anstoß (an »Neuerungen«?) nehmen. Diese werden der Gemeinde besonders ans Herz gelegt.

Berücksichtigt man den Kontext, so liegt der Unterschied zwischen der Botschaft des Gleichnisses bei Matthäus und Lukas darin, dass Jesus bei Lukas seine Zuwendung zu den »Zöllnern und Sündern« gegenüber der Kritik seiner Gegner rechtfertigt, während dasselbe Gleichnis bei Matthäus dazu dient, die Gemeinde zu motivieren, die »verirrten Kleinen« nicht allein zu lassen, sondern sie (auf-)zusuchen.

Das Textbeispiel zeigt somit, wie die Gemeindesituation (der »Sitz im Leben«) und besondere Anliegen den Umgang mit der Jesusüberlieferung bestimmen. Diese ist für die frühe Kirche eben keine Verkündigung von zeitlosen Wahrheiten, sondern wirksames und lebendiges Wort Gottes. Bei gleich bleibendem Kern (Gleichnis vom verlorenen/verirrten Schaf) werden die Akzente jeweils situationsbezogen gesetzt.

Aneignung durch Aktualisierung
Da die neutestamentlichen Gemeinden sich trauten, die Botschaft Jesu im Hinblick auf ihre konkrete Situation neu zu verkünden, können auch wir uns trauen, sie in unsere Situation zu »übersetzen«. Die Teilnehmenden werden gebe-

ten, zunächst in Kleingruppen eine kurze aktualisierende Form des Gleichnisses für ihre Gemeindesituation zu skizzieren. (Sie muss nicht »ausgefeilt« sein, das Schaf muss auch nicht unbedingt vorkommen.) Einige davon werden zum Schluss vorgetragen.

Alternativvorschlag (vor allem bei Zeitmangel): Schreibmeditation
Auf einem Plakat stehen die drei Begriffe VERLOREN – GEFUNDEN – UMKEHR in einem Dreieck angeordnet. Die Teilnehmenden schreiben darum herum Gedanken, die sich für sie mit Begriffen verbinden. Danach spüren sie noch 1 bis 2 Minuten in Stille einem Wort oder einer Wendung aus den beiden Texten nach, das/die sie besonders angesprochen hat.

Schluss
Zum Schluss werden die Teilnehmenden gebeten, zum nächsten Abend auf einem Zettel eine Geschichte oder Aussage aus der Bibel zu nennen, die ihnen besondere Schwierigkeiten bereitet. Die Zettel sollen zum nächsten Abend mitgebracht werden, da sie als Grundlage für den vierten Abend dienen sollen.

Es bietet sich an, mit dem Lied: »Gottes Wort ist wie Licht« (siehe oben, Fußnote 1) die Bibelarbeit zu beenden.

Ganzheitlicher Zugang zur Bibel – Bibel begreifen mit Leib und Seele (3. Abend)

Lernziele:
Nachdem die Mitteilung von Erfahrungen am ersten Abend zumeist über das Wort erfolgte und am zweiten Abend die Wissensvermittlung überwog, soll der Schwerpunkt diesmal mehr auf dem Methodischen liegen. Die Teilnehmenden sollen verschiedene methodische Möglichkeiten kennen lernen und selber ausprobieren. (Daher auch Alternativvorschläge). Mit diesem Anliegen verbindet sich ein anderes, das die Textauswahl bestimmt hat: Die Teilnehmenden sollen schon bei ihren ersten Tastversuchen im Hinblick auf die Bibel erkennen, dass uns Gottes Offenbarung, seine Gesetze und Weisungen, »um des Menschen willen« gegeben wurde.

Inhalt:
Inhaltlicher Schwerpunkt ist die ganzheitliche Bibelarbeit am Beispiel der »Heilung der verdorrten Hand« (Markus 3,1-6). Zugleich soll bei diesem Zugang herausgearbeitet werden, dass der Mensch in der Mitte der Verkündigung Jesu steht (oder: Das Gesetz ist für den Menschen da, um ihn heil zu machen.).

Methoden:
Der methodische Zugang erfolgt in drei Schritten:

- auf den Text zugehen: Körperübung (Vorschlag A); persönliche Bestimmung (Vorschlag B).
- vom Text ausgehen: Raster (Vorschlag A); gemeinsame Skizze (Vorschlag B).
- über den Text hinausgehen: Plakat (Vorschlag A); Rollenspiel (Vorschlag B).

Vorschlag A
Begrüßung und Lied: Eines Tages kam einer (siehe Seite 154)

Auf den Text zugehen – unsere Vorerfahrungen
Da die Kenntnis des Textes (Markus 3,1-6) bei den Teilnehmenden wahrscheinlich nicht vorhanden ist, können nicht, wie bei bekannten Erzählungen der Bibel, Methoden eingesetzt werden, die Vorerfahrungen mit dem Text voraussetzen. Jedoch spricht jeder Text Erfahrungen die bewusst gemacht werden sollen.

Eine **Körperübung** kann dabei helfen, wichtige Motive des Textes aufzunehmen und so durch äußeres Tun auch Inneres sichtbar werden zu lassen. Die Teilnehmenden schauen eine ihrer Hände genau an: die Linien, die Haut, die Narben ... Sie spüren – evtl. mit der anderen Hand – die Wärme, die Kraft (geballte Faust, Händedruck ...), vor allem auch die Beweglichkeit der Gelenke. Sie versuchen sodann, durch Hinschauen und Ertasten, an den Händen die Spuren ihrer alltäglichen Arbeit oder Beschäftigung zu entdecken (harte Arbeit, die Schwielen verursacht; raue Haut vom Waschen; Druckstellen ...). Sie schließen die Augen und erinnern sich an das, was sie mit dieser Hand tagsüber alles tun.

Gemeinsam können auch Wörter oder Wortwendungen gesucht werden, die mit dem Begriff »Hand« zu tun haben: z. B. hand-eln, be-hand-eln, ver-hand-eln, vor-handen sein, über-hand nehmen, von der Hand gehen, aus der Hand geben, mit Händen zu greifen und vieles mehr. Ebenso kann auch mit den Wortfeldern »greifen«, »fassen« und »packen« verfahren werden: be-greifen, er-fassen, an-packen ...

Beim **Lesen des Textes** (Markus 3,1-6) können die Teilnehmenden dann schon gefühlsmäßig erahnen, was es für einen Menschen bedeutet, eine »verdorrte« = erstarrte Hand zu haben.

Es ist möglich, verschiedene Übersetzungen parallel zu verwenden bzw. nacheinander zu lesen. Dann sollte aber eine Version zum Leittext erhoben werden, um die anschließende Rasterauswertung mit gleichem Wortlaut machen zu können.

Vom Text ausgehen – Die Botschaft, die sich durch Analyse erschließt
Nach der subjektiven Wahrnehmung durch die Körperübung wird nun versucht, anhand von »objektiven« Kriterien Zugang zum Text zu gewinnen. Bei Erzähltexten wie dem vorliegenden empfiehlt es sich, ein Handlungsraster zu erstellen (Muster Seite 153). Das gilt besonders für diese Geschichte, in der die Bedeutung des Handelns bzw. des Nichthandelnkönnens schon auf den ersten Blick wahrgenommen werden kann.

Jede/r Teilnehmer/in trägt die entsprechenden Wörter/Wendungen aus dem Text in das Raster ein oder unterstreicht sie im Text mit jeweils einer Farbe für Ort, Zeit ... Falls auch die Personen und ihre Tätigkeiten mit verschiedenen Farben eingetragen werden, lässt sich an den Tätigkeitswörtern (Verben) auf einen Blick gut ihre »Entwicklung« (im Text) ablesen und auch ihre Beziehung zu den anderen Personen leicht erkennen.

Sind die Teilnehmenden wenig geübt, können sie auch in einem von dem/der Leiter/in vorbereiteten Raster (siehe Seite 153) die Personen und Personengruppen mit verschiedenen Farben unterstreichen. Es empfiehlt sich, auch in diesem Fall die Wiederholungen und Kontraste von den Teilnehmenden selbst entdecken zu lassen.

Beobachtungen am Raster
An der Wiederholung der Motive (tragende Begriffe) zeigt sich die Wichtigkeit des Themas »Sabbat« – des Gesetzes – für die Geschichte. Gut ist auch die gegenläufige Entwicklung ablesbar: Jesus kommt dazu, dem Mann, dessen Hand »tot« ist, mehr Leben zu geben, ihn zu heilen. Die Pharisäer dagegen kommen von ihrem zunächst »bloßen« Beobachten über ihr »Schweigen« schließlich zu dem Beschluss, Jesus zu töten. Formal steht die Frage Jesu an die Pharisäer genau in der Mitte der Geschichte und verdeutlicht so, was auf dem Spiel steht. Bis dahin ist noch alles offen.

In der zweiten Hälfte wird die Frage, auf wessen Seite »Gutes-tun« ist, auf wessen »Böses-tun«, durch Handeln beantwortet. Die ihn beobachtenden Pharisäer sehen sich durch Jesu heilendes Handeln vor eine Entscheidung gestellt. Ihnen ist klar, wie die Antwort heißen müsste, aber sie tun das Gegenteil. Ein Blick auf die Spalte »Kontraste« lässt die Entwicklung auf beiden Seiten gut erkennen. Das Gleiche zeigt die Beachtung der mit verschiedenen Farben gekennzeichneten und bestimmten Personen(gruppen) zugeordneten Verben.

Der Mensch, der zunächst – äußerlich – nicht handeln kann, wird wiederhergestellt. Seine äußerliche Verhärtung ist offenbar leichter zu heilen als die innerliche Verhärtung der Gegner Jesu, die durch ihr Sabbatverständnis (Gesetzlichkeit) bedingt ist.

Hinweis: Eine Zusatzinformation durch den/die Leiter/in zur Bedeutung und Praxis des Sabbats im Judentum kann viel zum besseren Verständnis der Geschichte beitragen.

Das Sabbatverständnis zur Zeit Jesu
Was ist der Sinn des Sabbats? Auf diese Frage finden wir in Israels Heiliger Schrift eine doppelte Antwort. Die eine begegnet uns im Buch Exodos:

»Gedenke des Sabbats: Halte ihn heilig ... Denn in sechs Tagen hat der Herr Himmel, Erde und Meer gemacht und alles, was dazugehört; am siebten Tag ruhte er. Darum hat der Herr den Sabbattag gesegnet und ihn für heilig erklärt.« (Exodus/2. Mose 20,8-11)

Die zweite Antwort steht im Buch Deuteronomium: »Achte auf den Sabbat; Halte ihn heilig, wie es dir der Herr, dein Gott, zur Pflicht gemacht hat ... Denk daran: Als du in Ägypten Sklave warst, hat dich der Herr, dein Gott, mit starker Hand und hoch erhobenem Arm dort herausgeführt. Darum hat es dir der Herr, dein Gott, zur Pflicht gemacht, den Sabbat zu halten.« (Deuteronomium/5. Mose 5,12-15)

Der Unterschied, der zwischen diesen beiden Begründungen des Sabbatgebots besteht, ist nicht zu übersehen: Nach Exodus/2. Mose 20,11 besteht der Sinn des Sabbats darin, dass Israel an Gottes Ruhe, d. h. an Gottes Sabbat, teilnimmt, den es als einen besonders gesegneten Tag bereits seit Ende der Schöpfung gibt (vgl. Genesis/1. Mose 2,2f.). Nach Deuteronomium/5. Mose 5,15 hingegen ist der Sabbattag die Konsequenz aus der Exodus-Erfahrung Israels: Weil Israel bei seiner Herausführung aus Ägypten am eigenen Leib erlebt hat, dass sein Gott die Freiheit seiner Geschöpfe will, soll Israel allem Lebenden in seinen Wohnbereichen wenigstens einmal in der Woche die Freiheit schenken. Wenigstens einmal in der Woche sollen alle Geschöpfe aufatmen können! Oder anders ausgedrückt: Nach Exodus/2. Mose 20,11 ist Israel für den Sabbat Gottes da, nach Deuteronomium/5. Mose 5,15 ist der Sabbat für Mensch und Tier da ... Am Sabbat ist Israel für Gott da. Alle eigenen menschlichen Bedürfnisse haben deshalb zurückzustehen! (Deshalb gilt – nach den Worten des jüdischen Rabbiners R. R. Geis – bis zum heutigen Tag im Judentum: »Alle Bitten um irdische Güter, so wichtig sie die ganze Woche genommen werden, müssen am Sabbat schweigen!«) Wenn Gott sechs Tage für den Menschen da ist, dann sollte der Mensch nicht zögern, wenigstens am siebten Tag ganz für Gott da zu sein.

Da wir Menschen aber erfahrungsgemäß geneigt sind, auch am Sabbat an uns und unser Wohl zu denken, bildeten sich im frühen Judentum eine Reihe von Geboten zum Schutz des Sabbats heraus – beispielsweise auch jenes (vgl. Markus 2,23f.), nach dem das Ährenraufen (als Teil der Erntearbeit) untersagt war. Wenigstens einmal in der Woche soll der Mensch Gott in allem den Vorrang einräumen; denn es kann für den Menschen nichts Größeres und Segensreicheres geben als die volle Gemeinschaft mit Gott.

Gekürzt aus: M. Limbeck, Markus-Evangelium (SKK-NT 2) Verlag Kath. Bibelwerk, Stuttgart 1989, S. 46–48.

Auch eine stärkere Beachtung des Kontextes (vor allem des vorausgehenden) ist empfehlenswert.

Über den Text hinausgehen – Impulse für heute
Die Teilnehmenden können sich nun, nachdem sie die Botschaft des Textes verstanden haben, mit Hilfe eines **Plakats** in der Mitte der Runde, auf dem die Begriffe »Norm« und »Mensch« mit Farbe übereinander bzw. ineinander geschrieben sind, fragen, wo sie ähnliche Erfahrungen machen: Wo erfahre ich, dass statt des Menschen eine Norm in die Mitte gestellt wird, die Leben be- oder verhindert?

Es bietet sich auch ein **Gespräch** über rechtes Handeln im Sinne Jesu an, z. B. darüber, was es konkret heißt, Leben zu schaffen bzw. zu bewahren und nicht, es zu zerstören; wie und wo wir handlungsfähig werden könnten.

Statt eines Gespräches genügt es auch, sich einfach in einen Satz, ein Wort der Geschichte nochmals hineinzuhören, z. B. »Gutes tun oder Böses tun«, »Streck aus die Hand«, »vernichten« ...

Vorschlag B
Begrüßung und Lied wie oben

Auf den Text zugehen – unsere Vorerfahrungen
Am Anfang steht eine persönliche Besinnung der Teilnehmenden über die Bedeutung von Normen in ihrem Leben (evtl. auf einem Blatt): Welche Normen/Werte bestimmen vor allem mein Leben? Welchen Stellenwert nehmen sie darin ein?

Vom Text ausgehen – Die Botschaft, die sich durch Analyse erschließt
Benötigt werden ein Plakat und Farbstifte, die bereits vorher bereitgelegt wurden. Die Teilnehmenden, gegebenenfalls aufgeteilt in Kleingruppen mit 6–8 Personen, erstellen auf einem Plakat, das in der Mitte des Kreises liegt, gemeinsam eine Skizze von Markus 3,1-6. Sie versuchen, das ganze Geschehen – auch die inneren Vorgänge – mit verschiedenen Farben darzustellen. Eine/r beginnt damit, die Synagoge aufzuzeichnen, eine andere skizziert die Leute darin, ein weiterer den Menschen mit der erstarrten Hand, andere (mit symbolischen Zeichen) Fragen, Anblicken, Schweigen ... Am Schluss wird für alle sichtbar und anschaulich, dass in den Augen der Gegner Jesu der Mensch in der Mitte der Synagoge stört, weil für sie dort der Ort des Sabbats ist. Der/die Leiter/in kann das deutlich machen, indem er/sie mit Farbe quer über den »Menschen« in der Mitte des Plakats »Sabbat« schreibt (siehe Skizze).

Diese Methode hat den Vorteil, dass sich alle aktiv daran beteiligen können, dass das Durch-

dringen und Aneignen des Textes gemeinsam geschieht, weil es im gegenseitigen Austausch über die besten Möglichkeiten der Veranschaulichung erfolgt, und dass am Schluss die Entwicklung der Geschichte gleichsam anschaulich vor den Teilnehmenden liegt.

Wieder wird eine **Leiterinformation** nötig sein, um zu verstehen, warum der Sabbat für die Pharisäer eine so überragende Stelle einnimmt (siehe Kasten Seite 150-151). Um das provozierende Handeln Jesu besser begreifen zu können, empfiehlt es sich, die Teilnehmenden anhand der Texte Exodus/2. Mose 20,8-11 und Deuteronomium/5. Mose 5,12-15 erarbeiten zu lassen, was der Sabbat nach der Tora verdeutlichen und versinnbildlichen sollte: die Vollendung der Schöpfung und (in sozialer Hinsicht) die Befreiung aus menschenunwürdigem Dasein. Beides »demonstriert« Jesus mit der Heilung des Mannes: Vollendung der Schöpfung in der Heilung und soziale Wiedereingliederung des geheilten Kranken.

Über den Text hinausgehen – Impulse für heute
Das Gespräch vom Anfang über den Stellenwert von Normen kann nun auf dem Hintergrund der Botschaft des Textes, gleichsam in einem neuen Licht, wieder aufgenommen werden. Dienen die Normen, die wir haben, dem Menschen oder umgekehrt? Entsteht daraus Leben oder Tod? Zwei Gruppen (z. B. Eltern und Kinder/Jugendliche) legen sich Argumente für ein Rollenspiel »Pro und Kontra« zurecht und tragen anschließend ein Streitgespräch aus, bei dem die einen als Befürworter, die anderen als Gegner einer bestimmten Norm auftreten. Anschließend sollte ein kurzes Auswertungsgespräch stattfinden.

Schluss
Das Lied »Eines Tages kam einer« (siehe Seite 154) kann nochmals gesungen werden.

Hinweis: Der/die Leiter/in sollte daran denken, spätestens am Ende des Abends die Zettel einzusammeln, auf denen die Teilnehmenden vermerkt haben, mit welchen biblischen Texten, Themen, Aussagen sie Schwierigkeiten haben. Falls Zeit bleibt (mindestens 15–30 Minuten), kann mit den Teilnehmenden jetzt abgesprochen werden, auf welches der genannten Themen sie sich beim nächsten Abend einlassen möchten. Natürlich wird auch eine Rolle spielen, welches Thema der/die Leiter/in sich zu behandeln zutraut.

Was ich schon immer fragen wollte ... Schwierige Texte der Bibel (4. Abend)

Die Vorbereitung des Abends
Der/die Leiter/in bereitet sich auf den Text bzw. das Thema des Abends vor, das ausgewählt wurde. Dazu verwendet er/sie entsprechende Literatur, z. B. Bücher zur praktischen Bibelarbeit. Aus der unzähligen Fülle der Literatur seien nur genannt:

- *U. Struppe/W. Kirchschläger: Einführung in das Alte und Neue Testament. Verlag Kath. Bibelwerk, Stuttgart 1998*
- *Stuttgarter Nachschlagewerk zur Bibel. 4 Bände in Kass. (=Reihe Bibelwissen). Deutsche Bibelgesellschaft, Stuttgart 2002. (ISBN 3-438-06209-7)*

Wie kann es weitergehen?
Für den thematischen Teil des Abends sollte nach Möglichkeit nicht mehr als maximal zwei Drittel bis drei Viertel des Abends verwendet werden. Es sollte noch Zeit bleiben für ein Gespräch darüber, ob bei einem Teil der Gruppe (oder gar allen?) Interesse bestünde, das Begonnene in irgendeiner Form weiterzuführen, um den Zugang zur Bibel zu vertiefen.
Falls die Teilnehmenden eine Fortführung wünschen, müsste Folgendes gemeinsam überlegt werden:

- Wollen die Teilnehmenden sich mehr ihrer eigenen Schwierigkeiten und Chancen bewusst werden und dafür von der Bibel Impulse bekommen?
- Wollen sie mehr über die Bibel wissen (über ihre Entstehung, über ihre Auslegung auf dem zeitgeschichtlichen Hintergrund)?
- Wollen sie mehr Bibeltexte »erleben« und meditieren?
- Welche Zeit sollte/könnte investiert werden)?

Der Abend könnte mit einem kurzen Rückblick auf die vorausgegangenen Abende und einem der Lieder schließen.

Autorin: Anneliese Hecht, Stuttgart

Materialien

Labyrinth in Chartres (12. Jahrhundert)

Rechteckiger Irrgarten von Giovanni Fontana (Venedig, ca. 1395 – 1455)

Rap-Kanon nach Sprichwörter 12,28 (Arr. Uwe Böhm)

Bibelprojekte mit Jugendlichen

My Jesus – every time a good time

Zielgruppe: Jugendliche
Ziel: Jugendliche entdecken erlebnisorientiert die Person Jesus mit ihren eigenen Methoden
Materialien: siehe bei den jeweiligen Einheiten (M1-3 siehe Seite 163-164)

Vorbemerkung

Jugendliche werden heute in einer multimedialen Welt groß: Talkshows, tägliche Fernsehserien (Daily Soaps), Musikclip-Sender mit Programm rund um die Uhr, Videos, Playstation am PC, Internet, WAP und SMS bestimmen den Alltag und haben einen nicht zu unterschätzenden Einfluss auf ihr Leben. Dort werden Inhalte und Lebenseinstellungen transportiert. Events sind gefragt; das Mitschwimmen im Mainstream bei Musik, Kleidung, Outfit ist unabdingbar, um Anerkennung zu erhalten und mitreden zu können. Alles für die Show? Manchmal ist auch mein Unterricht eine Show; es gilt, ein Erlebnis nach dem anderen zu präsentieren. Das ist spannend und macht Spaß. Schülerinnen, Schüler und der Lehrer erschließen gemeinsam neue Welten und lernen gemeinsam – nur anders. Auch in der Jugendarbeit und der Katechese können solche erlebnisorientierten Modelle eine Hilfe sein.

Ich erlebe junge Menschen, die nachdenklich auf der Suche sind nach Lebensperspektiven und oft orientierungslos an ihrem Leben herumbasteln. Die Medien haben diese Grundhaltung erkannt. In den täglichen Serien und Talkshows werden existenzielle Themen ohne Grenzen aufgegriffen. Doch vieles ist flach und bleibt an der Oberfläche. Aber diese Suchbewegung ist eine Chance, die wir in der kirchlichen Verkündigung nicht verpassen sollten.

Die Themen sind so vielfältig wie das Leben selbst. Trouble in der Schule, der Freund geht fremd, Mobbing im Büro, Essstörungen, Liebeskummer, Homosexualität, Sekten, Geldsorgen, Drogen und Spielsucht gehören zum Fernsehalltag. Kein Tabu wird verschont. Das Alltägliche und Banale wird in stark emotionalisierter und übersteigerter Form in Szene gesetzt, das Ungewöhnliche und Bedrohliche wird entdramatisiert und als alltäglich dargestellt.

Damit bedienen besonders Serien das Bedürfnis nach Identifikation und Rollenmustern. Manche Jugendliche benutzten die Sendungen als Vorlage für ihr eigenes Leben, für andere haben sie lediglich Kultstatus.

Welchen Stellenwert aber hat heute die Bibel bei jungen Menschen? Eigentlich ist sie auch ein Medium, das Geschichten von Gott und den Menschen erzählt. Es sind Geschichten, die von Liebe und Hass, Hoffnung und Angst, Vertrauen und Einsamkeit berichten. Doch sie erzeugen heute nicht mehr die Spannung, die in ihnen steckt. Für viele Jugendliche ist die Bibel ein verstaubtes, altes Buch, dessen Sprache sie nicht verstehen und dessen Geschichten von gestern sind. In der Sprache von Werbefachleuten würde das heißen: Das Produkt ist gut, doch es wird schlecht vermarktet.

Also ist es notwendig, an der Verpackung zu arbeiten und Jugendlichen auf ihrer Suche in der Informations- und Sinn-Wüste ein attraktives Angebot näher zu bringen. Auch meine Rolle als Verkündiger ändert sich hiermit. Ich bin nicht mehr der Lieferant von fertigen Antworten, sondern Lern- und Lebensbegleiter, der jungen Menschen bei ihrer Suche zur Seite steht.

Die hier vorgestellten Methoden wurden vor allem im Religionsunterricht erprobt. Sie sind ein Angebot für Jugendliche, sich mit religiösen Themen auseinander zu setzen.

Inhalte

Die folgenden Materialien sollen beispielhaft die angesprochenen Methoden erläutern:

M1: Als Religionslehrer träume ich ab und zu davon, dass ich Jugendliche von Jesus begeistern könnte. Das vorgestellte Unterrichtsprojekt bietet eine Möglichkeit, dass sich junge Menschen selbst auf den Weg machen, um für Jesus zu werben. Denken Sie als Begleiter eines solchen Projektes immer daran, dass die Jugendlichen selbst die Experten sind, um die multimedialen Medien zu beherrschen. Die Ergebnisse der Bibel-Scouts können in eine Ausstellung oder sogar in einen Gottesdienst einmünden.

M2: Rollenspiele haben den Vorteil, dass ich mich in die Position und Haltung eines anderen hineinversetzen kann. Dabei wird mit Übertreibungen gearbeitet, um die Einstellungen zu verdeutlichen. Mit dem vorgeschlagenen Rollenspiel haben Sie die Möglichkeit, sehr nahe an das Lebensgefühl und die Glaubensvorstellungen junger Menschen heranzukommen. Dabei werden bewusst sehr unterschiedliche »Typen« vorgestellt, die ihre Lebenseinstellung und religiöse Grundhaltung ausdrücken können. Ob Jesus heute noch was zu sagen hat? Probieren Sie es aus!

M3: Nichts kann uns geschehen, was uns aus der Bahn wirft. Er ist bei uns und ihm können wir vertrauen. Er fängt uns auf, wenn wir nur noch ein schwarzes Loch sehen. Auf ihn können wir uns verlassen. Er hat unserem Leben und unserem Sterben einen Sinn gegeben. Er hat dem Tod den Schrecken genommen. Eine Weisheit, die schon vor 3000 Jahren den Menschen Mut zum Leben gab – auch angesichts des Todes. Das Arbeitsblatt versucht den Psalm 23 in unsere Zeit zu übertragen. Vielleicht haben die Jugendlichen ganz andere Ideen, wenn sie einen Psalm für unsere Zeit schreiben, in dem sie ihre Freude, ihren Schmerz und ihre Wut ausdrücken können. Versuchen Sei es einmal mit einer Schreibwerkstatt (Klagemauer und Lustgarten, Wut- und Mutecke). Auch in der populären Musik finden sich viele Beispiele aktueller Glaubens- und Lebensbekenntnisse. Fragen Sie die Jugendlichen und Sie werden ganz neue Zugänge zu Bibel und Religion entdecken.

AUTOR: ARTHUR THÖMMES, GUSENBURG/HUNSRÜCK

Die drei vorgestellten Beispiele sind den Veröffentlichungen des Autors entnommen:

Arthur Thömmes: »Überleben«. 88 Arbeitsblätter für den Religionsunterricht. Deutscher Katecheten-Verein, München 2002

Ders.: »Sinnsucher«. Populäre Musik im Religionsunterricht. (Arbeitshilfe mit Liedtexten, methodisch didaktischen Hilfen, Arbeitsblättern und CD mit 13 Originaltiteln.) Katechetisches Institut des Bistums Trier, Trier 2001

M1

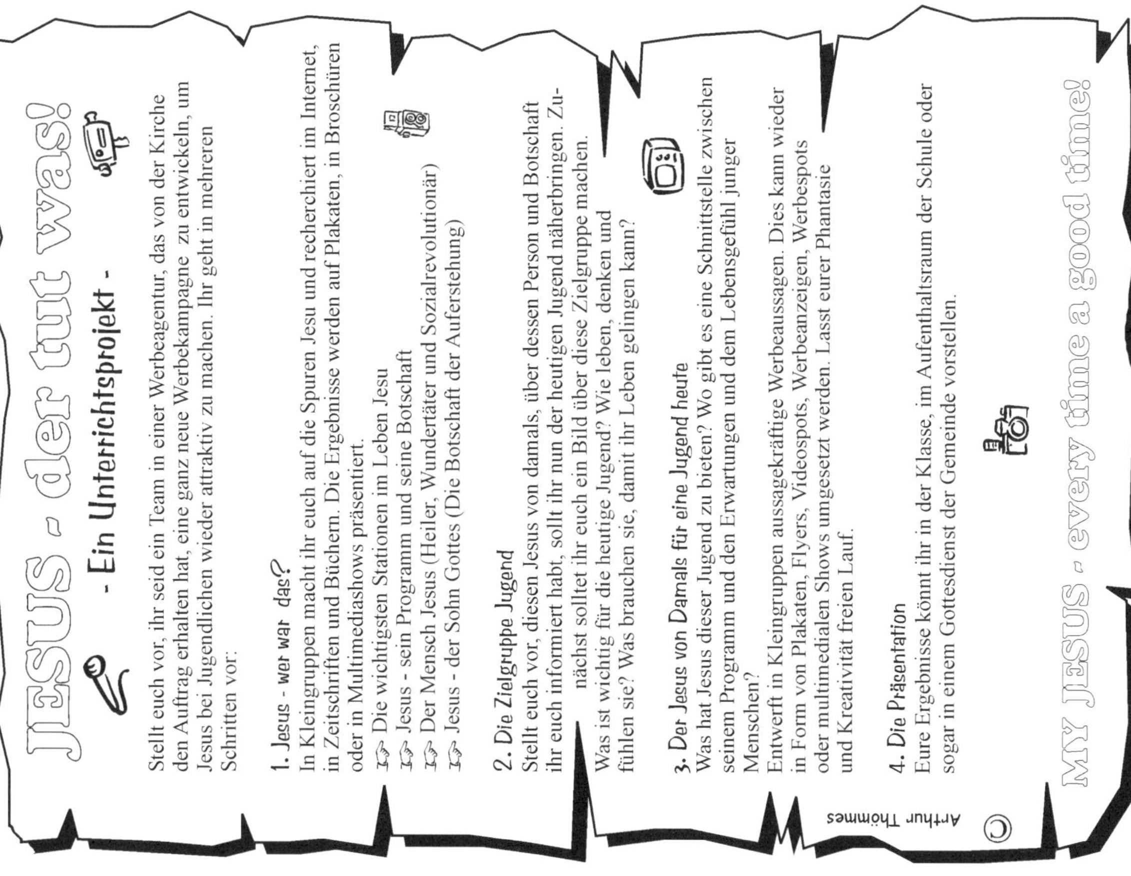

JESUS - der tut was!

- Ein Unterrichtsprojekt -

Stellt euch vor, ihr seid ein Team in einer Werbeagentur, das von der Kirche den Auftrag erhalten hat, eine ganz neue Werbekampagne zu entwickeln, um Jesus bei Jugendlichen wieder attraktiv zu machen. Ihr geht in mehreren Schritten vor:

1. Jesus - wer war das?
In Kleingruppen macht ihr euch auf die Spuren Jesu und recherchiert im Internet, in Zeitschriften und Büchern. Die Ergebnisse werden auf Plakaten, in Broschüren oder in Multimediashows präsentiert.
☞ Die wichtigsten Stationen im Leben Jesu
☞ Jesus - sein Programm und seine Botschaft
☞ Der Mensch Jesus (Heiler, Wundertäter und Sozialrevolutionär)
☞ Jesus - der Sohn Gottes (Die Botschaft der Auferstehung)

2. Die Zielgruppe Jugend
Stellt euch vor, diesen Jesus von damals, über dessen Person und Botschaft ihr euch informiert habt, sollt ihr nun der heutigen Jugend näherbringen. Zunächst solltet ihr euch ein Bild über diese Zielgruppe machen.
Was ist wichtig für die heutige Jugend? Wie leben, denken und fühlen sie? Was brauchen sie, damit ihr Leben gelingen kann?

3. Der Jesus von Damals für eine Jugend heute
Was hat Jesus dieser Jugend zu bieten? Wo gibt es eine Schnittstelle zwischen seinem Programm und den Erwartungen und dem Lebensgefühl junger Menschen?
Entwerft in Kleingruppen aussagekräftige Werbeaussagen. Dies kann wieder in Form von Plakaten, Flyers, Videospots, Werbeanzeigen, Werbespots oder multimedialen Shows umgesetzt werden. Lasst eurer Phantasie und Kreativität freien Lauf.

4. Die Präsentation
Eure Ergebnisse könnt ihr in der Klasse, im Aufenthaltsraum der Schule oder sogar in einem Gottesdienst der Gemeinde vorstellen.

MY JESUS - every time a good time!

© Arthur Thömmes

M3

Der gute Hirt oder Ich bin mein eigener Chef

(Psalm 23)

Der gute Hirt	Ich bin mein eigener Chef
1. Der Herr ist mein Hirt: nichts fehlt mir.	1. Ich bin mein eigener Chef. Mir fehlt alles. Von nichts habe ich genug. Nur Probleme und Ärger habe ich massenweise.
2. Auf saftigen Weiden lässt er mich lagern. Zum Ruheplatz am Wasser führt er mich, meine Lebenskraft bringt er zurück.	2. Immer nur arbeiten und schuften. Der Stress macht mich noch kaputt.
3. Er führt mich auf Wegen der Wahrheit und Gerechtigkeit- zur Ehre Seines Namens.	3. Manchmal gehe ich fast drauf, so strample ich mich ab. Nie weiß ich genau, welchen Weg ich gehen soll, denn fast alle Wege führen in eine Sackgasse.
4. Auch wenn ich gehen müsste durch Schluchten der Finsternis und des Todes: Ich fürchte kein Unheil, denn du gehst mit mir. Deine Keule wehrt meine Feinde ab, und dein Stab zwingt mich auf den rechten Weg. Das tröstet mich.	4. Und wenn ich auf der Fresse liege, komme ich kaum mehr auf, denn niemand reicht mir die Hand, um mir aufzuhelfen. Ich bin alleine auf mich gestellt.
5. Du deckst den Tisch vor meinen Augen im Angesicht derer, die mich bedrängen. Du salbst mein Haupt mit Öl; mein Becher wird nicht leer.	5. Mit den Ellenbogen verschaffe ich mir meinen Weg, denn die Konkurrenz ist groß. Im Leben wird mir nichts geschenkt. Alles muss ich mir selbst erarbeiten.
6. Nur Gutes und seine Treue verfolgen mich alle Tage meines Lebens.	6. Mein ganzes Leben ist ein Kampf. Ich muss ständig auf der Lauer liegen, um zu überleben. Wie wird das noch enden?

(Schöttler/Niehl)

© Arthur Thömmes

M2

JESUS ZU BESUCH IN DEINER CLIQUE

Stell Dir vor, da taucht eines Tages einer in Deiner Clique auf, der behauptet, Jesus zu sein. Er wolle nur mal reinschauen, sagt er. Mal sehen, was die heutige Jugend von ihm hält und wie sie über ihn denkt. Er kenne das ja schon, daß man ihn ablehne und viele Vorurteile die Runde machen. Er habe auch heute noch was zu sagen, behauptet er. Er sei praktisch zeitlos, immer „in". Na ja, wollen wir mal sehen, was er so drauf hat. Vielleicht hat er uns doch was zu sagen?! Jesus sozusagen auf dem heißen Stuhl. Dies soll ein Vorschlag für ein Rollenspiel sein. Vielleicht kann der Fachmann bzw. die Fachfrau „Relilehrer" die Rolle des Jesus übernehmen. Und da sind noch andere Typen beteiligt. Hans ist ein Punk. Das heißt, er fühlt sich solidarisch mit der Punkideologie. Rumhängen und Gott einen guten Mann sein lassen. Schnorren ist seine Hauptbeschäftigung. Arbeit und Schule lehnt er ab. Vielleicht hat Jesus ihm was zu bieten. Und da ist noch Heinrich. Er meint, daß wieder mal einer kommen müßte, der so richtig aufräumt und Ordnung schafft. So wie es jetzt ist, kann es nicht weitergehen. Wir brauchen wieder einen Führer. Vielleicht hat Jesus ja doch was in der Richtung drauf?! Maria ist ein wenig sensibel. Sie denkt viel über ihr Leben und den Sinn desselben nach. Jedes Wort und jede Handlung legt sie auf die Goldwaage. Sie ist auf der Suche und dankbar für jede Anregung. Mal sehen, was Jesus ihr zu bieten hat. Mark ist deprimiert. Das Leben hat für ihn keinen Sinn. Seine innere Einstellung trägt er logisch nach außen. Schwarz ist seine Kleidung und auch sein Haar - genau wie seine Einstellung zum Leben. Kann Jesus ihn aus seiner Lebensmüdigkeit herausziehen? Sabine ist ein lebenslustiges junges Mädchen. Spaß heißt ihre Devise. Alles nehmen, was das Leben zu bieten hat. Nicht anecken, nur leben. Probleme sieht sie keine. Will Jesus ihr das ausreden? Kennt er überhaupt Spaß und alles, was damit zusammenhängt? Nun, alle diese Leute unterhalten sich mit Jesus, heute - hier und jetzt. Was wird wohl dabei herauskommen? Ist er wirklich o.k. oder einfach ein Spießer aus lang vergangener Zeit, der uns heute nichts mehr zu sagen hat. Hier kann der Religionslehrer alle Register ziehen Das Rollenspiel kann losgehen.

Dies ist eine Anleitung zu einem Rollenspiel, mit dessen Hilfe ihr euch fragen könnt: Wer ist Jesus? Welche Bedeutung hat er heute noch für mein Leben? Lest den Text und sprecht über die Situation! Verteilt anschließend die Rollen. In einer kurzen Vorbereitungszeit bereiten sich die einzelnen Spieler auf ihre Rolle vor. Dann kann es los gehen. Die Zuschauer beobachten kritisch den Verlauf des Spiels und können in der anschließenden Reflexion die Personen befragen.

© Arthur Thömmes

Ein Jugendgottesdienst zum Wunder des Anblickens

Helfen Silber und Gold?

Bibeltext: Apostelgeschichte 3,1-10
Zielgruppe: Jugendliche
Mitwirkende: Der Gottesdienst sollte mit einer Gruppe von mindestens fünf Jugendlichen vorbereitet werden.
Materialien: Augenbinde; breites Klebeband oder Gürtel, farbiges Papier oder Karteikarten, Stifte in ausreichender Zahl, zwei Tische als Nebenaltäre, Collage als Altarbild, Gebetstafeln mit selbst ausgesuchten Gebeten, Gold- und Silberstücke aus Karton ausgeschnitten und beschriftet, Ausstattung für das Szenenspiel je nach Möglichkeiten

Vorbereitung

Bei dem Vorbereitungstreffen wird der Bibeltext Apostelgeschichte 3,1-10 bearbeitet. Davon ausgehend werden die Fragen für den Predigteinstieg besprochen, und es wird gemeinsam nach Antworten gesucht. Die unten notierten Stichworte mögen Impulse geben.

Ebenfalls sollen mit den Jugendlichen das Sündenbekenntnis und die Gebetsaltäre vorbereitet werden. Die angegebenen Stichworte sind wiederum als Anregung für die eigene Arbeit zu verstehen. Wichtig ist es, mit der Vorbereitungsgruppe ins Gespräch zu kommen, sodass die Jugendlichen selbst ihre Fragen und Antworten finden.

Gottesdienstentwurf

Einführung und Begrüßung

Lied

Psalm 145 *wird im Wechsel gebetet*

Sündenbekenntnis:
Ein Jugendlicher steht in der Mitte. Seine Augen sind verbunden, Hände und Füße mit dickem Band fest gebunden. Drei andere Jugendliche sprechen aus den Bankreihen:
Ich sehe nichts, nur mich und meine Probleme. Ich suche nach meinem Vorteil und übersehe die Bedürfnisse derer, die mir nahe sind. Meine Augen sind verbunden.
Ich bin reich und will noch reicher werden. Ich habe Angst, etwas zu verlieren, wenn ich andere an dem teilhaben lasse, was ich habe. Ich kann nichts hergeben. Meine Hände sind gebunden.
Ich traue mich nicht, die Not der Menschen, denen es schlecht geht, und die Not dieser Stadt an mich heranzulassen. Statt zu den Hilfesuchenden zu gehen, bleibe ich da, wo ich bin. Meine Füße sind gebunden.
Die drei kommen nach vorne und befreien den gebundenen Jugendlichen. Gemeinsam bringen sie die Bänder zum Altar, wo der Befreite spricht:
Gott, ich will frei sein und selbst über mein Leben bestimmen. Aber Gott, in Wirklichkeit bin ich nicht frei. Erbarme dich meiner.

Gnadenzuspruch: Die sich auf Gott verlassen, die können wieder neu beginnen. Gott legt uns nicht auf unser Gestern fest, sondern schenkt uns neues Leben. »Alle, die auf den Herrn vertrauen, bekommen immer wieder neue Kraft, es wachsen ihnen Flügel wie dem Adler. Sie gehen und werden nicht müde, sie laufen und brechen nicht zusammen.« (*Jesaja 40,31*) – Amen.

Danklied

Gebet des Tages:
Gott, oft erwarten wir von dir oberflächliche Hilfe: mehr Geld, mehr Einfluss. Du aber willst anders helfen: Du willst unser Herz durch deine Liebe erwecken, sodass wir unsere Augen und Ohren, Hände und Füße füreinander öffnen können. Lass uns deine Liebe und Güte in Dankbarkeit annehmen und in die Welt ausstrahlen. Amen.

Lesung: Apostelgeschichte 3,1-10

Lied: Wir haben Gottes Spuren festgestellt (siehe Seite 169)

Evangelium: Matthäus 11,2-6

Predigt mit Szenenspiel
Die Geschichte aus Apostelgeschichte 3 wird langsam pantomimisch vorgespielt. Ein Reporter beobachtet und kommentiert das Geschehen, interviewt die Beteiligten und zieht Schlussfolgerungen.

Beispiel (Kurzfassung):

1. Szene: *Der Lahme wird in den Tempel (= in den Altarraum) getragen.*
Reporter: Wer sind Sie?
Lahmer: Ich bin nur einer von den vielen Bettlern hier in Jerusalem.
Reporter: Und was wollen Sie hier?
Lahmer: Geld. Arbeiten kann ich nicht und von irgendwas muss ich ja leben.
Reporter: Und warum kommen Sie gerade in den Tempel?
Lahmer: Wenn die Leute hierher kommen, haben sie auf einmal ein schlechtes Gewissen, wenn sie uns sehen. Da geben sie mehr als in der Stadt.

2. Szene: *Andere Menschen kommen in den Tempel. Einige geben dem Lahmen Almosen.*
Reporter: Darf ich Sie beide fragen: Wer sind Sie?
Simon: Ich heiße Simon.
Micha: Ich bin Micha.
Reporter: Warum kommen Sie in den Tempel?
Micha: Ich will hier opfern. Das gehört doch dazu, wenn man nach Jerusalem kommt.
Simon: Ich komme zum Beten.
Reporter: *mit Blick auf den lahmen Bettler*
Wie viele Almosen haben Sie ihm denn gegeben?
Micha: Na ja, heute nicht so viel. Ein paar Kupferstücke.
Simon: Einige Münzen gebe ich schon immer. Mir ist wichtig, dass ich nicht nur das Mindeste gebe.
Reporter: Warum haben Sie dem Lahmen denn überhaupt etwas gegeben?
Simon: Gott hat es doch befohlen!
Micha: Gott hat sich um mich gekümmert, also will er auch, dass ich mich um andere kümmere. Ich will es einfach richtig tun.
Reporter: Was halten Sie eigentlich persönlich von diesem lahmen Bettler?
Simon: Ich weiß ja nicht, wofür Gott ihn so straft, dass er lahm ist. Aber es muss schon eine schwere Sünde gewesen sein, vielleicht schon von seinen Vorfahren begangen.
Micha: Was ich von ihm halte? Ehrlich gesagt, er interessiert mich nicht weiter. Ich will nur meine religiöse Pflicht erfüllen!

3. Szene: *Petrus und Johannes kommen in den Tempel.*
Reporter: Kurze Frage: Wer seid ihr?
Johannes: Wir sind Petrus und Johannes.
Reporter: Was sucht ihr im Tempel?

Petrus: Wir wollen zu Gott kommen, sein Wort hören und beten. Wir leben zurzeit in Jerusalem.

4. Szene: *Petrus heilt den Lahmen.*
Text aus Apostelgeschichte 3,3-6 als Dialog lesen, der Reporter kommentiert das Geschehen.

5. Szene: *Der Reporter stellt Fragen an die Gottesdienstteilnehmer:*
- Was ist da eurer Meinung nach geschehen?
- Wie findet ihr das, was die beiden getan haben?
- Glaubt ihr, dass so was heute noch möglich ist?

Jeweils längere Pause für mögliche Antworten lassen. Reporter geht mit dem Mikrofon durch die Reihen.

6. Szene: *Interview mit Petrus*
Reporter: Was haben Sie da gerade gemacht?
Petrus: Eigentlich bin ich nur zu dem lahmen Bettler gegangen und habe ihn angesprochen. Er hat es wohl nicht erwartet, dass jemand mit ihm reden will.
Reporter: Warum haben Sie das gemacht?
Petrus: Ich konnte und wollte ihm kein Geld geben. Geld hätte doch nichts an seinem Leben geändert. Mit Geld kann er sich nicht den Zugang in den Tempel erkaufen und auch nicht die Akzeptanz der Menschen. Solang er lahm ist, gilt er als Sünder. Ich denke, die Heilung hilft ihm mehr, er ist jetzt kein Sünder mehr für die Menschen.
Reporter: Jetzt frage ich mal den Betroffenen selbst: Was bedeutet für Sie die Heilung?
Der (ehemals) Lahme: Geld hätte in der Tat an meinem Leben nichts geändert. Ich hätte mir zwar etwas kaufen können, was zu essen und zu trinken, aber den Weg zu Gott und in die Gesellschaft der Menschen hätte mir das nicht geöffnet. Ich begreife jetzt, wenn Gott hilft, verändert er die Dinge so, dass wirklich Leben möglich wird. Früher hab ich das nicht für möglich gehalten. Weil sich ja doch nichts ändern ließ in meinem Leben, waren Silber und Gold das Größte, was ich mir vorstellen konnte. Aber auch davon hatte mir Gott nichts gegeben. Ich war gestraft mit allem, Gott war mir ferne.
Petrus: Gott hat uns keinen Reichtum und kein Leben ohne Sorgen versprochen. Versprochen hat er uns etwas, das viel kostbarer ist – etwas, das wir uns selbst nicht erarbeiten und nicht verdienen können: Vergebung und Befreiung, wo wir in Schuld verstrickt sind; einen neuen Anfang, wo der Weg nicht mehr weiterzuführen scheint. Er will all die heilen, die durch Besitzdenken und Leistungsdruck gelähmt sind. Er will die annehmen und lieben, die für andere Menschen nichts wert sind. Neuen Mut und Kraft zum Vorwärtsgehen – das verspricht uns Gott statt Silber und Gold.

7. Szene: *Der Reporter stellt Fragen an die Gottesdienstteilnehmer:*
- Und wie ist das mit euch? Könntet ihr bei jemandem stehen bleiben, der gelähmt ist, ihm in die Augen schauen, ihn bei der Hand nehmen?
- Jeder weiß: Ich selbst brauche andere Menschen, mir ist oft schon geholfen worden. Aber was spüren andere bei mir? Hilfsbereitschaft oder eiliges Davonhasten?
- Wie wichtig nehme ich mich, wie gering schätze ich andere mit ihren Problemen? Zeige ich echtes Interesse an anderen, oder habe ich nur Zeit für Menschen, von denen ich etwas haben will?
- Denkt mal eine Weile über die Fragen nach. Denkt auch darüber nach, was ihr von Gott empfangen habt und was ihr von Gott erwartet.

Stille (Die Akteure verlassen den Altarraum.)

Sprecher/in: Könnte ich Gott um Mut bitten, bei einem anderen Menschen anzuhalten? Es gibt doch genug Hilfsbedürftige unter uns, in unserer Stadt. Vor den Einkaufstempeln stehen sie herum, betteln um ein paar Cents oder 'nen Euro. Oder am Bahnhof wärmen sie sich auf, wenn man sie nicht rausschmeißt vom Sicherheitsdienst. Verletzend ist für sie nicht, dass man ihnen kein Geld gibt, verletzend ist die Einstellung zu ihnen. Gottes Liebe wird vermittelt, wenn wir einem Menschen begegnen – egal ob er gelähmt, obdachlos, drogensüchtig oder Ausländer ist. Gottes Liebe gibt einem Menschen Würde, so dass er einen

wieder anblicken kann, ohne Angst zu haben, dass er ins Gesicht geschlagen wird. Menschenwürdiges Leben, die Möglichkeit eines neuen Anfangs, Angenommensein – das ist mehr als Silber und Gold.
Und es geschieht ein Wunder, wenn ein Mensch so angenommen wird, wie er ist. Ein Wunder ist es, wenn jemand dem Bettler in die Augen schaut und nicht vorbei eilt. Ein Wunder ist es, wenn jemand dem Verzweifelten seine Hand ausstreckt und ihm hilft, den ersten Schritt in die neue Zukunft zu gehen. Ein Wunder ist es, wenn ein Skinhead seine Hand einem Türken reicht, mit ihm redet, ihn anhört. Ein Wunder ist es, wenn der Geschädigte dem vergibt, der ihn verletzt hat.
Wo können wir Vermittler der Wunder Gottes sein – heute, morgen, übermorgen?

Lied

Fürbitten: *Es wird auf zwei kleine Nebenaltäre (Tische) hingewiesen, die vorher aufgebaut worden sind: Auf dem einen liegen Zettel, auf die man Gebete für sich und für Menschen, die einem wichtig sind, schreiben kann. Auf dem anderen steht als Altarbild eine von der Vorbereitungsgruppe gefertigte Collage mit Bildern und Texten, z. B. aus aktuellen Tageszeitungen, zum Thema Not in der Welt, in der eigenen Stadt, in der Umgebung. Außerdem stehen dort auf Karton geschriebene Gebete, die die Vorbereitungsgruppe ausgesucht hat, zum Mitbeten sowie Kerzen, die angezündet werden können. Die Gottesdienstteilnehmer können zu den Nebenaltären gehen, dort still werden, eigene Gebete schreiben oder Kerzen anzünden. Wer eine Fürbitte schreibt, die vorgelesen werden soll, wählt ein andersfarbiges Papier als diejenigen, die ihre Gebete nur still auf den Altar legen wollen. Währenddessen singt die Vorbereitungsgruppe oder eine Band Gebetslieder oder spielt ruhige Musik. Zum Schluss werden die geschriebenen Gebete zum Hauptaltar gebracht. Es werden die durch farbiges Papier gekennzeichneten Gebete und ein kurzes Abschlussgebet gesprochen:*

Gott, du kennst unser Leben, unsere Fragen und unsere Not. Du kennst die Not der Welt. In deine Hände befehlen wir sie. Lass uns deine heilende Kraft spüren und hilf uns, sie in der Welt und unter den Menschen, die uns nahe sind, auszustrahlen. – Amen.

Vaterunser

Lied

Segen

Verabschiedung *an der Tür: Die Jugendlichen, die den Gottesdienst vorbereitet haben, stehen an der Tür und verabschieden persönlich die Gottesdienstteilnehmer/innen. Dabei geben sie jedem ein Silber- oder Goldstück in die Hand. Das sind aus Silber- und Goldkarton ausgeschnittene Kreise, auf denen jeweils ein biblisches Verheißungswort geschrieben ist. Geeignete Stellen sind z. B.: Jesaja 41,10; 43,25; 54,10; Matthäus 28,20b; Johannes 6,37b; 14,27; Römer 8,39.*

Autorin: Päivi Luttenberger, Berlin

Wir haben Gottes Spuren festgestellt

2. Blühende Bäume haben wir gesehn,
wo niemand sie vermutet,
Sklaven, die durch das Wasser gehn,
das die Herren überflutet.
2. Mose 14,22-31

3. Bettler und Lahme sahen wir beim Tanz,
hörten, wie Stumme sprachen,
durch tote Fensterhöhlen kam ein Glanz,
Strahlen, die die Nacht durchbrachen.

Text: Diethard Zils (1978) 1981 nach dem französischen »Nous avons vu les pas de notre Dieu« von Michel Scouarnec 1973. Deutscher Text © tvd-Verlag, Düsseldorf
Melodie: Jo Akepsimas 1973 © Editions Musicales Studio SM, autorisation SECLI 02/019

Ein Rollenspiel

Gott suchen

Bibeltext: Apostelgeschichte 17,16-34, speziell Apostelgeschichte 17,27: Sie (die Menschen) sollten Gott suchen, ob sie ihn ertasten und finden könnten; denn keinem von uns ist er fern.
Zielgruppe: junge Erwachsene
Ziel: Orientierung für die Suche einer eigenen Spiritualität
Vorbereitung für den interreligiösen Dialog
Materialien: CD-Spieler, CDs mit beschwingter rhythmischer Musik; farbige Tücher, Tische, Plakatkarton für die Ausgestaltung der Bühne
Mitwirkende: zur Vorbereitung eine zweite Leitungsperson, Mitwirkende beim Rollenspiel

Inhaltliche Vorbemerkung

Seit der frühgeschichtlichen Zeit und auch noch heute erfahren Menschen Energien, elementare Kräfte und Gewalten, die sie stärken, faszinieren und bedrohen. Gottesbilder entstehen, die Aufmerksamkeit finden. Für Israel zeigt sich in seiner Geschichte der eine Gott als väterliches und mütterliches Du, das die Kräfte und Gewalten geschaffen hat. Dieses absolute Du wiederum begegnet in Jesus als menschgewordener Gott. Für die Muslime ist der Koran der buchgewordene eine Gott.

Bei aller Unterschiedlichkeit und weiterführender Entwicklung können diese Religionen als Wege in die geheimnisvolle EINHEIT verstanden werden. Die Begegnung mit dem Göttlichen, mit der unbekannten Gottheit, ist das Ziel aller Wege. Das bibliodramatische Spiel unserer Textstelle dient diesem Anliegen

Methodische Vorbemerkung zum Einstieg

Die Anwärmung verfolgt zwei Ziele. Einmal möchte sie den Teilnehmenden die Erfahrung vermitteln: Ich bin da, ich spüre mich körperlich, und ich nehme die anderen, mit denen ich zusammen bin, wahr. Der Gruppenkörper beginnt sich zu formen.

Zum andern können sich die Teilnehmenden erinnern, dass sie alle in Kontakt mit vielen Göttinnen und Göttern sind, die ihr Leben begleiten. Alle kennen mehr oder weniger einige Heilslehren, vergleichbar den Anschauungen der epikureischen und stoischen Philosophen. So kann die Bereitschaft wachsen, sich dem Text zu öffnen.

Anwärmung

Beschwingte rhythmische Musik lädt ein zur Bewegung. Dabei geht es weniger darum, bestimmte Bewegungen zu *machen*, als vielmehr darum, sich von der Musik bewegen zu *lassen*. Zunächst stehen alle still und lassen die Musik langsam in den Körper »einsickern«. Dabei wird die Aufmerksamkeit auf den Rhythmus oder auf die Melodie gerichtet. Diese(r) bewegt dann die Mitmachenden. Zum Abschluss halten sie dann nochmals inne und spüren, welche Qualität den Körper durchflutet. Alle treffen sich dann im Stuhlkreis.

Die Einladung an die im Kreis Sitzenden kann lauten: »Setzt euch bequem hin, schließt, wenn ihr könnt, für einen Moment die Augen und geht auf eurer inneren Bühne nach Hause in euer Zimmer – schaut euch um und seht nach, wo ihr für euch wichtige Gegenstände findet – vielleicht Geschenke, vielleicht Mitbringsel aus den Ferien. Ihr seht auch besondere Plätze, die ihr eingerichtet habt oder die sich herausgeschält haben. Seht sie euch an, nehmt die Gegenstände in die Hand, spürt ihr Material, wie sehen sie aus, wie fühlen sie sich an?«

Nach einer Weile: »Kommt langsam aus der Übung heraus, streckt und regt euch und seht, wo ihr jetzt seid und schaut, was ihr erzählen möchtet.« Die Teilnehmenden können nun von dem, was ihnen innerlich vor Augen gekommen ist, erzählen. Danach sollte die Gruppe bereit sein, den Text aus der Apostelgeschichte auf fruchtbaren Boden fallen zu lassen.

Begegnung mit dem Text

Es geht nun darum, die Resonanzen, die der Text im Körper auslöst, wahrzunehmen. Letztlich soll das herzliche Interesse, das im Innersten auf

Gott zielt und doch zunächst Vordergründiges sucht, geweckt und geschult werden.

Sitzen alle, wird der Text vorgetragen.

Nach einer kleine Zeit der Stille kann es angebracht sein, zunächst alle möglichen Reaktionen auf den Text einander mitzuteilen. Die Runde kann in diesem Fall auch als Anwärmung für eine Rollenwahl dienen.

Mein Vorschlag ist aber ein anderer: Die Teilnehmenden beginnen zunächst, die Bühne einzurichten, die Orte der Handlung. Auch hier kann zwischen zwei Möglichkeiten gewählt werden: Entweder kann die ganze Gruppe das Szenenbild herstellen, oder die Leitenden können es vor der Gruppe tun und so den Teilnehmenden eine Möglichkeit bieten, das innere persönliche Bild auf die gemeinsame Bühne nach außen zu bringen.

Die Einrichtung der Bühne

Ist der Raum groß genug, sollte man durch Stäbe oder eine Schnur den Bühnen- vom Zuschauerraum abtrennen. Es wird dadurch deutlich: Wir begeben uns in eine andere Realität, eine Spiegelwirklichkeit. Bei kleineren Räumen muss es genügen, den bisherigen Gruppenraum zur Bühne zu erklären und ihn später wieder in den Gruppenraum zurückzuverwandeln.

Auf der Bühne entstehen jetzt die wichtigsten Orte: die Synagoge, Götterstatuen und Tempel, der Altar des unbekannten Gottes. Wir richten den Marktplatz ein, Wohnhäuser werden sichtbar. Die verschiedenen Geisteshaltungen der Bewohner und Gäste erhalten so ihren Ort.

Die Rollenfindung

Die Teilnehmenden gehen zunächst auf dem Marktplatz dieser Stadt umher und lassen sich von den Orten berühren. Sie suchen einen Platz, der sie anspricht, und finden eine Rolle, die mit diesem Platz zu tun hat. Der Leiter bzw. die Leiterin geht dann umher und interviewt die Personen. Das Interview dient der Verlebendigung der Rolle. Unangebracht sind Fragen nach dem Warum oder Einladungen, die Rollenwahl zu deuten.

Rollenspiel entlang dem roten Faden der Geschichte

Haben alle ihre Rolle gefunden und auch ein Gespür für das Geflecht der Beziehungen auf der Bühne entwickelt (Wo stehst du, wer ist neben dir, in deinem Rücken, wer dir gegenüber?), setzen sich die Figuren auf ein Zeichen hin in Bewegung. Sie spielen im Spannungsfeld des Handlungsverlaufs, wie er im Text seine Gestalt gefunden hat, und im Kontakt zu den aktuellen eigenen Handlungsimpulsen der Gruppe.

Findet das Spiel sein Ende oder haben die Leiter den Eindruck, dass der Handlungsbogen sich geschlossen hat, endet das Spiel – wiederum auf ein Zeichen hin.

Vor dem Verlassen der Bühne: »Bleibt einen Moment in eurer Rolle, haltet die Position noch inne und schaut, was sich in euch bewegt. Lasst euch aus der Stille ansprechen – und findet ein Wort oder einen Satz, der aus der Stille auftaucht.«

Wer will, spricht diesen Satz aus. Dann legen alle ihre Rolle ab, verlassen die Bühne und treffen sich im Gesprächsraum.

Austausch und Reflexion

Der Austausch dient dem erneuten Erleben im Erzählen. Unterschieden werden das eigene Erleben in der Rolle, die Wahrnehmung der anderen Rollen und als bedeutsam erlebte Begegnungen. Wo haben sich Vorstellungen erfüllt, wo wurden sie zerstört? Ist die Gruppe vertraut miteinander und sind alle dazu bereit, so können auch Brücken zum alltäglichen Leben geschlagen werden: Kennst du diese Momente aus deinem Leben? Was war vertraut, was war neu für dich?

Zur Reflexion gehört auch die Zuwendung zum Text. Was hast du im Spiel oder danach besser verstanden, wo bleiben Fragen?

Zeit der Stille

Spiel und Reflexion münden in die Stille. Die Bühne wird erneut hergestellt. Die Raumbedeutung bleibt offen. Es kann ein Tempel sein, eine Moschee, eine Kirche, eine Synagoge. Wer will, tritt ein durch einen Eingang, der am Rand der Bühne kenntlich gemacht wird, und sucht sich einen Platz, um einige Minuten still zu sein: Rede du, Herr, dein Diener, deine Dienerin hört. – Wie möchte ich durch einen Laut, ein Wort oder eine andere Gebärde antworten?

Die Zeit der Stille kann statt im Gruppenraum oder der Bühne auch in einer Kapelle oder in einem Meditationsraum angeboten werden. Sie beendet den Tag.

Autor: Klaus-Werner Stangier, Köln

INFO:
Aus dem Internet zum Stichwort Epikur

Epikur behauptete, das Sein sei *in* den Dingen – nicht *transzendent hinter* oder über ihnen. Es stehe nicht in Gegensatz, sondern in Beziehung zum Werden. Er leugnete jede Absolutheit. Keineswegs konnte – etwa mit Platon – dem Sein oder irgendeinem Seienden absolute Geltung zugeschrieben werden. Waren Wesen wie die Götter jeder Veränderlichkeit entrückt, dann konnten sie auch nicht Ursache sein; sie erreichten diese Welt nicht und waren von ihr aus unerreichbar. Ebenso wenig konnte dem Menschen eine absolut gültige Aufgabe gestellt werden, denn keiner der Werte hatte absolute Geltung. Vielmehr hatten Erkenntnis der Naturzusammenhänge ihren (relativen) Wert darin, dass sie den Menschen frei von Schmerz und Unruhe machen sollten. Diese Forderung nach Befreiung, ja Erlösung verlieh der Philosophie Epikurs den Charakter einer Heilsbotschaft.

INFO:
Aus dem Internet zum Stichwort Stoa

Seneca bot eine auch für das Christentum attraktive Weiterentwicklung der alten Stoa. Er war der erste Philosoph, der sich ausführlicher mit dem Gewissen (conscientia) beschäftigt hat, das als Richter über das persönliche Verhalten urteilt. In »De ira« (»Über den Zorn«) berichtet er von seiner allabendlichen Gewissensprüfung. Auf diese Weise versuchte er, sich seines Ungenügeseins und damit auch der Notwendigkeit einer stetigen Arbeit an sich selbst bewusst zu werden. Das Leben ist kurz, und deshalb muss die Zeit genutzt werden, damit man zu einem möglichst hohen Maß an Vollkommenheit gelangt, dann wird auch der Gedanke an den Tod seinen Schrecken verlieren. Das Idealbild, das Seneca vor Augen hat, ist das des stoischen Weisen. Aber es ist nicht mehr die Vorstellung eines von allem Menschlichen abgehobenen Zustandes; das Ideal scheint bei ihm zumindest annäherungsweise realisierbar, man kann sich auf den Weg begeben, ein Vorwärtsschreitender auf dem Wege zum Ziel (Telos) des Lebens sein. Damit hebt Seneca den Gegensatz der alten Stoa zwischen dem Toren und dem Weisen auf, er dynamisiert ihn gewissermaßen zugunsten der Möglichkeit, sich als auf dem Weg Seiender zu vervollkommnen.

Lange Bibelnacht für Kinder

Bibelinchen und die gestohlenen Texte des Ritters Klauenburg

Zielgruppe: Schulkinder der Klassen 3 bis 6
Ziel: Kinder entdecken spielerisch die Bibel
Material: Eine große, aufwändig gestaltete Bibel; belegte Brote und Tee für den Nachtimbiss, Brötchen und Kakao für das Frühstück;
außerdem mindestens fünf große Wollknäuel je Gruppe; drei große Wannen mit Kleister, Waschmöglichkeiten; CD-Player + CD mit aktuellem/n Hit(s) der Klasse.
Die Kinder selbst müssen mitbringen: Schlafsack, Kissen, Handtuch, Tassen, Teller, Zahnputzsachen.
Mitwirkende: Eine Leiterin/ein Leiter mit Schlüsselgewalt für das Gebäude (Schule, Gemeindehaus), für jede Gruppe eine/n erwachsene/n Gruppenleiter/in (trägt Stirnband in der Gruppenfarbe).
Für jede Station schwarz gekleidete Wächter, evtl. mit dunkler Sonnenbrille (ältere Schüler/Jugendliche).
Ritter Klauenburg (Helm, Schwert, angedeutete Rüstung) und
Bibelinchen (Bluse und Rock, weiße Söckchen, bunte Haarspangen).

Vorbereitung

Für jedes teilnehmende Kind ist vorzubereiten:
a) ein Namensschild zum Umhängen (auf der Rückseite die Telefonnummer der Eltern notieren),
b) ein Stirnband (für jede Gruppe eine andere Farbe),
c) je einen Textabschnitt aus den ausgesuchten Geschichten;
d) eine Urkunde, welche die Teilnahme bestätigt;
e) je ein Textheft mit drei biblischen Erzählungen, in dem Teile des Textes fehlen, und einen Klebestift.

Die Mitwirkenden bereiten für die Bibelnacht ein kurzes Anspiel vor (siehe folgende Seite), das in die Dinge, die in dieser Nacht stattfinden, einführt.

Die Geschichte (Handlungsrahmen)

Ritter Klauenburg und seine grimmigen Wächter haben dem liebenswerten Bibelinchen wichtige Texte aus ihrer geliebten Bibel (die Erzählung von Noah und seiner Arche, die Abrahamsgeschichte und Teile der Familiensaga von Josef und seinen Brüdern) gestohlen. Er wird aber die Schriftstellen wieder zurückgeben, wenn die anwesenden Kinder alle Aufgaben lösen, die er und seine Wächter sich ausgedacht haben.

Durchführung

Begrüßung und Einführung

Die nach und nach eintreffenden Kinder (zwischen 18.30 und 19 Uhr) werden mit ihren Eltern zu Beginn des Spiels von der Leiterin/dem Leiter am Schuleingang oder Gemeindehaus empfangen, erhalten ihr Namensschild und das farbige Stirnband; dann bekommen sie ihre Unterkunft zugewiesen. Dort lernen sie ihre/n Gruppenleiterin/Gruppenleiter (GL) kennen und richten sich mit deren Hilfe ihre Schlafstelle ein. Sie bekommen dort auch die Regeln erklärt, die für diesen Abend bzw. für die Nacht gelten.

Nachdem alle eingetroffen und bereit sind, gehen die GL mit ihren Kindern in den Gemeindesaal/in die Turnhalle oder einen anderen großen Raum. Dort erleben sie das ca. 15-minütige Anspiel mit Bibelinchen, Ritter Klauenburg und seinen Wächtern – den Raub der Bibeltexte, die der Ritter auf seine Burg mitnimmt, das verzweifelte Bibelinchen und die grimmigen Wächter, die die Texte bewachen.

Nun bekommen die Kinder ihre Spielanweisungen (wo die Stationen sind oder wo sie sie suchen können, was sie mitnehmen müssen usw.) und das Spiel beginnt.

Das Spiel beginnt

Die GL suchen jeweils freie Stationen (was dort zu tun ist, steht auf Seite 175) für ihre Gruppe aus und beschäftigen die Kinder, falls es einmal einen »Stau« vor den Stationen geben sollte. Sie geben wo nötig auch Tipps und Hilfestellungen. Gegen 22 Uhr kommen alle mit ihren mitgebrachten Tassen und Tellern zum Abendimbiss (ca. 30 Minuten).

Sind alle Stationen von allen Gruppen »abgearbeitet«, finden sich alle Kinder und Mitwirkenden im Saal/in der Halle ein, um das Ergebnis anzusehen. Ritter Klauenburg und seine Wächter haben hier aber noch eine weitere Aufgabe: Alle Kinder müssen erst noch gemeinsam einen eingeübten Reigen-Tanz zeigen. Er und seine Mannen tanzen schließlich fröhlich mit, weil die Aufgaben so gut gelöst wurden, und auch Bibelinchen kann ihr Freudenfest feiern: Ritter Klauenburg kann seine Niederlage eingestehen und gibt die gestohlenen Bibeltexte wieder an Bibelinchen zurück.

Gute Nacht

Nach dem Tanzfest gehen die Kinder in ihre Schlafstationen und machen sich bettfein. Die GL lesen noch eine der eroberten Geschichten vor, oder zwei ... – Kinder, die noch nicht müde sind, können auch alle Geschichten lesen. Um Mitternacht ist Schlafruhe.

Das Ende am anderen Morgen

Nach dem Frühstück um halb acht versammeln sich alle wieder im Saal/in der Turnhalle. Der eingeübte Tanz vom Vorabend wird den inzwischen eingetroffenen Eltern vorgeführt. Die GL überreichen »ihren« Kindern feierlich eine Urkunde, die ihre Teilnahme bestätigt. Ein gemeinsames Lied beendet die Bibelnacht.

Autorin: Renate Schramm, Linkenheim

Das Anspiel

Bibelinchen und Ritter Klauenburg haben keinen vorgegeben Text; er kann von den Spielenden entwickelt werden.

Szene 1: Bibelinchen sitzt traurig auf einem hohen Stuhl mit einer großen Bibel in der Hand. Sie erzählt den Kindern, dass in ihrer Bibel die Geschichten von Noah, von Abraham und von Josef und seinen Brüdern fehlen. Sie erzählt kurz, warum diese Geschichten so interessant sind. (Auch andere biblische Geschichten sind möglich, das hängt von den Kinderbibeln ab, die zur Verfügung stehen und aus denen die Geschichten für die Lesenacht genommen werden.)

Szene 2: Bibelinchen äußert den Verdacht, dass Ritter Klauenburg die Erzählungen in der vergangenen Nacht an sich genommen hat. Da treten mit raschem Schritt Ritter Klauenburg und seine schwarzen Gesellen auf. Er gibt zu, dass er die Geschichten hat. Weil aber Bibelinchen so traurig ist, verspricht er, dass er die Texte wieder zurückgeben wird, wenn heute noch mindestens vier Gruppen eine Reihe von Aufgaben gut lösen, damit er und seine Gesellen auf diese Weise eine spannende Nacht erleben dürfen. Dann verschwindet die Horde wieder.

Szene 3: Bibelinchen schaut sich um und entdeckt die Kinder. Sie bittet sie um ihre Hilfe und erklärt ihnen, was sie machen müssen.

Die vier Stationen

Fadenlabyrinth

Der Wächter erklärt die Aufgabe.

Die Gruppe muss die (mindestens fünf, in verschiedenen Farben) Wollknäuel, die kreuz und quer im Raum entrollt liegen, in höchstens 15 Minuten wieder aufwickeln. Für jeden Knäuel innerhalb der Zeitgrenze gibt es einen Textabschnitt.

Der Wächter stoppt die Zeit und gibt die Textstellen heraus. Die Kinder kleben sie in ihr mitgebrachtes Heft.

Drachenschleim

Der Wächter erklärt die Aufgabe.

In einem großen Raum hinter einer Abtrennung stehen Wannen. Die Kinder müssen ihre Schuhe und Strümpfe ausziehen, die Hosen hochkrempeln und mit verbundenen Augen nacheinander den Raum betreten. Sie werden dann von den Wächtern in die Wannen gestellt, in denen Kleister ist. Sie dürfen dabei keinen Laut von sich geben. Als Belohnung gibt es für jedes Kind, das still bleibt, eine Textstelle.

Danach werden die Füße in einer Wanne mit warmem Wasser gewaschen.

Raum der Stille

Der Wächter erklärt die Aufgabe:

Die Gruppe betritt den (abgedunkelten) Raum der Stille, in welchem alle fünf Minuten absolut still sein müssen. Eine Kerze brennt, sonst ist alles leer. Die Kinder erhalten nach bestandener Prüfung eine Textstelle.

Der Wächter stoppt die Zeit und gibt die Textstelle heraus. Es bleibt ihm überlassen, ob er bei jeder Störung unterbricht und die Uhr neu laufen lässt. Die Kinder kleben den Text in ihr mitgebrachtes Heft.

Ägyptische Zitronen

Der Wächter erklärt die Aufgabe.

Die Gruppe bildet dicht gedrängt einen Kreis. Der Wächter steht in der Mitte und gibt zwei Zitronen an die Kinder. Diese müssen die Zitronen in 2 x 2 Minuten in entgegengesetzter Richtung so weitergeben, dass der Wächter nicht erkennen kann, wo sich diese gerade befinden. Schwierig wird es, wenn sich beide kreuzen.

Der Wächter stoppt die Zeit und rät, wo die beiden Zitronen sind. Anschließend gibt er die Textstellen heraus.

Suchen und finden

Aufführungsvorschlag: Ref. 2x | Str. 1 | Ref. | Str. 2/3 | Ref. | Str. 4/5 | Ref. | Ref. (Schluss)

Text und Musik: Clemens Bittlinger
Satz: Hans Werner Scharnowski
© 2002 Felsenfest Musikverlag, 46485 Wesel